GONGWEN XIEZUO

公文写作

（第四版）

冯春 祝伟 淳于淼泠 主编

北京大学出版社
PEKING UNIVERSITY PRESS

图书在版编目(CIP)数据

公文写作 / 冯春,祝伟,淳于淼泠主编. -- 4 版. -- 北京：北京大学出版社,2025.7. -- ISBN 978-7-301-36448-2

Ⅰ.C931.46

中国国家版本馆 CIP 数据核字第 2025WG7776 号

书　　　名	公文写作（第四版） GONGWEN XIEZUO (DI-SI BAN)
著作责任者	冯　春　祝　伟　淳于淼泠　主编
责任编辑	武　岳
标准书号	ISBN 978-7-301-36448-2
出版发行	北京大学出版社
地　　　址	北京市海淀区成府路 205 号　100871
网　　　址	http://www.pup.cn
新浪微博	@北京大学出版社　@未名社科－北大图书
微信公众号	北京大学出版社　北大出版社社科图书
电子邮箱	编辑部 ss@pup.cn　总编室 zpup@pup.cn
电　　　话	邮购部 010-62752015　发行部 010-62750672 编辑部 010-62753121
印 刷 者	大厂回族自治县彩虹印刷有限公司
经 销 者	新华书店
	730 毫米×980 毫米　16 开本　22.5 印张　350 千字 2013 年 6 月第 1 版　2015 年 3 月第 2 版 2019 年 3 月第 3 版 2025 年 7 月第 4 版　2025 年 7 月第 1 次印刷
定　　　价	69.00 元

未经许可，不得以任何方式复制或抄袭本书之部分或全部内容。
版权所有，侵权必究
举报电话：010-62752024　电子邮箱：fd@pup.cn
图书如有印装质量问题，请与出版部联系，电话：010-62756370

本书资源

读者资源

本书附有练习题答案,获取方法:

第一步,关注"博雅学与练"微信公众号。

第二步,扫描右侧二维码标签,获取上述资源。

一书一码,相关资源仅供一人使用。

读者在使用过程中如遇到技术问题,可发邮件至 ss@pup.cn。

教辅资源

本书配有教学课件,获取方法:

第一步,扫描右侧二维码,或直接微信搜索公众号"北大出版社社科图书",进行关注。

第二步,点击菜单栏"教辅资源"—"在线申请",填写相关信息后点击提交。

前　言

公文作为党政机关行使职能的重要工具，肩负着传达党中央精神、规范行政行为、推动工作落实的重要使命。要切实发挥好这一工具的作用，就必须在公文写作的关键维度上寻求突破。具体而言，公文写作须在政治性、规范性、实践性和创新性上实现全面提升。

公文写作政治站位要高。 公文既是党和政府意志的"声音"，也是推动各领域有序运转的重要工具。公文写作者应具有高度的政治敏锐性和政治鉴别力，坚定维护党中央权威和集中统一领导，始终坚持人民至上的政治立场，深刻领会习近平新时代中国特色社会主义思想的精髓要义，全面贯彻执行党的理论和路线方针政策，坚定正确政治立场、把牢正确政治方向。

公文写作要强化规范性。 公文是党政工作及各行各业工作制度化的载体，其写作必须符合法律法规和规章制度，必须严格遵循公文行文规则，做到格式规范、逻辑严密，确保相关工作有章可循、有据可依。公文中的数据和事实，以及引用的法律法规和规章制度要准确无误。公文语言要准确、简明、朴实、庄重，避免出现错别字或语病等问题。在全媒体时代，公文写作更需要遵循法定格式和规范，以确保信息的准确性和权威性。

公文写作要重视实践性。 公文写作要立足实际、指导实践、发挥实效，要坚持实事求是的思想路线，深入调查研究，坚持问题导向和目标导向相统一，确保公文内容真实可靠、符合实际。公文写作需要紧密结合实际工作，以解决问题、推动发展为导向，准确把握公文的主题和重点，确保公文内容既符合党和国家的战略需要，又契合本单位的工作实际。全媒体时代信息来源广泛且复杂，公文写作者需要加强信息核实和筛选工作，确保公文内容的真实性和准确性，传递正能量。

公文写作要增强创新性。新时代新阶段，党政机关、社会团体、企事业单位等的工作面临新任务，其公文写作必须适应新需求：紧跟新时代步伐，以创新思维分析解决问题——如企事业单位的工作总结、简报等，须关注社会热点和难点，善于运用新思想、新方法分析问题和解决问题，从而提升公文写作质量。面对AI技术驱动的深刻变革，公文写作须在创新浪潮中精准把握方向：既要充分借助AI技术赋能，用新工具为公文写作注入高效动能，又要始终坚守公文的政治性、规范性和实践性内核，在技术创新与制度坚守的动态平衡中，推动公文写作在新时代实现高质量发展。

新时代赋予新使命，新征程呼唤新作为。在党的全面领导下，以人民为中心的发展思想对公文写作提出了更新更高的要求，公文写作者应以"精益求精、守正创新、担当作为"的精神为指引，紧跟时代步伐，不断提高自身素质和能力，确保公文准确权威、科学规范、严谨务实。这对于推动党和政府决策的科学化、民主化，加强党的执政能力建设，促进经济高质量发展，都具有重要意义。

本书自2013年第一版问世以来，得到广大读者的大力支持和好评，在此深表谢意！第四版不仅更新了例文、案例和习题，还增加了"AI技术与党政公文写作"等与时代紧密相关的内容。

本书各章节的编撰人员如下：淳于淼泠负责第一、三章，冯春负责第二章，祝伟负责第四、五章。作为本书的编撰者，我们虽尽力改进和完善，但难免存在疏漏之处，敬请各位同行学者和读者惠予指正，期待共同提升本书质量。

感谢北京大学出版社对本书的鼎力支持！感谢责任编辑武岳老师认真、细致、专业的审阅，为本书倾情助力！感谢重庆大学公共管理学院贺芒教授力荐本书！对所有为本书编辑、出版付出努力的同志，我们深表感谢！

主　编
2025年5月

目 录

第一章 党政公文概述 ………………………………………… 1

第二章 法定公文写作 ………………………………………… 34
    第一节 决议 ……………………………………………… 34
    第二节 决定 ……………………………………………… 42
    第三节 命令(令) ………………………………………… 55
    第四节 公报 ……………………………………………… 61
    第五节 公告 ……………………………………………… 68
    第六节 通告 ……………………………………………… 73
    第七节 意见 ……………………………………………… 82
    第八节 通知 ……………………………………………… 88
    第九节 通报 ……………………………………………… 103
    第十节 报告 ……………………………………………… 118
    第十一节 请示 …………………………………………… 132
    第十二节 批复 …………………………………………… 142
    第十三节 议案 …………………………………………… 152
    第十四节 函 ……………………………………………… 161
    第十五节 纪要 …………………………………………… 172

第三章 事务性公文写作 ……………………………………… 185
    第一节 计划 ……………………………………………… 185

第二节　总结 …………………………………………… 201
　　第三节　简报 …………………………………………… 219
　　第四节　调查报告 ……………………………………… 235
　　第五节　领导讲话稿 …………………………………… 258

第四章　申论基础知识 ………………………………………… 270
　　第一节　申论概述 ……………………………………… 270
　　第二节　申论能力培养 ………………………………… 280
　　第三节　申论复习与应试方法 ………………………… 285

第五章　申论答题的技巧与方法 ……………………………… 289
　　第一节　阅读理解的技巧与方法 ……………………… 289
　　第二节　概括题答题的技巧与方法 …………………… 303
　　第三节　原因分析题答题的技巧与方法 ……………… 312
　　第四节　对策题答题的技巧与方法 …………………… 317
　　第五节　理解分析题、阐述题答题的技巧与方法 …… 324
　　第六节　公文写作的技巧与方法 ……………………… 330
　　第七节　申论作文写作的技巧与方法 ………………… 333

附录　党政机关公文处理工作条例 …………………………… 345

第一章 党政公文概述

党政公文是中国共产党机关和国家行政机关(以下简称党政机关)发文的统称。党和政府历来非常重视党政公文的规范化管理。1951年9月29日,中央人民政府政务院(国务院前身)首次颁布《公文处理暂行办法》,规定了我国行政公文分为7类12种。1957年,国务院秘书厅又发布了《关于对公文名称和体式问题的几点意见(稿)》,对部分公文文种作出调整,但仍将其分为7类12种。1981年2月,国务院办公厅颁布《国家行政机关公文处理暂行办法》,重新规定了行政公文的文种为9类15种。1987年2月18日,国务院办公厅颁布《国家行政机关公文处理办法》,正式规定行政公文的种类为10类15种。1993年11月,国务院对《国家行政机关公文处理办法》进行了修订,规定文种为12类13种。2000年8月,国务院再次对《国家行政机关公文处理办法》进行了修订,规定公文种类为13种,该办法于2001年1月1日起施行。

1989年以前,中国共产党机关和国家行政机关所使用的公文没有严格区分,统称为公文。国家行政机关公文以国务院颁布的《国家行政机关公文处理办法》作为法规依据;中国共产党机关公文沿用的是行政公文的文种。但是,国家行政机关所使用的个别公文文种不适用于中国共产党机关,譬如"命令""公告""通告"等。为了提高党内公文处理的规范性、科学性,中共中央办公厅于1989年4月25日颁发《中国共产党各级领导机关文件处理条例(试行)》,并于1996年5月3日正式印发《中国共产党机关公文处理条例》。

中国经济的快速增长和社会形势的不断变化,特别是网络信息技术的发展推动电子政务的产生和发展,使党政机关工作在内容上和形式上都发生了巨大的变化。党政机关电子政务的不断发展及办公自动化程度的不断提高,促使我们对公文文种及其处理方法不断进行调整和完善。

为了适应党政机关工作需要,推进党政机关公文处理工作科学化、制度化、规范化,中共中央办公厅、国务院办公厅于2012年4月16日联合印发《党政机关公文处理工作条例》。根据《党政机关公文处理工作条例》的规定,2012年6月29日中华人民共和国国家质量监督检验检疫总局与中华人民共和国国家标准化管理委员会发布了《党政机关公文格式》。

上述两个关于公文处理的规范性文件均于2012年7月1日起实施,同时《中国共产党机关公文处理条例》和《国家行政机关公文处理办法》停止执行。

一、党政公文的含义与特点

公文是公务文书的简称,其含义有广义和狭义之分。广义的公文泛指党政机关、社会团体、企事业单位等在各自的公务活动中形成的,用以表达自己意图、代表自身权威、具有特定体式(包括文种、体例、格式)的不同类型的应用文书。因此,广义的公文既包括党政机关正式发布的法定公文,也包括被称为"机关应用文""事务性文书"的社会团体、企事业单位常用的应用文书等。

狭义的公文,即法定公文,是党政机关按法律法规所规定的、具有特定效力和规范体式的公务文书。《党政机关公文处理工作条例》第三条规定:党政机关公文是党政机关实施领导、履行职能、处理公务的具有特定效力和规范体式的文书,是传达贯彻党和国家方针政策,公布法规和规章,指导、布置和商洽工作,请示和答复问题,报告、通报和交流情况等的重要工具。因此,狭义的公文主要包括《党政机关公文处理工作条例》第八条所介绍的15种公文种类:决议、决定、命令

（令）、公报、公告、通告、意见、通知、通报、报告、请示、批复、议案、函、纪要。

党政公文是各级党委和政府进行政治活动及其他公务活动的工具和载体，是各级党政机关行使法定职权、实施有效管理的重要工具，具有很强的现实效用性。党政公文不仅明显地区别于其他各种文体，也不同于一般的应用文，这是由其性质与作用决定的，其特点主要体现在以下几个方面。

（一）政治性

党政公文是党政机关用以传达指挥意图、反映行动方向的严肃性文字记录，直接体现党和国家的政治意图和根本利益，具有鲜明的政治色彩。党政公文象征着党和政府的公权力、公信力，代表着发文机关的法定权威。在我国，党政公文是传达党和国家的路线、方针、政策、法律、法规和规章，实施领导与管理的重要工具，其政治性突出。

（二）法定性

党政公文的法定性主要体现在以下四个方面。

1. 有法定的作者

党政公文不是由谁任意制发的，而是由法定的作者制成和发布的。这是党政公文不同于一般文章作品的一个显著特点。所谓法定的作者，就是指依据宪法和法律、章程、规定成立的，能以自己的名义行使职权和承担义务的机关或组织。在中国，只要是依据宪法和法律规定并经过一定的审批程序建立和存在的各级党政机关、社会团体、企事业单位等都是法定的作者，它们都有独立对外行文的资格。《中国共产党章程》《中华人民共和国宪法》和《中华人民共和国地方各级人民代表大会和地方各级人民政府组织法》等相关法律、法规规定了这些机关组织制定和发布公文的权限。例如，各级党的组织、人民代表大会、人民政府及有关部门是根据《中国共产党章程》《中华人民共和国宪法》以及有关的组织法建立的。

需要指出的是，党政公文有法定的作者指的是发文的名义。也就是说，党政公文主要是以机关的名义或机关某一部门的名义制发的。

例如,国务院文件、某省人民政府文件是以机关的名义制发的;某省人事厅文件、某县县委组织部文件是以机关某一个部门的名义制发的;工会、共青团、妇联的文件是以社会团体的名义制发的;工厂、学校、科研单位的文件是以企事业单位的名义制发的。这些能在自己的职权范围内制发文件的机关、部门或单位,称为行文单位。党政机关的发文有时也会以机关领导人或机关首长的名义发布,如中华人民共和国主席令、机关首长签署的任免令(或任免通知)等。需明确的是,以领导人的名义发文时,领导人并非以个人身份出现,而是代表其所在机关行使职权,因此该公文的法定作者仍是其所属机关,而非领导人个人。这是领导人行使自己法定职权的一种表现。例如,公安部部长发布命令时所代表的是公安部,而不是公安部部长个人。必须说明的是,以领导人的名义发文时,在个人名字前面都应冠以机关的名称与个人的职务,如中华人民共和国主席×××、××市中级人民法院院长×××、××大学校长×××等。一旦这些人不再担任这些职位,他们也就失去了法定作者的地位。

2. 有法定的权威

党政公文代表各级党政机关的意志,一经正式发布,就具有该机关权限内的强制执行性和约束力,有关单位和个人必须遵照执行。例如,中共中央文件具有党中央的法定权威,全党必须遵照文件精神执行。又如,国务院是我国最高国家行政机关,它所制定和颁发的文件,代表中央人民政府的职能和职权范围,具有行政领导和行政指挥的权威等。这种法定的权威性,也称法定强制力。例如,国家立法机关制定的法律、法规,以及行政机关发布的命令等,均需通过法定程序产生,具有强制执行力。如有违反,将依法予以行政处罚或追究刑事责任,情节严重者移送司法机关处理。

3. 有法定的效力

党政公文的法定效力是制发机关的法定地位所赋予的。每一份具体的公文都具有其制发机关所赋予的法定效力和作用。例如,党政机关所发出的每一项指示、决定,都要求所属机关认真贯彻、坚决执行。即使是一份通知,也要求地方收文机关阅知和办理;下级机关的一份请示也同样要求上级机关阅示和批复等。

4. 有法定的制发程序

党政公文的制发程序,由相关的法律法规所规定。有关党政公文处理的法定程序,既是工作的准则,也是实现其权威性和法定效力的保证。所以,党政公文的制发和办理都必须经过规定的公文处理程序。例如,公文的制发,一般应经过起草、核稿、签发的程序。只有经过机关领导人签发的文稿才能印刷、用印和传递。几个机关联合发文必须履行完备的会签程序;重要的政策性文件还须报请上级机关审批或由主管部门批准等。对收文的办理,一般应包括签收、登记、初审、承办、传阅、催办、答复等程序。任何人不能违反公文办理程序擅自处理公文,只有这样严格遵守党政公文的行文程序,才能维护党政公文的严肃性,才能实现党政机关文书工作的科学化、规范化、制度化,才能提高党政机关的工作效率。

(三) 时效性

党政公文是服务于党和政府工作需要的,是在现行工作中形成和使用的。因此,时效性是党政公文的又一个显著特点。党政公文的时效性包含三个方面的内容。一是当代性。党政公文须紧密贴合时代发展脉搏,及时传达党和政府的方针政策,以回应当前工作实际需求,彰显时代特性。二是及时性。党政公文有很强的实用性和时间性,要求及时制发,及时办理,迅速产生效用,实现其发文宗旨和目的,不容许拖沓延误。三是效用的期限性。党政公文一经正式发布,即产生法定效用。不过,这种法定效用是有期限性的。也就是说,在某项工作已经完成,某一公共政策目标已经达成,或某一问题已经解决后,由此形成并实行的党政公文的作用也随之结束。当然,党政公文的有效期限是不等的。有长远工作规划、宏观的纲领性文件或法规性文件时效较长;一些具体的、微观层面的文件则时效较短。公文一旦完成了现行使命,其中对日后工作有查考价值的文件材料便会存档保存,在以后的工作中发挥查考凭证的作用。

(四) 规范性

党政公文的地位、作用决定了其从起草到成文,从收文、发文到归档等,都有一套制度化、规范化的处理程序。为了维护党政公文的法定性、权威性和便于进行公文处理,党和政府有关部门发布的关于公文处理的一系列规范性文件对党政公文的体式作出了统一的规定。《党政机关公文处理工作条例》规定了党政机关公文的主要文种、行文规则、公文拟制、公文办理、公文管理等;《党政机关公文格式》规定了党政机关公文通用的纸张要求、排版和印制装订要求、公文格式各要素的编排规则,并给出了公文的式样。文件中涉及的特定要求,是公文严肃性、规范化的重要标志。各级党政机关、社会团体、企事业单位制发文件都应当按照规定的公文体式办理,不能随心所欲,各行其是。

二、党政公文的作用与分类

(一) 党政公文的作用

在党政机关的日常工作活动中,公文处理的工作量是相当大的。党政机关要履行自己的管理职能,必须保证组织内外公务信息的畅通,其使用最广泛和最频繁的是书面方式,即依靠公文往来及时、规范、准确、可靠、便利地传递信息。在党政机关体系内部进行的公务信息沟通中,党政公文发挥着重要的基础性作用,是党政机关工作的重要工具,也是实现其职能的关键载体。充分认识党政公文的作用是用好这一工具的前提。

党政公文的作用主要体现在以下几个方面。

1. 指导作用

党政公文主要用于传达贯彻党和国家的方针政策、公布法规和规章等,在党和国家政治活动及行政管理中起着指导作用。党政机关为了行使管理国家的职权和处理社会事务的职能,往往通过制发公文来部署各项工作,传达自己的意见和决策,对下级机关或部门的工作进行具体的指导。正是党政机关制发公文的性质和职能决定了党政公文的指导作用;党政公文在客观上的指导作用也是上下级机关本来具有的领导与被领导、指导与被指导关系的一种体现。我们国家的许多法律、法规和规章,都是党的政策的具体化。因此,党的法定公文代表党的权威,各级党政机关必须贯彻执行,并将其作为指导各项工作的依据。例如,党的领导机关制发的各项指示、决议等重要公文,通过阐明重大方针政策、战略措施和工作步骤,对下级机关及业务部门的工作发挥指导作用。

2. 行为规范作用

党政公文的行为规范作用又被称为法规约束作用。国家的各种法规和规章是都是以公文的形式制定和发布的,如国家行政机关发布的命令、公告、通告,作出的决定,或制定的章程、条例、规定、办法、细则等。这些规范性公文一经发布生效就具有约束作用,成为全社会的行为规范,无论社会组织或个人都应当依照执行;此类文件在没有宣布作废之前,始终有效,不可违反。

党政公文具有的行为规范作用,是由公文本身所具有的强烈政治性与法定的权威性等特点赋予的。党政公文使国家各项管理活动有法可依、有规可循,在维护正常社会秩序、安定社会生活、保障人民的合法权益等方面发挥着规范化的作用。国家以强制手段保证党政公文的权威,谁违反了法律、法规或规章,谁就要受到相应的法律制裁和行政处分或经济处罚。

3. 信息沟通作用

党政公文是传递信息的重要渠道。在日常工作中,党政各级机关的决策、方针、设想和意图等政务信息,常常是通过公文的传递来实现的;上下级以及同级或不相隶属的单位沟通信息、解决问题时也要经常使用公文。例如,上级机关通过批阅下级机关送来的报告、请示等,可以及时掌握下级机关的工作动态。这就为上级机关了解下级机关的工作情况、指导下级机关的工作,以及进行各项决策提供了客观依据。而下级机关通过上级机关的决议、通报、通知等文件,能及时掌握上级机关下达的工作指示和上级机关的信息动态;根据这些指示、信息,下级机关就可以及时开展工作和完成上级交代的任务。至于同级和不相隶属的机关之间相互使用的"函"等文件,更是在沟通信息、协调工作、交流经验等方面发挥着不可或缺的作用。

现代社会的一大特点是分工细化而各组织间又彼此联系、紧密合作。各党政机关、社会团体、企事业单位的工作不是孤立进行的:有时需要向上级机关报告情况、请示问题;有时需要与不相隶属机关就工作业务进行商洽、询问、交流情况;有时需要与有关企业、部门或团体签订合同、协议书等。公文在同一系统的上下级机关之间、同级机关之间以及不相隶属机关之间,都能够起到沟通情况、商洽工作、协调关系等作用。

4. 凭证记载作用

党政公文是机关公务活动的真实记录,它记录着各种公务活动的性质、过程、结果等情况,具有重要的凭证作用。这是因为每一份文件都反映了制发机关的意图,收文机关可将该文件作为安排工作、处理问题的依据。有些文件的凭证作用更为突出,如合同、协议书等,其凭证作用体现为证实签约双方曾经许诺和承担的责任、义务,是解决矛盾、澄清是非的凭证。谁违反了协议和合同的条款,就要追究谁的责任。可以说,这类文件的形成目的就是作为文字凭证。

会议记录、电话记录、会议纪要、机关大事记、值班日记、各种登记等,具有明显的记载作用,它们是机关工作活动的真实记录。

党政公文不仅是各级党政机关公务活动的真实文字记录,还是史料的积累,是若干年后编史修志的重要依据。公文立卷归档后,还具有文献的作用,是今后查考工作、研究历史的重要凭证。所以,每一份对日后工作具有查考价值的公文在完成其现实使命以后,都要整理归档保存,以备查考利用。例如,制定一项新的政策前,为了保持政策的连续性,要参考过去制发的有关内容的公文;机构调整、人事任免、矛盾调解、政策落实等也需要查看过去的有关文件规定,以作参考。因此,公文也是历史事件的记载与查考依据,其凭据作用是不可忽视的。

除上述作用外,党政公文还有知照作用、协调作用、宣传教育作用等。党政公文的主要作用往往体现在一份具体的文件中。当然,某一份公文的作用并不是单一的,需要我们根据具体情况来分析。

(二) 党政公文的分类

党政公文的应用范围非常宽泛,文种繁多,其实用性和多样性导致某些公文一方面具有种种共同的属性,另一方面又存在着明显的差别。区分这种差别并以此对公文进行科学的分类,将有助于我们更恰当地使用公文,发挥公文的最大作用,提高工作效率。

依据不同的标准,我们可以从不同的角度对公文进行分类。常见的基本公文分类,主要是从公文的行文关系、公文的来源、公文的秘密程度和阅读范围、公文制发机关的性质、公文内容的性质与作用等方面来划分的。

1. 从公文的行文关系来划分

行文关系指的是发文机关同收文机关之间的公文往来关系。这种关系是根据党政机关的组织系统、领导关系和职权范围确定的。从一个单位的对外文件来说,可以按照行文关系和文件去向,划分为上行文、平行文和下行文三类。

(1) 上行文。上行文就是指下级机关、下级业务部门向其所属的上级机关和上级业务主管部门发出的公文,是自下而上的行文,故称上行文。例如,国务院各部委,各省、自治区、直辖市向国务院报送的工作报告和请示;各省、自治区、直辖市有关委、办、厅(局)向国务院有关部委报送的工作报告和请示。一般地说,上行文是下级机关向上级机关,下级业务部门向上级业务主管部门汇报工作、请示问题、请求给予业务指导的文件。

(2) 平行文。平行文就是指同级机关或者不相隶属的、没有领导与被领导关系的机关之间的行文。例如,党中央各个部门之间,国务院各部委、各直属机构之间,各省、自治区、直辖市党委之间,各省、自治区、直辖市人民政府之间,各县委之间,各县人民政府之间,都是同级机关关系。再如,省军区和省人民政府之间,学校和工厂之间没有领导与被领导关系,是不相隶属的机关。上述这些机关在相互联系或协商工作问题时,一般都适宜使用函来行文。

（3）下行文。下行文就是指上级机关对下级所属机关的行文。例如，党中央给各省、自治区、直辖市党委，国务院给各省、自治区、直辖市人民政府发的文件就是下行文。命令（令）、决定、通报、批复等是常见的下行文。下行文是上级机关对下级机关、上级业务主管部门对下级业务部门实施领导与业务指导的重要工具，对下级机关和业务部门来说，是重要的收来文件。一些面向群众的公告、通告、通知等文件，也是下行文。

2. 从公文的来源来划分

一般来说，某一机关和机关某一部门的文件，按照其来源可分为外机关发来的公文和本机关拟制的公文两大类。其中，由本机关拟制的公文按照制发公文的目的、发送对象，又可以分为向外机关发出的公文和在本机关内部使用的公文。因此，按照公文的来源，可将一个机关的公文分为三类：对外文件、收来文件和内部文件。

（1）对外文件。对外文件简称发文，是指本机关拟制的向外单位发出的文件，它是作为传达本机关的意图发往需要与之联系的针对机关的文件。例如，2024年8月3日，国务院向各省、自治区、直辖市人民政府，国务院各部委、各直属机构所发的《国务院关于促进服务消费高质量发展的意见》，对国务院来说，就是一份对外文件，其中，各省、自治区、直辖市人民政府，国务院各部委、各直属机构是这份发文的针对机关。

（2）收来文件。收来文件简称收文，是指由外机关拟制的，作为传达其自身意图，发送到本机关的文件。例如，上面讲的《国务院关于促进服务消费高质量发展的意见》，对各省、自治区、直辖市人民政府以及国务院各部委、各直属机构来说，就是一份收来文件。又如，上级机关发来的决定、公告，下级机关送来的报告、请示，同级机关或不相隶属的机关送来的函等，都是本机关的收文。

（3）内部文件。内部文件就是指制发和使用都限于机关内部的文件。例如，机关内部的规章制度、会议记录、工作计划、经济总结以及内部的通知、通报等。如，《××公司关于开展内部培训的通知》和

《××大学教师教学工作管理办法》,就是限定在××公司和××大学内部使用的文件。

在机关文书工作中,为了加强公文管理,一般由文书部门或指定专人对机关的对外文件、收来文件和内部文件分别进行登记。需要说明的是,在实际工作中,对某一份具体的文件来说,这样的划分并不是绝对的,有时会发生交叉或互相转化的情况,这是由公文的复杂性所决定的。例如,主要用于机关内部使用的规章制度、工作计划、工作总结等,有时也要报送上级机关备案或发给下级机关参阅,或与其他同级机关交流;收到上级机关的意见、通知,有时又需要转发给下级机关贯彻执行。这样,内部文件和收来文件在一定条件下就转化成对外文件了。

3. 从公文的秘密程度和阅读范围来划分

按照公文的内容是否涉及党和国家的秘密、涉及秘密的程度,以及发文机关对公文所限定的阅读范围,可将公文划分为秘密文件、普通文件和公布文件。

(1) 秘密文件。秘密文件是指内容涉及党和国家的秘密,需要控制知密范围和知密对象的文件。《中华人民共和国保守国家秘密法》第十四条规定,国家秘密的密级分为绝密、机密、秘密三级。《党政机关公文处理工作条例》第九条也对此有相关说明。文件的密级越高,传送、阅读和保管的要求也就越严。因此,确定和划分文件的密级要十分慎重,力求准确。否则,密级过高不利于公文内容的传播,密级过低则扩大了知密范围,给党和国家造成不应有的损失。当然,公文的保密要求不是一成不变的,随着时间的推移和形势的发展,密件秘密的性质也会发生变化。所以,文件的保密要求应当有时间限制,经过一定的时间,应按有关规定对"三密"(绝密、机密、秘密)文件进行清理,该降密的应作降密处理,该解密的则予以解密。

(2) 普通文件。普通文件是相对秘密文件而言的,从涉及秘密的角度说,也可称为非密文件。普通文件并非无密可保、可供任何人阅看。例如,组织的工作计划、总结,对内部工作人员的处理决定、通报等,这类普通文件阅读范围比较广,但一般说来,只限于本组织内部,不对外公布,即不在社会上公布,不向国外传播。

（3）公布文件。公布文件就是向人民群众和国内外公开发布的文件。例如,公告、通告、公报、法律、法规、中央领导同志的重要讲话、报告等,通常通过网络传播、广播电视播放、报刊登载、公开张贴等方式公布。

4. 从公文制发机关的性质来划分

按照公文制发机关的性质,可以将公文分为法律及法规文件、行政文件和党的文件。

（1）法律及法规文件。法律及法规文件一般分为以下三种。

① 法律。法律是体现统治阶级的利益和意志,以国家强制力来保证实施的行为规则,是实行阶级专政的工具。在我国,法律是由行使最高立法权的机关——全国人民代表大会及其常务委员会按照立法程序制定和修改的规范性文件。例如,《中华人民共和国宪法》《中华人民共和国刑法》《中华人民共和国民法典》等。

② 法规。法规主要包括行政法规和地方性法规等。行政法规是由国务院根据宪法和法律制定的,地方性法规是由地方人民代表大会及其常务委员会制定的。法规一般采用"条例""规定""办法"等称谓。

③ 规章。规章包括部门规章和地方人民政府规章。规章由国务院下属部门和地方人民政府制定,由本部门首长或省长、自治区主席、直辖市市长签署命令予以公布。规章一般称为"规定""办法",但不得使用"条例"。

为了规范立法活动,健全国家立法制度,提高立法质量,完善中国特色社会主义法律体系,发挥立法的引领和推动作用,保障和发展社会主义民主,全面推进依法治国,建设社会主义法治国家,全国人大根据《中华人民共和国宪法》制定了《中华人民共和国立法法》(简称《立法法》)。《立法法》第二条规定:法律、行政法规、地方性法规、自治条例和单行条例的制定、修改和废止,适用本法。国务院部门规章和地方政府规章的制定、修改和废止,依照本法的有关规定执行。

(2)行政文件。行政规范性文件是除国务院行政法规、决定、命令以及部门规章和地方政府规章外,由行政机关或者经法律、法规授权的具有管理公共事务职能的组织(以下统称行政机关)依照法定权限、程序制定并公开发布,涉及公民、法人和其他组织权利义务,具有普遍约束力,在一定期限内反复适用的公文。

(3)党的文件。党的文件是指由中国共产党的机关、组织形成和使用的文件,反映党的领导、党的工作和党的建设等活动。党内规范性文件是指党组织在履行职责过程中形成的具有普遍约束力、在一定时期内反复适用的文件,一般采用决议、决定、意见、通知等名称,用段落形式表述。领导讲话、年度工作要点、工作总结、人事调整、表彰奖励、处分处理、机关内部日常管理、请示、报告、会议活动通知、会议纪要、情况通报等不具有普遍约束力、不可反复适用的文件,不属于党内规范性文件。

5. 从公文内容的性质与作用来划分

按照公文内容的性质与作用,可以将公文分为指挥性公文、规范性公文、报请性公文、知照性公文、记录性公文等。

(1)指挥性公文。指挥性公文是指上级机关对下级机关或群众发出的用以指导工作的公文。它需要下级机关和有关人员认真学习和贯彻执行,是下级机关进行决策和开展工作活动的依据。例如,命令(令)、决定、意见、批复和政策性通知等。

(2)规范性公文。规范性公文是指具有法定效力和规范体式的公文,是党政机关、社会团体、企事业单位在行政管理、业务指导等活动中要求其成员严格遵守的行为规范。它是一种兼有政策性和规定性的公文,有较强的规范性和强制性。例如,各种条例、规定、办法、细则、章程、规则等。

(3)报请性公文。报请性公文是下级机关向上级机关汇报工作、反映情况、请示问题时所使用的陈述性、请求性公文。例如,报告、请示等。

（4）知照性公文。知照性公文是指各级党政机关之间向特定对象告知、传达或周知有关事项所使用的公文。例如,公报、公告、通告、通报、函等。

（5）记录性公文。记录性公文是指党政机关、社会团体、企事业单位在公务活动中形成的,主要用于记载公务活动以备查考的公文。例如,会议纪要等。

常见的公文分类还有以下几种。按照文件的缓急程度划分,可分为急件和平件,其中,急件又可分为特急件和急件。按照文件的使用范围划分,可分为通用文件、专用文件和技术文件。按照文件的发送目的划分,可分为主送件、抄送件和批转件、转发件。按照文件的处理要求划分,可分为需办文件(办件)和参阅文件(阅件)等。

三、党政公文的文种与规范

（一）党政公文的文种

自中华人民共和国成立以来,国家对统一公文文种就非常重视。1957年,国务院秘书厅发出的《关于对公文名称和体式问题的几点意见(稿)》指出:"不同的公文名称,反映着不同的目的和要求,也反映着行文机关之间的关系和发文机关的权限范围。划清各种公文名称的使用界限,正确地使用公文名称,对于做好文书处理工作,具有重要意义。"也就是说,公文文种具有明确公文性质,体现行文方向,显示公文各自特点、用途的作用。一份公文的文种是根据发文机关的权限、发文机关和收文机关之间的关系以及发文的具体目的和要求而确定的。党政公文的文种概括地反映出各种公文的不同性能和作用,有利于党政机关工作的顺利进行和实现公文处理的规范化、制度化。

现行《党政机关公文处理工作条例》规定了15种党政机关公文的功能及适用范围,是我们在具体工作中正确选用恰当公文文种的法定依据。

（1）决议。适用于会议讨论通过的重大决策事项。

（2）决定。适用于对重要事项作出决策和部署、奖惩有关单位和人员、变更或者撤销下级机关不适当的决定事项。

（3）命令（令）。适用于公布行政法规和规章、宣布施行重大强制性措施、批准授予和晋升衔级、嘉奖有关单位和人员。

（4）公报。适用于公布重要决定或者重大事项。

（5）公告。适用于向国内外宣布重要事项或者法定事项。

（6）通告。适用于在一定范围内公布应当遵守或者周知的事项。

（7）意见。适用于对重要问题提出见解和处理办法。

（8）通知。适用于发布、传达要求下级机关执行和有关单位周知或者执行的事项，批转、转发公文。

（9）通报。适用于表彰先进、批评错误、传达重要精神和告知重要情况。

（10）报告。适用于向上级机关汇报工作、反映情况，回复上级机关的询问。

（11）请示。适用于向上级机关请求指示、批准。

（12）批复。适用于答复下级机关请示事项。

（13）议案。适用于各级人民政府按照法律程序向同级人民代表大会或者人民代表大会常务委员会提请审议事项。

（14）函。适用于不相隶属机关之间商洽工作、询问和答复问题、请求批准和答复审批事项。

（15）纪要。适用于记载会议主要情况和议定事项。

公文文种的选用十分讲究，是公文写作活动的第一个重要环节。各级党政机关、社会团体、企事业单位行文时，必须从实际需要出发，根据本单位的职权范围、所处的地位及发文目的，正确选用公文文种，不能滥用。否则，内容表达将受到制约，不仅会妨碍收文机关对文件意图的准确理解，还会影响公文的及时处理。文种选用不当，轻则会闹笑话，重则影响工作。

确定和选用公文文种的基本原则有：第一，必须按照《党政机关公文处理工作条例》的统一规定使用，不能乱起名称；第二，要依据发文机关的权限加以选用，不能超越职权范围；第三，要依据行文的关系选用,弄清与收文机关的行政关系;第四,要考虑发文的具体目的和要求。

我国公文工作的实践证明,《党政机关公文处理工作条例》规定的正式文种是相对完备、适用面很广的,能满足各级党政机关、社会团体和企事业单位实际工作中对公文文种的需要。《党政机关公文处理工作条例》把党政公文纳入同一范畴管理,是符合当前社会管理的实际的。

然而,目前我国各级党政机关、社会团体和企事业单位中,乱用文种的现象较为普遍,有的甚至是相当严重的。概括起来,主要体现在三个方面。

第一,混用文种。

混用文种是指在公文写作中,错误地将不同文种的名称、功能或格式相互混淆使用,导致公文规范性和效力的降低。混用文种的现象常常出现在"公告"与"通告"、"决议"与"决定"、"请示"与"报告"、"请示"与"函"等几组邻近文种之间。例如,对于要向上级机关请示的问题,如果没有使用"请示",而错误地使用了"报告"这一公文文种,就有可能造成上级机关认为是一般性的工作报告,不需要答复,而没有及时处理,以致耽误了工作。又如,与不相隶属的机关联系工作问题,即使发文机关的级别比收文机关级别高一些,也不能使用"决定""通知",因为这不符合本机关的职权范围和地位,而应当使用"函"。还有"请示"和"函"的混用问题,不少单位未弄清行文对象是"上级机关"或"不相隶属机关",凡是有求于其他机关、单位的事务均使用"请示"。再如,有的机关发文,不分什么内容和性质,总是使用"通知"这一文种,这就使公文失去了以文种来概括和提示公文意图的作用。

第二,自制文种。

自制文种是指在公文写作中,脱离《党政机关公文处理工作条例》规定的15种法定文种,随心所欲地创造或使用非标准化的公文名称。如"申请""建议""方案""汇报"等。另外,"请求""构想""思考""框架结构"等自制文种在某些机关单位的正式文件中也经常见到。

第三,误用文种。

误用文种是指在公文写作中,将机关其他应用文(特别是事务性文书)误作法定公文文种直接使用。具体表现在:将"要点""方案""安排""设想"等计划类事务性文书误作法定公文文种使用,如《中共××区委2025年工作要点》;将"工作总结""述职报告""调研报告"等总结类事务性文书误作法定公文文种使用,如《××局2023年度党建工作总结》;将"办法""规定""守则""实施细则"等规章制度类文书和"情况反映""快讯""动态"等事务性文书误作法定公文文种使用。

（二）党政公文的规范

我国现阶段公文的规范,主要是指《党政机关公文处理工作条例》和《党政机关公文格式》中的有关规定与标准,以及我国广大干部和群众在实际文书工作中探索和总结的一些公认的原则和规律。概括起来,我国现行公文的规范主要包括格式规范、行文规范、处理规范、语言规范等方面的内容。

1. 格式规范

公文格式是指公文在撰写与印制过程中所遵循的统一规范和标准样式,是公文严肃性、规范性、标准化的重要标志,是公文法定权威性和约束力在形式上的体现,也是公文区别于一般文章的重要标志。《党政机关公文处理工作条例》第三章对此有专门表述,并特别强调了公文的版式应按照《党政机关公文格式》国家标准执行。

公文格式的作用在于保证公文的完整性、正确性和有效性,并可以给日后的公文处理工作和档案工作提供有力支持。

公文格式的规范主要包括构成规范、排版规范和特定格式规范这三个方面。

（1）公文格式的构成规范。

公文一般由以下18个格式要素组成。

① 份号。

公文印制份数的顺序号。涉密公文应当标注份号。

② 密级和保密期限。

公文的秘密等级和保密的期限。涉密公文应当根据涉密程度分别标注"绝密""机密""秘密"和保密期限。

③ 紧急程度。

公文送达和办理的时限要求。根据紧急程度,紧急公文应当分别标注"特急""加急",电报应当分别标注"特提""特急""加急""平急"。

④ 发文机关标志。

由发文机关全称或者规范化简称加"文件"二字组成,也可以使用发文机关全称或者规范化简称。联合行文时,发文机关标志可以并用联合发文机关名称,也可以单独用主办机关名称。

⑤ 发文字号。

由发文机关代字、年份、发文顺序号组成。联合行文时,使用主办机关的发文字号。

⑥ 签发人。

上行文应当标注签发人姓名。

⑦ 标题。

由发文机关名称、事由和文种组成。

⑧ 主送机关。

公文的主要受理机关,应当使用机关全称、规范化简称或者同类型机关统称。

⑨ 正文。

公文的主体,用来表述公文的内容。

⑩ 附件说明。

公文附件的顺序号和名称。

⑪ 发文机关署名。

署发文机关全称或者规范化简称。

⑫ 成文日期。

署会议通过或者发文机关负责人签发的日期。联合行文时,署最后签发机关负责人签发的日期。

⑬ 印章。

公文中有发文机关署名的,应当加盖发文机关印章,并与署名机关相符。有特定发文机关标志的普发性公文和电报可以不加盖印章。

⑭ 附注。

公文印发传达范围等需要说明的事项。

⑮ 附件。

公文正文的说明、补充或者参考资料。

⑯ 抄送机关。

除主送机关外需要执行或者知晓公文内容的其他机关,应当使用机关全称、规范化简称或者同类型机关统称。

⑰ 印发机关和印发日期。

公文的送印机关和送印日期。

⑱ 页码。

公文页数顺序号。

《党政机关公文格式》将上述除页码外的17个格式要素分别纳入"版头""主体""版记",并以此构成一份公文的"版心";而页码则位于版心之外。

版头包含七个部分:份号、密级和保密期限、紧急程度、发文机关标志、发文字号、签发人、版头中的分隔线。其中,发文机关标志、发文字号为必备要素。

主体包含七个部分:标题,主送机关,正文,附件说明,发文机关署名、成文日期和印章,附注,附件。其中,标题、正文、发文机关署名、成文日期为必备要素,其余要素在某些特定情况下可以省略。

版记包含三个部分:版记中的分隔线、抄送机关、印发机关和印发日期。

(2)公文格式的排版规范。

公文的版式按照《党政机关公文格式》国家标准执行。

公文使用的汉字、数字、外文字符、计量单位和标点符号等,按照有关国家标准和规定执行。民族自治地方的公文,可以并用汉字和当地通用的少数民族文字。

公文用纸幅面采用国际标准 A4 型。特殊形式的公文用纸幅面,根据实际需要确定。

(3) 公文格式的特定格式规范。

① 信函格式。

发文机关标志使用发文机关全称或者规范化简称,居中排布,上边缘至上页边为 30 mm,推荐使用红色小标宋体字。联合行文时,使用主办机关标志。

发文机关标志下 4 mm 处印一条红色双线(上粗下细),距下页边 20 mm 处印一条红色双线(上细下粗),线长均为 170 mm,居中排布。

如需标注份号、密级和保密期限、紧急程度,应当顶格居版心左边缘编排在第一条红色双线下,按照份号、密级和保密期限、紧急程度的顺序自上而下分行排列,第一个要素与该线的距离为 3 号汉字高度的 7/8。

发文字号顶格居版心右边缘编排在第一条红色双线下,与该线的距离为 3 号汉字高度的 7/8。

标题居中编排,与其上最后一个要素相距二行。

第二条红色双线上一行如有文字,与该线的距离为 3 号汉字高度的 7/8。

首页不显示页码。

版记不加印发机关和印发日期、分隔线,位于公文最后一面版心内最下方。

② 命令(令)格式。

发文机关标志由发文机关全称加"命令"或"令"字组成,居中排布,上边缘至版心上边缘为 20 mm,推荐使用红色小标宋体字。

发文机关标志下空二行居中编排令号,令号下空二行编排正文。

签发人职务、签名章和成文日期的编排见《党政机关公文格式》中 7.3.5.3 条。

③纪要格式。

纪要标志由"×××××纪要"组成,居中排布,上边缘至版心上边缘为 35 mm,推荐使用红色小标宋体字。

标注出席人员名单,一般用 3 号黑体字,在正文或附件说明下空一行左空二字编排"出席"二字,后标全角冒号,冒号后用 3 号仿宋体字标注出席人单位、姓名,回行时与冒号后的首字对齐。

标注请假和列席人员名单,除依次另起一行并将"出席"二字改为"请假"或"列席"外,编排方法同出席人员名单。

纪要格式可以根据实际制定。

2. 行文规范

《党政机关公文处理工作条例》第四章对党政机关公文的行文规则作了相关规定,归纳如下。

(1) 行文的一般规则。

① 确有必要,讲求实效。"行文应当确有必要,讲求实效,注重针对性和可操作性。"② 按权限行文,逐级行文。"行文关系根据隶属关系和职权范围确定。一般不得越级行文,特殊情况需要越级行文的,应当同时抄送被越过的机关。"

(2) 向上级机关行文的规则。

① 原则上单一主送,根据需要抄送。"原则上主送一个上级机关,根据需要同时抄送相关上级机关和同级机关,不抄送下级机关。"② 本级部门根据授权及权限向上级主管部门行文。"党委、政府的部门向上级主管部门请示、报告重大事项,应当经本级党委、政府同意或者授权;属于部门职权范围内的事项应当直接报送上级主管部门。"③ 不得向上级机关原文转报下级请示事项。"下级机关的请示事项,如需以本机关名义向上级机关请示,应当提出倾向性意见后上报,不得原文转报上级机关。"④ 区分请示与报告。"请示应当一文一事。不得在报告等非请示性公文中夹带请示事项。"⑤ 应以本机关名义向上级机关报送公文,而不是以机关负责人个人名义报送。"除上级机关负责人直接交办事项外,不得以本机关名义向上级机关负责人报送

公文,不得以本机关负责人名义向上级机关报送公文。"⑥ 受双重领导的机关向上行文可抄送另一上级机关。"受双重领导的机关向一个上级机关行文,必要时抄送另一个上级机关。"

(3) 向下级机关行文的规则。

① 明确主送与抄送。"主送受理机关,根据需要抄送相关机关。重要行文应当同时抄送发文机关的直接上级机关。"② 上级机关的有关部门经授权可向下级机关行文。"党委、政府的办公厅(室)根据本级党委、政府授权,可以向下级党委、政府行文,其他部门和单位不得向下级党委、政府发布指令性公文或者在公文中向下级党委、政府提出指令性要求。需经政府审批的具体事项,经政府同意后可以由政府职能部门行文,文中须注明已经政府同意。"③ 上级部门按权限向下级部门行文。"党委、政府的部门在各自职权范围内可以向下级党委、政府的相关部门行文。"④ 行文事关多部门须协商一致。"涉及多个部门职权范围内的事务,部门之间未协商一致的,不得向下行文;擅自行文的,上级机关应当责令其纠正或者撤销。"⑤ 向受双重领导的机关行文可抄送其另一上级机关。"上级机关向受双重领导的下级机关行文,必要时抄送该下级机关的另一个上级机关。"

(4) 同级机关行文的规则。

"同级党政机关、党政机关与其他同级机关必要时可以联合行文。属于党委、政府各自职权范围内的工作,不得联合行文。党委、政府的部门依据职权可以相互行文。部门内设机构除办公厅(室)外不得对外正式行文。"

3. 处理规范

公文处理工作是党政机关公文工作的重要组成部分,是党政机关办理公务的重要形式,贯穿党政机关各项工作,为党政机关公务活动的正常运转提供保障。它既是党政机关的一项基础性工作,也是党政机关的一项经常性任务。《党政机关公文处理工作条例》第四条明确规定:"公文处理工作是指公文拟制、办理、管理等一系列相互关联、衔接有序的工作。"第五条规定:"公文处理工作应当坚持实事求是、准确规范、精简高效、安全保密的原则。"

根据《党政机关公文处理工作条例》,公文处理工作主要包括公文拟制、公文办理、公文管理三个方面。

(1) 公文拟制。

公文拟制包括公文的起草、审核、签发等程序。

(2) 公文办理。

公文办理包括收文办理、发文办理和整理归档。收文办理的主要程序是:签收、登记、初审、承办、传阅、催办、答复。发文办理的主要程序是:复核、登记、印制、核发。需要归档的公文及有关材料,应当根据有关档案法律法规以及机关档案管理规定,及时收集齐全、整理归档。两个以上机关联合办理的公文,原件由主办机关归档,相关机关保存复制件。机关负责人兼任其他机关职务的,在履行所兼职务过程中形成的公文,由其兼职机关归档。

(3) 公文管理。

党政机关公文由文秘部门或者专人统一管理。公文应当按照所定密级严格管理。公文的印发传达范围应当按照发文机关的要求执行。复制、汇编机密级、秘密级公文,应当符合有关规定并经本机关负责人批准。公文的撤销和废止,由发文机关、上级机关或者权力机关根据职权范围和有关法律法规决定。公文的销毁要按照相关规定执行,个人不得私自销毁、留存涉密公文。机关合并或新机关成立时,对公文的处理亦有相应要求。

4. 语言规范

语言是公文的基本要素。公文语言是处理公务、开展公务活动的载体。公文语言使用正确与否,语言表达完整与否,都直接关系到公文内容是否能得到准确、全面的贯彻执行,以及公务活动中信息沟通的成效。

基于公文的应用领域与应用目的,公文在处理过程中,逐步形成了自身的特殊语体,这就是公文语体。公文语体与其他各类文章的语体相比,个性特点十分鲜明,其特点和要求概括起来主要是准确、简明、朴实、庄重。

(1)准确。

准确是公文语言的基本特点和第一要求。党政公文只有用最准确、最精练的文字才能如实反映客观事物,如实表达发文机关的意图;收文机关快速、正确理解公文内容也要依赖公文用语的准确性。党政公文对各级各类机关团体的工作有着直接的强制性、规范性、指导性作用。如果公文语言表达不准确,语意含糊不清楚,会在实际工作中产生消极影响。关于公文用语的准确性,需要注意以下几点。

第一,要认真辨析词义。汉语中有大量意义相同或相近的词,称为同义词或近义词。一个基本意思往往可以选用若干个同义词来表达,但其中必然有一个是最恰当的。由于同义词在词义轻重、意义褒贬、语体风格、范围大小、程度深浅等方面存在细微差别,公文写作者要有辨析同义词差别的能力。即使是同义词,仔细分辨也会发现微妙的差异,所以必须在词语的细微差别和感情色彩上认真斟酌。例如,"制定"与"制订"、"资金"与"经费"这类近义词,在使用时需要仔细区分。

第二,要讲究语法和逻辑。公文用语的规范性,体现在句子上就是句子成分要完整,主干成分必不可少,造句合乎语法规则和逻辑。

第三,要善用附加语。一个概念的内涵往往较为丰富,为了把握程度、范围、性质等方面的分寸,往往要在中心词的前面用附加语对中心词加以修饰和限制,这样才能把一个意思表达得更加准确。

第四,要用好关联词。为达意准确、脉络清晰、结构严谨,公文中常需使用多种关联词语,特别是在公文的缘由部分(又称开头、导言)。为了把发文的原因、根据、目的、经过等恰当地表达出来,公文中常选用"由于……""根据……""为了……""结合……""经研究……""现特作……"等用语。

第五,要巧用模糊语。公文用语是精确语言和模糊语言的对立统一。精确是公文的基础和生命,是公文用语的基本要求;但在某些特定的语言环境或特定的条件下,又必须使用模糊语言。从这个层面讲,所谓模糊语言即外延小而内涵大的语言。例如,"通过这次政治学习,全厂大多数职工受到了深刻教育",其中,"大多数"即模糊语言,它具有不定指性,表量模糊但表意准确,这是模糊语言的基本特性。如果将例句改为"通过这次政治学习,全厂1323人全部受到了深刻教育",反而不够准确,也难以令人信服。公文运用模糊语言应注意两点。一要恰当、得体。模糊语言表现力极强,内涵极其丰富,使用时需恰当得体,该用则用,切忌滥用,否则将有损公文的真实性和严肃性。二要注意模糊语言的相对性。在实际写作中,模糊语言往往要与精确语言配合使用,虚实结合,相得益彰。

(2)简明。

简明是指公文语言简练扼要、浅显易懂,这更有助于充分传达和实现发文机关的意图。公文写作中出现用语繁多却表意不清晰的情况,多半是由于语言不精确,不得不靠增加语句来弥补,结果适得其反。要做到详略得当,需要注意以下几个方面。

第一,用语精准,以一当十。尽量不用一词多义、容易产生歧义和误解的词语;用了,要做必要的解释和说明。

第二,尽量使用短句,适当采用文言词语。采用文言词语的一个重要原因,就是有些文言词语比现代汉语词语更精练。运用文言词语,要注意不要"生吞活剥"、食古不化,要灵活运用,保证公文自然、流畅。

第三,多用基本义。我国汉语在长期的演变和发展中,一个词语的基本义常常会产生出若干个引申义和比喻义。公文在选用词语时往往采用其基本义而较少用它的引申义或比喻义。例如,在开展造林绿化、保护生态环境的公文中,会要求人们爱护身边的"花草树木",这里用的就是"花""草"的本义,而与我们指责某些作风不正的人喜欢"拈花惹草"中"花""草"的意思大相径庭。

第四,善用缩略语。公文中适当使用缩略语,是使公文语言简明的有效方法。然而,公文中的缩略语强调规范化。规范化的缩略语可在公文行文时直接使用,而没有规范化的缩略语不能在公文中滥用。

缩略语一般是约定俗成的,如"党的十一届三中全会""三个代表""四个意识""四个自信""两个维护"等都是约定俗成的缩略语,可在公文中直接使用。另外,先全后简也是一种使语言简明的方法。有的事物名称文字较多且没有约定俗成的简称,遇到需要在公文中反复出现时,可以在第一次出现时采用全称,并用括号注明"以下简称'××'",后续便可在这份公文中使用缩略语了。

(3)朴实。

朴实是指语言平实自然,无渲染,无矫揉造作,无夸饰,这是公文实际应用价值所决定的。朴实无华的语言有利于直接明了地表达意图和迅速有效地产生反响。这就要求我们注意以下两点。

第一,慎用形容词、修饰语。公文追求的是表述的准确、明白、流畅、深刻,而不刻意求生动、形象,更忌滥用辞格、堆砌华丽辞藻。这与诗词、散文、小说、戏剧的语言有很大的区别。因此,公文基本不用夸张、婉曲、双关、反语等修辞手段。必须使用形容词、修饰语时也应十分慎重,以准确、简明为基本原则。

第二,实话实说,直截了当。公文不能像文学作品那样铺陈、渲染,或运用曲笔含蓄达意。它当开门见山,直述事实,直陈意见,直提要求,力戒说假话、说大话、说空话。因此,公文通常在开头讲清缘由后,就分条列项,直接分述有关内容。

(4)庄重。

庄重是指公文的语言要端庄、郑重、严谨,不得使用戏谑语,不追求诙谐幽默,一般不用口语、方言和俚语等。公文写作人员在实际工作中应力求做到以下几点。

第一,客观地叙述、阐释和评价。公文是代表党政机关发言的,在写作中不能带有任何个人的情绪和感情色彩。叙述时要客观、真实,说明时要显豁、平易,评议时要中肯、公正。

第二,使用书面语。公文语言需要大众化,通俗且浅显易懂,但它又不能像一般记叙文,特别是像通俗小说、方言文学作品那样大量采用口语和方言,而是强调使用规范化的书面语。只有这样写出来的公文,才能既平实易懂,又不失庄重、严肃的色彩。

第三,使用公文专用语。公文专用语是人们在长期的公文写作实践中形成和使用的相对固定、十分简洁的语言,它既保留了某些古汉语的特色,又使公文获得言简意赅的效果,因此被长期沿用。公文专用语主要有以下四类。

第一类是称谓用语。称谓用语包含以下三类:自称用语,如"我省""我地""我局""本公司""本企业""本人"等;对称用语,如"贵市""贵公司""你厂""你校"等;他称用语,如"该市""该地区""该局""该厂""该员工"等。

第二类是领起用语。这类用语在公文分层次、分段落阐述不同内容时,居于各段之首,起带出主要内容的作用。常用的领起用语有"全会认为""大会审议了""会议强调指出""代表们一致认为""国务院要求""党中央号召"等。领起用语常用于公报、决定、决议、纪要等公文中。

第三类是承启用语。这类用语通常出现在公文的缘由部分(开头、前言、导语)结束、内容事项部分(主体)开始的位置,承接前面的事由,带出后面的事项,起承上启下的作用,是全文上下衔接的过渡性语言。例如,"为此,特作如下通知""现就这项工作的开展提出如下建议""特命令你们""现将有关情况报告于后"等。

第四类是结尾用语。这是各类公文正文结尾时表收束、祈请、指示、强调的语句。例如,"以上各项希各地遵照执行""以上规定希各有关方面切实贯彻""当否,请批复""以上意见如无不妥,请批转各地执行""特此通知""望予函复"等。

除以上四类公文专用语外,公文中还有"批转""转发""印发""发布""颁布""拟请""业经""责成"等多种专用语。

四、AI 技术与党政公文写作

2024 年《政府工作报告》首次提出"人工智能+"行动,有力地推动了人工智能技术在各垂直领域的快速发展。当下,AI 技术助力党政公文写作渐成趋势,已然成为新时代党政机关公文写作人员必备的新技能。

(一) AI技术赋能党政公文写作

AI大模型写作能提升党政公文写作效率。AI能够快速搜集和分析党政公文写作资料,代替部分重复性、机械性文书工作。通过人工智能大数据分析,AI能够准确把握公文写作的基本规律和格式要求,高效生成各类公文。不少AI软件陆续推出了公文写作板块,或上线"公文版",提供通知、公告等法定公文,以及讲话稿、工作总结等事务性公文的写作生成服务,大幅提升了写作效率。安徽省依托数字政府大模型构建专属公文助手,接入全省政务数据库实现本地化政策精准适配,该系统已支持通知、报告等15类公文自动生成,通过人机协同减少了70%基础文书工作量。给DeepSeek输入结构化指令,也可实现通知类公文自动化生成,如输入"春节放假安排通知"指令后,系统自动嵌入国务院放假政策、生成值班日志报送机制及安全检查要求等标准化内容,在此基础上可以修改细节,形成正式公文初稿,大大压缩了公文撰写的时间,提高了工作效率。

AI技术可保证公文撰写的准确性和规范性。AI大模型写作不受情绪、偏见等因素干扰,对复杂材料能进行简单化、模板化、标准化处理,快速完成重复性、标准化、简易类的写作,内容也更加客观和准确。AI通过深度学习公文格式规范,可精准生成结构严谨的文本,避免格式错误。一些智能文档工具内置几十万篇范文库,输入关键词即可生成文本的逻辑结构。

AI技术赋能公文写作者。AI擅长处理数据整理、模板填充等机械性工作,能够把"笔杆子"从事务性文字处理中解放出来,将工作精力聚焦于政策研发等创新性领域。新华社研发的"新华妙笔"已广泛应用于党政机关、事业单位和央企等。有媒体报道,"数智员工"可实现"公文格式修正准确率超95%";"执法文书生成助手"将执法笔录秒级生成执法文书初稿;"AI招商助手"企业分析筛选效率提升30%,

分析时间缩至分钟级;等等。①

(二) AI 技术在党政公文写作中的局限性

尽管 AI 技术在党政公文写作领域展现出一定优势,但其局限性也不容忽视,在实际应用中需谨慎对待。

第一,影响党政公文的原创权威性。党政机关通过公文实施领导、履行职能、处理公务,法定公文是传达贯彻党和国家的方针政策,公布法规规章,指导、布置和商洽工作的重要工具,是各级各部门权威性的重要载体。除了要求具有权威性、规范性、真实性、准确性、精练性、通俗性外,原创性也是公文的重要特质。如果 AI 技术在党政机关工作中被过度运用,极易导致公文写作模板化,使公文丧失应有的生命力,不利于党政机关现代化治理水平的提升。

第二,党政公文成文程序对 AI 技术存在排斥。如前所述,党政公文成文过程在程序、保密性、政治等方面有明确而严格的规定。一份公文需要党政部门内部经过反复斟酌、权衡利弊、审核审批后才可对外公布,这一过程是 AI 技术难以深度介入并有效赋能的。

第三,利用 AI 技术生成公文有泄密风险。公文起草涉及大量党政机关内部文件,如果数据存储和传输未经过严格安全审查,将违背党政机关对保密工作的严格要求。在实际工作中,一旦将内部素材甚至涉密内容输入 AI 写作工具生成初稿,造成泄密,将会产生难以估量的严重后果。

第四,AI 技术生成公文提出的对策措施缺乏针对性和操作性。AI 技术生成公文所提出的意见建议,大多来自网络海量数据。作为人工智能,AI 也是按照既定程序对相关数据进行处理。然而,其在地方性知识的获取上存在断层,难以有效整合非结构化数据,如地方会议纪要、专项政策解读等。这就导致 AI 生成的文本常出现政策术语误用或时效性偏差的问题。某省级公文系统试用结果显示,对该省 2024

---

① 郑明达:《首批 70 名数智员工上岗 满足 240 个业务场景使用》,2025 年 2 月 18 日,https://ep.ycwb.com/epaper/ywdf/h5/html5/2025-02/18/content_688_691059.htm,2025 年 5 月 22 日访问。

年修订的《乡村振兴促进条例》引用错误率达37%,后续仍需投入大量人力进行政策表述的校准。某机关曾尝试让 AI 撰写《关于推进垃圾分类工作的实施方案》,结果 AI 给出了"建议每户发放智能分类机器人"等荒诞不经、不伦不类的错误表述,与公文起草的实际要求相差甚远。

第五,AI 技术数据有余而情感不足。AI 本质上是为人类提供便捷途径的互联网工具,自然带有互联网模式的固有不足。由 AI 技术生成的公文往往缺少情感,更难以形成具有不同地域、不同个性特点的风格,达不到党政机关对不同公文的多样化要求。公文是国家治理的有力工具,尤其是各级领导的讲话稿,充分体现执政者的施政理念和地方特色,不同领导有不同的情感表达特色,个人特征鲜明,AI 难以生成不同性格特点的领导语言风格。正因如此,有单位明确规定,允许使用 AI 大模型查询资料或作为写作参考,但严禁用其为领导撰写讲话稿。

(三) AI 技术在党政公文写作中的应用

在党政公文写作领域,合理运用 AI 技术须以科学原则为指引,精准选取适配工具,方能在提升效率与坚守规范之间实现平衡。选用 AI 技术工具须遵循三个原则。一是安全大于效率。涉密文件必须将安全性置于首位,在遵守保密条款的前提下,如需使用 AI 辅助写作,建议优先选用"新华妙笔"等经过严格安全审查的专业系统。二是需求匹配。根据使用者水平和工作场景选择工具,新手可借助 DeepSeek 免费版熟悉操作、积累经验,资深文书工作人员可采用"新华妙笔+人工润色"模式,在提升效率的同时保证内容质量。三是巧用提示词。模糊指令易导致 AI 输出无效内容,如输入"写工作总结",AI 可能会输出流水账式文本。精准指令需明确角色、场景、重点内容及格式要求等要素。角色定位有助于 AI 依据职业、行业特性输出贴合角色的话语风格;场景设定可引导 AI 匹配更契合需求的案例;重点内容通过关键词让 AI 精准聚焦核心要点;格式要求则确保生成内容符合特定的排版、体例规范。例如,"角色:某新闻专业大三学生;场景:社区工作;关键词:社区、公共文化、研究现状、调研报告;格式要求:采用分章节撰写,每章节需有小标题且加粗,数据部分用表格呈现,字数控制在3000字左右"。当然,如果想要 AI 输出的调研报告具有针对性,还需向其"投喂"如社区近三年公共文化活动记录、当地文旅局发布的《公共文化服务发展报告》、同类调研报告范文等具体资料。只有这样,才能够引导 AI 结合具体资料生成既符合撰文内容要求,又遵循公文规范的稿件。

综上所述,AI 技术为党政公文写作带来效率提升的新机遇,但其局限性也不容忽视。未来,在合理运用 AI 工具优化写作流程的同时,应坚守公文的政治性、法定性与规范性,让技术赋能真正服务于党政机关治理能力现代化提升。

练习题

一、判断题

1. 广义的公文既包括党政机关正式发布的法定公文,也包括各种机关、社会团体、企事业单位等常用的应用文书。(　　)

2. 党政公文写作和一般文章写作一样,都是代表撰写人的个人意愿,表达的是个人的思想观点。(　　)

3. 党政公文的作用包括指导、规范行为、沟通信息、凭证记载、宣传教育、知照、协调等作用。(　　)

4. 公文中涉及的秘密就是国家秘密。(　　)

5. 不同的公文文种有不同的性能和作用。划清各种公文的使用界限,有利于机关工作的顺利进行和实现公文处理的规范化、制度化。(　　)

二、单选题

1. 党政公文的特点不包括(　　)。

A. 政治性　　　　　　　B. 法定性

C. 时效性　　　　　　　D. 稳定性

2. 公文的作者是指（　　）。

A. 草拟公文的执笔个人

B. 发文机关，即具有法定职权的党政机关、社会团体、企事业单位

C. 党政机关、社会团体、企事业单位的领导人

D. 国务院

3. 与不相隶属的机关联系工作问题时，应使用下列哪个文种（　　）。

A. 函　　　　　　　　　B. 决定

C. 指示　　　　　　　　D. 通知

4. 下列文种使用符合规范的是（　　）。

A.《××市经委关于深化企业内部改革的思路》

B.《××县人民政府关于即将出台部分改革政策的吹风》

C.《关于××社区成立物业公司自行管理社区的请示》

D.《××公司关于要求减免部分工商税的请求》

5. 党政机关的公文按行文关系分为（　　）。

A. 逐级行文、多级行文、直贯到底的行文

B. 上行文、下行文、平行文

C. 逐级行文、多级行文、超级行文

D. 超级行文、下行文、平行文

三、多选题

1. 我国现行的关于公文处理的规范性文件包括（　　）。

A.《中国共产党机关公文处理办法》

B.《党政机关公文处理工作条例》

C.《国家行政机关公文处理办法》

D.《党政机关公文格式》

2. 狭义的公文（法定公文）包括（　　）。

A. 决议、决定、命令　　　　B. 公报、公告、意见

C. 通告、通知、通报　　　　D. 请示、批复、纪要

3. 按照公文内容的性质与作用，可以将公文分为（　　）等。

A. 指挥性公文　　　　　　　B. 规范性公文

C. 报请性公文　　　　　D. 知照性公文

4. 写作公文之前要(　　)。

A. 明确行文目的　　　　B. 向领导请示写法

C. 确定使用的文种　　　D. 选择适当的语言

5. 遵守行文规则是为了(　　)。

A. 确保公文迅速、准确传递　B. 避免行文紊乱

C. 确定行文关系　　　　D. 控制发文数量

四、指出下列公文中的错误并改正

1. ××乡政府的文书工作长期以来按照一条不成文的规定办理,即上班时间内乡干部谁在场就由谁拆阅当时收到的公务文书,再分交有关人员去办理,办完后交乡政府办公室的秘书登记保管。

2. ××市财政局和教育局拟就办学收费问题联合行文,后因对××政策有不同意见,决定取消此次联合行文,各自按自己的意见向下行文。

第二章　法定公文写作

第一节　决　　议

一、决议的适用范围

《党政机关公文处理工作条例》规定：决议"适用于会议讨论通过的重大决策事项"。决议是领导机关就重大事项或事件，根据民主集中制原则，经会议讨论表决通过形成意见或要求，并据以制定和发布的文件。它是一种重要的下行文，是具有权威性、程序性和稳定性的公文。

二、决议的特点

（一）权威性

决议的形成必须经过特定的会议，如党员代表大会、人民代表大会，以及这些代表大会选举产生的委员会、常务委员会等进行讨论，并按照法定程序集体表决通过。这意味着决议是一种群体性活动的产物，必须经集体投票表决后才能形成，因而是集体意志的体现，具有权威性和普遍约束力。决议一经颁布，下级机关及其成员必须严格贯彻执行，不得违背和抵制。

（二）程序性

决议是一种比较特殊的公文，它的制定方式与其他公文不同，决议必须经过符合法定人数的会议讨论通过,一般过半数或三分之二以上投赞成票才能形成决议,体现了少数服从多数的民主集中制原则和集体领导的智慧。决议的形成需要经过严格的程序,其制定必须符合法律和组织的原则要求。

(三)稳定性

决议一旦经领导机构会议讨论通过,再要对其进行修正或废止,必须经过同样的会议审议通过,不得随意变更。因此,决议的内容一般在较长的一段时间内保持稳定。

三、决议的分类

根据内容性质,决议可以分为审批性决议、专门事项决议、决策性决议。

(一)审批性决议

审批性决议涉及的内容较为具体,主要用于反映会议审议批准的重要文件、机构设置、工作报告、财务预算决算等事项。审批性决议主要是对一些重大事项、重要文件或报告等进行审查批准,它通常是由具有决策权的机关或组织针对下级机关的请示、报告等作出的。例如,《第十四届全国人民代表大会第二次会议关于全国人民代表大会常务委员会工作报告的决议》。

(二)专门事项决议

专门事项决议主要是针对专门问题或某项具体工作进行讨论后形成的决策事项,一般由负责此事项的机关发出。例如,《福建省人民代表大会关于动员全省人民全方位推动高质量发展超越的决议》。

(三)决策性决议

决策性决议主要用于对重要事项或重大问题阐明原则、提出要求、作出决策,特别是反映在路线、方针、政策上统一思想认识以确定大政方针的重要事项。这类决议主要是指经会议讨论通过,对历史或现实的重要经验教训进行全面总结并表述观点的文件。这类决议涉及的问题重大,理论阐述多,篇幅宏大,影响较深远。例如,《中共中央关于党的百年奋斗重大成就和历史经验的决议》。

四、决议的结构及写法

决议由标题、题注和正文三部分组成。

（一）标题

决议的标题一般采用三要素式标题,有两种形式:第一种是由会议名称、事由和文种组成,如《中国人民政治协商会议第十四届全国委员会第一次会议关于中国人民政治协商会议章程修正案的决议》;第二种是由发文机关、事由和文种组成,如《中共中央关于社会主义精神文明建设指导方针的决议》。

（二）题注

题注是在标题之下的括号部分,由两部分组成,即日期和通过决议的会议,这两部分内容相当于成文日期和发文机关,是公文的重要组成部分。根据《党政机关公文处理工作条例》的规定,对于大多数公文,成文日期通常被视为公文生效的日期。任何一份公文都必须有成文日期。决议的成文日期是指会议通过或者发文机关负责人签发的日期。例如,《第十四届全国人民代表大会第二次会议关于最高人民法院工作报告的决议》,标题之下的题注为:2024年3月11日第十四届全国人民代表大会第二次会议通过。

（三）正文

不同类型的决议在正文写法上有所不同。

1. 审批性决议的写法

审批性决议通常由审议对象、决议事项、决议号召三部分组成。审议对象一般有工作报告、法律法规、财政预算决算、机构组织、国民经济和社会发展计划等。决议事项要表明态度,是对审议对象的分析、评价和审批意见。决议号召是结尾部分,用于发出希望、提出要求,此部分也可省略。(见例文2.1.1)

［例文 2.1.1］ 审批性决议

第十四届全国人民代表大会第一次会议
关于 2022 年中央和地方预算执行情况与 2023 年
中央和地方预算的决议

（2023 年 3 月 13 日第十四届全国人民代表大会第一次会议通过）

第十四届全国人民代表大会第一次会议审查了国务院提出的《关于 2022 年中央和地方预算执行情况与 2023 年中央和地方预算草案的报告》及 2023 年中央和地方预算草案，同意全国人民代表大会财政经济委员会的审查结果报告。会议决定，批准《关于 2022 年中央和地方预算执行情况与 2023 年中央和地方预算草案的报告》，批准 2023 年中央预算。

2. 专门事项决议的写法

专门事项决议一般由决议缘由、决议事项、执行要求三部分组成。决议缘由部分简要介绍决议所涉及的决策事项的情况，说明作出决议的根据、原因、背景、目的和意义等。决议事项部分对有关工作安排的贯彻执行作出部署安排，是决议的主体部分。内容简单的决议可以篇段合一，全文一般只有一个自然段。内容复杂的、事项较多的决议可以分段写作。最后的部分是执行要求，也可省略，自然结束。（见例文 2.1.2）

［例文 2.1.2］ 专门事项决议

全国人民代表大会常务委员会关于开展第八个
五年法治宣传教育的决议

（2021 年 6 月 10 日第十三届全国人民代表大会
常务委员会第二十九次会议通过）

2016 年至 2020 年，全国第七个五年法治宣传教育决议顺利实施，取得重要成果，全社会法治观念明显增强，社会治理法治化水平明显提高。当前,我国已开启全面建设社会主义现代化国家新征程,进入新发展阶段,为深入学习宣传贯彻习近平法治思想,使法治成为社会共识和基本准则,夯实全面依法治国的社会基础,有必要从2021年至2025年在全体公民中开展第八个五年法治宣传教育。通过开展第八个五年法治宣传教育,使公民法治素养和社会治理法治化水平显著提升,形成全社会尊法学法守法用法的良好氛围。特作决议如下:

一、以习近平法治思想引领全民普法工作。(略)

二、大力弘扬社会主义法治精神。(略)

三、持续提升公民法治素养。(略)

四、推进普法与依法治理有机融合。(略)

五、着力提高普法工作的针对性和实效性。(略)

六、加强组织实施和监督检查。(略)

3. 决策性决议的写法

决策性决议通常由会议概况、决议内容、执行要求三部分组成。会议概况部分简要介绍会议时间、会议的主要议题,通常用"作出如下决议"来承上启下。这类决议涉及的决策问题比较重大,故决议内容复杂,这部分篇幅相应较大。各层次常用小标题概括内容,逐一展开阐述。执行要求是以会议名义有指向性地提出号召、希望等,并不是所有决议都有此部分,有些决议的结尾可以省略执行要求。(见例文2.1.3)

[例文2.1.3] 决策性决议

中国共产党第二十次全国代表大会关于 《中国共产党章程(修正案)》的决议

(2022年10月22日中国共产党第二十次全国代表大会通过)

中国共产党第二十次全国代表大会审议并一致通过十九届中央委员会提出的《中国共产党章程(修正案)》,决定这一修正案自通过之日起生效。

大会认为，推进马克思主义中国化时代化是一个追求真理、揭示真理、笃行真理的过程……大会一致同意，把党的十九大以来习近平新时代中国特色社会主义思想新发展写入党章……

大会认为，在百年奋斗历程中，党始终践行党的初心使命，团结带领全国各族人民书写了中华民族几千年历史上最恢宏的史诗，创造了一系列伟大成就，积累了宝贵历史经验。大会同意把党的初心使命、党的百年奋斗重大成就和历史经验的内容写入党章……

大会认为，习近平同志在庆祝中国共产党成立一百周年大会上代表党和人民作出实现了第一个百年奋斗目标、全面建成了小康社会、正在向着全面建成社会主义现代化强国的第二个百年奋斗目标迈进的庄严宣告，党章据此作出相应修改……

大会认为，党的二十大提出以中国式现代化全面推进中华民族伟大复兴，并将此确定为新时代新征程中国共产党的中心任务。公有制为主体、多种所有制经济共同发展，按劳分配为主体、多种分配方式并存，社会主义市场经济体制等社会主义基本经济制度，是中国特色社会主义制度的重要支柱。大会同意把上述内容写入党章……

大会认为，全面建设社会主义现代化国家，是一项伟大而艰巨的事业，前途光明，任重道远……党章据此作出相应修改，有利于激励全党坚定信心、锐意进取，朝着既定奋斗目标勇毅前行。

大会认为，党的十九大以来，以习近平同志为核心的党中央围绕统筹推进"五位一体"总体布局、协调推进"四个全面"战略布局，提出一系列新理念新思想新战略。大会同意，把走中国特色社会主义法治道路……统筹发展和安全等内容写入党章……

大会认为，党的十九大以来，习近平同志就加强国防和军队建设、统战工作、外交工作提出一系列新理念新思想新战略。大会同意，把坚持政治建军……清洁美丽的世界等内容写入党章……

大会认为，党的十九大以来，党坚持打铁必须自身硬，坚持以党的政治建设为统领，推动全面从严治党向纵深发展，党的建设取得许多新的重大成果和成功经验，应该及时体现到党章中，使之转化为全党共同意志和共同遵循……

大会认为,中国共产党是领导我们事业的核心力量,党的领导是实现中华民族伟大复兴的根本保证。大会同意把党是最高政治领导力量,坚持和加强党的全面领导等内容写入党章……

大会认为,总结吸收党的十九大以来党的工作和党的建设的成功经验,并同总纲部分修改相衔接,对党章部分条文作适当修改很有必要……

大会认为,进入新时代,党和国家面临的形势之复杂、斗争之严峻、改革发展稳定任务之艰巨世所罕见、史所罕见,正是因为确立了习近平同志党中央的核心、全党的核心地位,确立了习近平新时代中国特色社会主义思想的指导地位,党才有力解决了影响党长期执政、国家长治久安、人民幸福安康的突出矛盾和问题,消除了党、国家、军队内部存在的严重隐患,从根本上确保实现中华民族伟大复兴进入了不可逆转的历史进程……

大会要求,党的各级组织和全体党员在以习近平同志为核心的党中央坚强领导下,高举中国特色社会主义伟大旗帜,弘扬伟大建党精神,增强"四个意识"、坚定"四个自信"、做到"两个维护",更加自觉地学习党章、遵守党章、贯彻党章、维护党章,为全面建设社会主义现代化国家、全面推进中华民族伟大复兴而团结奋斗!

五、决议写作时应注意的问题

(一)了解会议的背景、目的、意义及中心思想

起草决议时,首先要了解会议的背景、目的、意义及中心思想,明确会议所要解决的问题、传达出的肯定或否定意见、提出的意见与要求,以及决策的最佳方案。要全面、深入掌握这些关键信息,为形成一份内容翔实、逻辑严谨、切实可行的高质量决议奠定坚实基础。

(二)必须紧扣会议精神和主题,准确阐明会议的决策事项

决议产生于会议,因此决议要体现出会议的中心思想及会议讨论

通过的政策意见,从而表明与会者对决策事项的态度。决议内容要体现出与会者的集体意志,做到重点突出和中心明确。

(三)结构严谨、条理清晰

决议内容具有广泛性,所以会议决议要注重结构严谨、条理清晰。要恰当运用会议的习惯性用语来区分决议的不同段落和层次。在决议写作中,不能因为某个决策事项有少数人持不同意见就以"多数人认为"或"少数人认为"这种方式来表达,这种写法是自然表述的方式,不适用于具有权威性的决议写作,应该明确与会者肯定或否定的态度。通常以"会议决定""会议同意""会议要求""会议指出"等用语表明与会者的立场观点,体现会议的决策事项是与会者集体讨论的成果。

练习题

一、判断题

1. 决议适用于会议讨论通过的重大决策事项,是一种下行文。(　　)

2. 决议具有严格的程序性,一旦发布便不能对其进行修改。(　　)

3. 决议所要贯彻的决策事项可由会议集体讨论通过也可由领导机关直接作出。(　　)

二、多选题

1. 决议的类型包括哪几种(　　)。

A. 专门事项决议　　　　B. 公布号召性决议

C. 决策性决议　　　　　D. 审批性决议

2.《第十四届全国人民代表大会第二次会议关于最高人民检察院工作报告的决议》和《政协第十二届福建省委员会常务委员会关于学习宣传贯彻中国共产党第二十次全国代表大会精神的决议》分别属于以下哪种类型的决议(　　)。

A. 审批性决议　　　　　B. 专门事项决议

C. 决策性决议　　　　　D. 公布号召性决议

三、根据下列材料拟写一份决议

2023年1月11—15日,四川省第十四届人民代表大会召开第一次会议,会议听取和审议了《四川省人民代表大会常务委员会工作报告》。

第二节 决　　定

一、决定的适用范围

《党政机关公文处理工作条例》规定,决定"适用于对重要事项作出决策和部署、奖惩有关单位和人员、变更或者撤销下级机关不适当的决定事项"。在实践中,决定大多用于确定履行法定程序,批准特定事项,规定实施重要政策,确定召开重要会议,确定重要的人事任免、表彰与处分等事项。

二、决定的特点

（一）权威性

决定通常由党政领导机关、重要会议或法定机构作出,体现组织的决策意志,因此具有权威性。决定所涉及的内容应当是重要事项:当有重要问题需要决策,有重要行动需要安排时才使用决定文种;一般性的问题、事项与活动不宜采用决定,可用通知、通报等行文。决定一旦发出,下级机关必须严格执行,不得违背。

（二）约束性

决定是典型的下行文,一般用于指导下级工作。相比决议更侧重宏观指导,决定通常针对具体问题提出明确要求。对于这些要求,下级机关必须遵照执行,做到令行禁止,因此,决定具有法定强制力。

（三）稳定性

决定是对政治、经济、科技、教育等方面的重大事项作出的战略决策安排,具有较强的政策性。决定一旦作出,就具有相对的稳定性,不会轻易更改。它为相关工作或行动提供了明确的方向和准则,在一定时期内具有指导和规范作用,以确保工作的连续性和一致性。

三、决定的分类

(一) 法规性决定

这类决定用于发布权力机关制定、修订或试行的法律文件以及由政府部门制定的行政法规,具有很强的权威性和约束力。例如,《全国人民代表大会常务委员会关于修改〈中华人民共和国安全生产法〉的决定》。

(二) 指挥性决定

这类决定多由上级机关作出,用于部署事关全局、涉及重大方针政策和战略决策的重要工作,要求下级机关和有关人员坚决贯彻执行。(见例文 2.2.1)

[例文 2.2.1]　指挥性决定

中共中央关于认真学习宣传贯彻党的二十大精神的决定

(2022 年 10 月 29 日)

为深入学习宣传贯彻党的二十大精神,把全党全国各族人民的思想统一到党的二十大精神上来,把力量凝聚到党的二十大确定的各项任务上来,作出如下决定。

一、充分认识学习宣传贯彻党的二十大精神的重大意义(略)

二、全面准确学习领会党的二十大精神

学习领会党的二十大精神,必须坚持全面准确,深入理解内涵,精准把握外延。要原原本本、逐字逐句学习党的二十大报告和党章,学习习近平总书记在党的二十届一中全会上的重要讲话精神,着重把握以下几个方面。

1. 深刻领会党的二十大的主题。(略)

2. 深刻领会过去 5 年的工作和新时代 10 年的伟大变革。(略)

3. 深刻领会开辟马克思主义中国化时代化新境界。(略)

4. 深刻领会新时代新征程中国共产党的使命任务。(略)

5. 深刻领会中国式现代化的中国特色和本质要求。(略)

6. 深刻领会社会主义经济建设、政治建设、文化建设、社会建设、生态文明建设等方面的重大部署。(略)

7. 深刻领会教育科技人才、法治建设、国家安全等方面的重大部署。(略)

8. 深刻领会国防和军队建设、港澳台工作、外交工作等方面的重大部署。(略)

9. 深刻领会坚持党的全面领导和全面从严治党的重大部署。(略)

三、认真做好党的二十大精神的学习宣传

学习宣传党的二十大精神,既要整体把握、全面系统,又要突出重点、抓住关键……

1. 切实抓好学习培训。(略)

2. 集中开展宣讲活动。(略)

3. 精心组织新闻宣传。(略)

4. 深入开展研究阐释。(略)

四、坚持知行合一,贯彻落实好党的二十大作出的重大决策部署

学习宣传贯彻党的二十大精神,要立足我国改革发展、党的建设实际,坚持学思用贯通、知信行统一,把党的二十大精神落实到经济社会发展各方面,体现到做好今年各项工作和安排好今后工作之中。

1. 坚决做到"两个维护"。(略)

2. 切实推动改革发展稳定。(略)

3. 防范化解风险挑战。(略)

4. 坚定不移全面从严治党。(略)

五、切实加强组织领导

学习宣传贯彻党的二十大精神,是当前和今后一个时期全党全国的首要政治任务。各级党委(党组)要把学习宣传贯彻党的二十大精神摆上重要议事日程,切实加强组织领导。

1. 切实负起领导责任。(略)

2. 牢牢把握正确导向。(略)

3. 着力提升实际效果。(略)

各地区各部门要及时将学习宣传贯彻党的二十大精神的情况报告党中央。

(三)知照性决定

知照性决定即用于向人们宣告对某一重要问题的主张、态度或解决结果时使用的决定,如调整行政区划、设置重要机构、重要的人事安排等。一般来说,这类决定内容比较单一、简明扼要,且不以强制执行为目的。(见例文 2.2.2)

[例文 2.2.2] 知照性决定

中国人民政治协商会议第十四届全国委员会常务委员会关于设置专门委员会的决定

(2023 年 3 月 13 日政协第十四届全国委员会常务委员会

第一次会议通过)

根据《中国人民政治协商会议章程》第四十九条"中国人民政治协商会议全国委员会根据工作需要,设立若干专门委员会及其他工作机构"的规定,中国人民政治协商会议第十四届全国委员会设置以下十个专门委员会:提案委员会、经济委员会、农业和农村委员会、人口资源环境委员会、教科卫体委员会、社会和法制委员会、民族和宗教委员会、港澳台侨委员会、外事委员会、文化文史和学习委员会。

(四)奖惩性决定

奖惩性决定可以分为两类:用于奖励在工作中作出突出贡献的有功集体或人员的决定称为嘉奖性决定(见例文 2.2.3);而对违反规定的个人或单位在党纪、政纪上予以处分的决定称为处分决定。

[例文 2.2.3]　嘉奖性决定

<h3 style="text-align:center">四川省人民政府
关于对程一凡等有突出表现的见义勇为个人(群体)
进行奖励的决定</h3>

川府发〔2023〕4号

各市(州)、县(市、区)人民政府,省政府各部门、各直属机构,有关单位:

见义勇为是中华民族的传统美德,是匡扶正义的崇高事业,是时代精神的具体体现。近年来,全省上下坚持以习近平新时代中国特色社会主义思想为指导,深入学习贯彻习近平总书记关于见义勇为事业的重要指示精神,积极践行社会主义核心价值观,大力弘扬见义勇为精神,我省见义勇为事业取得长足进步,见义勇为的社会认同稳步提升。在法治四川、平安四川建设中,涌现出一批见义勇为先进典型。他们在公共利益和人民群众生命财产受到危害的紧急关头,奋不顾身、挺身而出,用实际行动谱写了新时代的正气之歌,为维护全省社会和谐稳定,推动社会主义精神文明建设作出了突出贡献。为鼓励先进、树立榜样,根据《四川省保护和奖励见义勇为条例》,省政府决定对有突出表现的程一凡等19名见义勇为个人、2个见义勇为群体给予奖励。

全省广大干部群众要以见义勇为先进典型为榜样,传承中华民族传统美德,凝聚社会正能量,弘扬凡人善举,推动形成崇尚见义勇为、学习见义勇为、关爱见义勇为的良好社会风尚,让帮助他人、救助危难成为更多人的自觉行动。各地各部门(单位)要深入学习贯彻党的二十大精神,全面贯彻落实省委十二届二次全会决策部署,大力宣传见义勇为英雄事迹,切实保障见义勇为人员合法权益,共同营造见义勇为、见义众为、见义智为的良好社会氛围,加快建设人人有责、人人尽责、人人享有的社会治理共同体,为在全面建设社会主义现代化国家新征程上奋力谱写四川发展新篇章凝聚磅礴力量!

附件:有突出表现的见义勇为个人(群体)名单

四川省人民政府
2023年1月16日

（五）变更、撤销性决定

在实际工作中，当上级机关发现下级机关"不适当的决定事项"时，必须通过制发变更或者撤销性决定予以纠正或制止，这种决定直接体现了上级机关对下级机关的监督和管理。例如，《××市人民政府关于废止和修改部分文件的决定》。

四、决定的结构及写法

决定在结构上大体有两种。其一，无主送机关，行文结构包括标题、题注、正文。这种是直达人民群众的普发性文件。其二，有主送机关，行文结构包括标题、主送机关、正文、落款。这种决定采用逐级下发的形式。

（一）标题

决定的标题一般由发文机关、事由和文种三要素组成。例如，《中共中央 国务院关于进一步加强人才工作的决定》。

（二）题注

题注是在标题之下的括号部分。如果决定是由某次会议通过或批准的，一般在标题下写明日期和经哪个会议通过或批准，也可只写会议通过时间，文末不再需要落款。例如，《全国人民代表大会常务委员会关于设立全国生态日的决定》，标题之下的题注为：2023年6月28日第十四届全国人民代表大会常务委员会第三次会议通过。

（三）主送机关

决定通常应写明主送机关。当收文机关较多时，应当使用机关全称或规范化简称、统称。例如，《国务院关于表彰全国劳动模范和先进工作者的决定》。高层党政机关发的涉及重大方针政策和战略决策的重要工作决定，无主送机关。例如，《第十四届全国人民代表大会第一次会议关于国务院机构改革方案的决定》。

（四）正文

决定的正文是决定内容的主体和核心部分，一般包含决定缘由、决定事项、执行要求或发出的号召。

1. 决定缘由

决定的开头应写明作出决定的根据、原因、目的、意义等。其中，根据包括理论根据、政策法律根据和事实根据三个方面。开头的内容可详可略，视不同种类的决定而定。例如：指挥性决定，需要充分阐述缘由，文字多一些，有的甚至要分段论述；嘉奖性决定，要叙述基本事实，点明被嘉奖先进人物和事迹的突出特点及其蕴含的意义；变更、撤销性决定，则要说明作出变更或者撤销的原因、依据、理由。

2. 决定事项

撰写决定事项时，要直截了当地写出决定的具体内容。内容单一、文字较少的决定可用篇段结合式。涉及事项较多、内容比较庞杂的决定采用分条列项式，即把决定中涉及的若干问题按照主次列成若干条项，并用序号标出，或将每条的中心内容归纳成小标题，分列于每一部分之前。这种写法使决定的事项看起来条理清楚、层次分明。内容特别重要、篇幅相对较长的决定则宜采用分块表述的方式，即把全文分为几个部分，每一部分表达一个中心内容。

3. 执行要求

执行要求在决定的结尾，一般以一个自然段的篇幅发出号召或提出希望。若主体部分已言尽其意，可不用专门的结尾。

需要强调的是，正文注意处理好决定内容的详略。要做到该详则详，当略则略，详略得当。例如：知照性决定一般用较多的笔墨去写缘由，而决定的事项部分文字所占比重较小；而指挥性决定的缘由部分则较简要，其余大量文字用来说明决定的内容事项；对于奖惩性决定，由于其主体部分要写出先进或者过失事实，故缘由部分用字较多，决定事项部分则着墨较少。

（五）落款

决定标题下有用小括号标明会议通过的时间和会议名称的题注的，则省略落款，这种处理方式和决议相同；还有部分决定仅在标题下用小括号括起来成文日期作为题注，其正文之后也可省略日期落款。

更一般的情况是,在正文之后署决定发文机关的名称和成文日期,成文日期应用阿拉伯数字,年、月、日齐全。

五、决定写作时应注意的问题

(一) 要有政策依据

决定是对重大行动或重要事项作出安排和决断,所涉及的事项关系重大,因此行文时必须慎重。要依据国家的有关政策法令,掌握有关现实情况,并进行分析,抓住问题的实质和焦点,以作出切合实际的判断和决策。只有这样,才有利于收文者遵照执行。

(二) 用语庄重、行文严肃

不同决定要掌握恰当的表达方式。指挥性决定,由于其内容比较复杂,故在表达方式上应当以说明为主,适当结合议论。说明性文字用来表达决定的具体内容事项与要求,而议论性文字通常置于每一部分、每一层次、每一段落之首,用来明确篇旨和段旨,起到亮明观点、点出主旨的作用。奖惩性决定,更多使用说明性文字,使用议论性文字较少,只是在讲到事物的性质、意义或影响时才涉及用议论性文字。但不管写作哪一种决定,都要注意观点鲜明,文字严谨、精练、准确无歧义;行文要严肃,体现权威性。

六、决定与决议的区别

决定和决议均属于权威公文,两者性质、特点比较接近。从行文关系上看,两者都是下行文,其制发机关必须是上级机关或权力机关。从内容上看,两者都具有决策的性质,并具有一定的强制性和约束性,收文机关必须坚决贯彻执行。从作用上看,决定与决议都是对重要事项或重大问题作出结论或安排。但二者也有不同之处,在实际运用中,应对决定和决议进行区分。

(一) 制发程序不同

决议的制发程序非常严格,须经某一级机关或组织机构的法定会议对某一议题进行集体讨论,由法定多数表决通过,然后形成正式文件,并以会议的名义公布,进而才能生效。而决定却不一定经过法定会议表决通过的程序。决定既可以是会议讨论表决的结果,形成正式文件予以公布,也可由各级领导机关直接制发。凡是未经法定会议表决通过这一程序,而是以领导机关的名义发布的文件,就只能使用决定。

（二）内容不同

决议的内容,多是关系全局性和原则性的重要问题、重大事件或活动,具有宏观性和战略指导性;重在统一思想,一般较为宏观。而决定的内容,多数涉及某一领域某方面的重要事项和重大活动的决策和安排,比较具体、明确,具有较强的针对性,重在统一行动、安排落实。

（三）写法不同

决议有较多论证的成分,以阐明指导思想、方针、政策等,有一定理论色彩;往往写得比较概括,原则性条文多,下级机关在贯彻执行时,一般还要根据决议内容制定相应的具体办法或实施措施。决定侧重对工作作出具体的指导和安排,提出开展某项工作的步骤、措施,内容明确、具体,可以直接作为下级机关行动的准则,多用叙述和说明。

决议的正文中会以会议作为第三人称进行表述,以"会议认为""会议强调""会议要求""会议号召"等惯用语引起下文。而决定则用"为此,特作如下决定"之类的惯用语,两者的行文语气不同。

> **练习题**

一、判断题

1.决定可以用来规范人们的行为,具有法定强制力。（　　）

2.决定和决议在形成程序上是完全一样的。（　　）

3.决定的标题一般采用完全式标题,不能随意使用省略式标题。（　　）

4.决定应当具有稳定性,不能轻易更改。（　　）

5. 决定的正文部分由作出决定的根据、执行要求和结尾三大部分组成。（ ）

6. 决定具有较强的宏观性、理论性和政策性,是指导工作的准则。（ ）

7. 决定是会议讨论通过的,也可以是上级机关在自己职权范围内作出的。（ ）

二、单选题

1. 下列哪项不属于决定的特点（   ）。
   A. 约束性　　　　　　　　B. 权威性
   C. 稳定性　　　　　　　　D. 建议性

2. 下列哪一说法是错误的（   ）。
   A. 决议和决定都是下行文,都是决策性文种
   B. 决议和决定都必须经过会议讨论通过形成
   C. 决议的成文日期一般放在标题下;而决定的成文日期有的放在标题下,有的放在落款处
   D. 决议内容的理论性、原则性强;决定的内容相对比较具体,实践性强

3. 决议和决定都属于（   ）。
   A. 决策性文件　　　　　　B. 报请性文件
   C. 程序性文件　　　　　　D. 周知性文件

4. 决定的标题一般由（   ）三要素组成。
   A. 时间、发文机关、文种　　B. 发文机关、事由、文种
   C. 时间、关键词、文种　　　D. 发文机关、文种、地点

5. 决定行文严肃的意义在于体现其（   ）。
   A. 计划性　　　　　　　　B. 权威性
   C. 明确性　　　　　　　　D. 规范性

三、多选题

1. 决定的重要类型包含（   ）。
   A. 知照性决定　　　　　　B. 变更、撤销性决定

C. 指挥性决定　　　　　D. 奖惩性决定

2. 决定的正文主要包括(　　)三部分。

A. 决定缘由　　　　　　B. 决定事项

C. 落款　　　　　　　　D. 执行要求或发出的号召

3. 决定的主体部分主要有(　　)几种表述方式。

A. 篇段结合式　　　　　B. 分条列项式

C. 分块表述式　　　　　D. 倒悬式

4. 根据《党政机关公文处理条例》的规定,可以使用"决定"的事由是(　　)。

A. 严惩严重破坏社会治安的犯罪分子的工作安排

B. 在太平洋某地区实验运载火箭,提醒过往船只注意

C. 对大兴安岭森林特大火灾事故的处理

D. 授予×××全国劳动模范称号的嘉奖

5. 指挥性决定区别于知照性决定的是(　　)。

A. 指挥性决定是上级机关针对某一涉及面较广的问题作出的行动部署

B. 下级机关必须遵照执行

C. 有很强的约束力

D. 意在引起关注

6. 下列说法正确的是(　　)。

A. 决定的事项应明确而具体,用语要准确,内容要得当,表述要谦恭有礼

B. 决定的缘由应准确而充分

C. 落款处一般不用写发文机关名称

D. 决定如果标明题注,则文末不再需要落款

7. 知照性决定可用于(　　)。

A. 授予名号　　　　　　B. 给予纪律处分

C. 宣布机构的设立或撤并　D. 人事安排

四、指出下列公文中的错误并改正

关于向李春芳同志学习的决定

各车间、班组,各党支部：

我公司装配车间职工李春芳在上月十五日的特大洪水灾害中,为抢救国家财产不幸身亡。公司党委决定在全公司开展向李春芳同志学习的活动。

一、学习李春芳同志公而忘私、奋勇保护国家财产的高尚品德,爱祖国爱人民、敢于牺牲的精神。

二、根据李春芳同志生前的表现和愿望,追记李春芳同志为中共党员。

三、在全公司广泛宣传李春芳同志的先进事迹,运用这一典型对全公司党员职工开展一次关于努力奉献、坚持改革、敢于进取的革命精神,以及勇于献身的革命英雄主义精神的教育活动。宣传科和工会通过发放李春芳同志的事迹册子、张贴墙报等方式,确保宣传工作落实到位。

四、各车间、班组、党支部要开展讨论,学习李春芳同志的优秀品质,开展比、学、赶、帮活动,争取让生产上一个新台阶。

××公司党委
××年×月×日

五、公文改错（单选）

关于命名××省省级重合同守信用企业的决定

〔2024〕×政发 114 号

为了加强企业合同管理,规范经营行为,维护市场秩序,省政府在 2022 年首批命名省级重合同守信用企业（×政发〔2022〕103 号）的基础上,今年经各省辖市人民政府推荐、省有关部门考核验收,并对首批命名的企业进行了重审。经研究,省政府决定命名××石油化工公司等 128 家企业为××省省级重合同守信用企业（见附件）；继续确认首批命名的117家企业中的112家为省级重合同守信用企业(见附件)。

希望被命名的企业总结经验,发扬成绩,持续依法依规组织生产经营,不断规范自身的合同行为……为我省国民经济持续、快速、健康发展作出更大贡献。

××省人民政府
二〇二四年十月十四日

附件:××省省级重合同守信用企业名单(略)

1. 按照完整式标题要求,文稿标题结构的不规范之处是(　　)。

    A. 缺少文种　　　　　　B. 缺少事由

    C. 缺少发文机关　　　　D. 缺少介词

2. 文稿发文字号存在的问题是(　　)。

    A. 顺序颠倒　　　　　　B. 发文字号缺项

    C. 发文字号多项　　　　D. 缺少发文顺序号

3. 对照决定文种的写作要求,文稿存在的问题是(　　)。

    A. 附件说明位置错误　　B. 语言不贴切

    C. 没有明确命名的企业　D. 行文关系不明确

4. 文稿的成文时间,不规范之处是(　　)。

    A. 成文时间没有删除　　B. 成文时间缺项

    C. 成文时间混乱　　　　D. 写法不规范

六、写作题

试根据下述材料,以学校的名义拟一份处分决定。

××大学秘书学系2023级学生张三,入学以来不认真学习,经常旷课,多次参与打架斗殴。2024年1月5日,张三喝醉酒回宿舍开门时,被同宿舍黄四同学不小心撞了一下,张三当即大打出手,将黄四打成轻伤。学校根据《××大学学生纪律处分办法》,决定给予张三留校察看一年的处分。时间从2024年3月1日至2025年3月1日。

第三节 命令（令）

一、命令（令）的适用范围

《党政机关公文处理工作条例》规定，命令（令）"适用于公布行政法规和规章、宣布施行重大强制性措施、批准授予和晋升衔级、嘉奖有关单位和人员"。

二、命令（令）的特点

（一）权威性

命令（令）是由宪法或法律赋予特定机关（如政府）发布权的下行公文，代表国家意志，下级机关必须严格遵守和执行。虽然命令（令）本身不是法律、法规，但通常是对法律、法规的确认，其内容具有高度权威性。

（二）强制性

命令（令）是所有公文中最具强制性的下行文。命令（令）一经发布，受令者必须无条件服从，绝不允许抵制和违抗，否则就会受到相应的处分和制裁。

（三）庄重性

命令（令）的制定和公布须严格依照法律规定的程序，不能随意制定和发布，更不能朝令夕改。命令（令）的用语须准确、简洁，不得含糊。

三、命令（令）的分类

命令（令）根据适用范围的标准，可以分为公布令、行政令、嘉奖令、任免令、批准授予和晋升衔级的命令。

（一）公布令

公布令是指公布行政法规和规章时使用的一种命令（令）。最高国家行政机关国务院制定的行政法规，国务院各部委根据工作需要在本部门权限范围内制定的行政规章,省、自治区、直辖市和设区的市、自治州的人民政府制定的地方政府规章,通常由这些机关的领导人以命令(令)形式予以发布。

(二) 行政令

各级人民政府处理关系重大的事项或紧急情况(如战争、自然灾害等),为维护国家和人民群众的利益,在必要时需要采取重大强制性措施。一般情况下,县级以上人民政府或其领导人有权发布行政令来宣布施行这些措施。

(三) 嘉奖令

嘉奖令是行政奖励中的高级形式,是用于奖励有突出贡献的单位和人员的命令(令)。嘉奖令奖励的规格比决定、通报等形式要高。

(四) 任免令

任免令是用于任免国家机关工作人员职务的命令(令)。

(五) 批准授予和晋升衔级的命令

《党政机关公文处理工作条例》对命令的适用范围增加了批准授予和晋升衔级一项。依此规定,命令可用于授予和晋升衔级、授予和撤销部队番号等。

四、命令(令)的结构及写法

命令(令)的结构一般由发文机关标志、令号、正文、落款组成。

(一) 发文机关标志

依据《党政机关公文处理工作条例》,发文机关标志由发文机关全称或者规范化简称加"命令"或"令"字组成,后面不需要再标明标题。

(二) 令号

令号通常按照不同的发布机关而有各自独立的编号体系。例如,按照发令机关或发令人在该届任期内所发的命令(令)先后顺序编号,直至换届再重新编号,如中华人民共和国主席令的令号。国务院令则是以年度为单位进行编号,每年从"第1号"重新开始。地方各级人民政府发布的命令,一般也会根据本地区的相关规定进行编号,通常结合年份和所发命令(令)顺序进行编排。

(三) 正文

不同种类的命令(令),在正文结构及写法上也有所不同。

1. 公布令

公布令适用于公布行政法规和规章,其正文简洁明了,一般只用简短的几句话指明行政法规、规章的名称及制定机关、通过或批准的机关、组织或会议的名称、通过或批准的时间、施行日期等。公布令中,一般把被公布的文件附在命令的后面。(见例文2.3.1)

[例文2.3.1] 公布令

中华人民共和国国务院令

第 766 号

《未成年人网络保护条例》已经2023年9月20日国务院第15次常务会议通过,现予公布,自2024年1月1日起施行。

总理 李强

2023 年 10 月 16 日

未成年人网络保护条例

第一章 总 则

第一条 为了营造有利于未成年人身心健康的网络环境,保障未成年人合法权益,根据《中华人民共和国未成年人保护法》、《中华人民共和国网络安全法》、《中华人民共和国个人信息保护法》等法律,制定本条例。

…………

2. 行政令

行政令适用于宣布施行重大强制性措施,其正文通常情况下主要由三部分构成:一是制定和发布命令的缘由;二是分条列项,指明重大强制性措施的具体内容;三是执行要求,主要说明执行重大强制性措施的办法和其他要求等,此部分也可以省略。(见例文 2.3.2)

[例文 2.3.2]　行政令

湛江市人民政府森林防火禁火令

湛府规〔2022〕7 号

清明期间是森林火灾高发时段,为防止森林火灾发生,保护森林资源和生态环境,保障人民群众生命财产安全。根据《广东省森林防火条例》等相关规定,特发布森林防火禁火令。

一、禁火时间:每年 4 月 1 日起至 4 月 12 日止。

二、禁火范围:湛江市行政区域的林地及距林地边缘 30 米范围内。

三、在禁火期间、禁火范围野外禁止下列行为:

(一)上坟烧纸、烧香点烛等;

…………

四、在禁火期内,县级人民政府可以在森林防火区设立临时性森林防火检查站。对进入防火区的车辆和人员进行森林防火安全检查,对携带的火种、易燃易爆物品及其他可能引起森林火灾的物品,实行集中保管,任何单位和个人不得拒绝、阻碍。

五、违反本禁火令者,由公安机关依照《中华人民共和国治安管理处罚法》的规定给予处罚。涉嫌犯罪的,移送司法机关依法处理。

六、禁火令自 2022 年 4 月 1 日起施行,有效期 5 年。

湛江市人民政府
2022 年 4 月 1 日

3. 嘉奖令

嘉奖令适用于奖励有突出贡献的单位和人员,其正文内容主要包括三个部分:一是对有关人员的先进、模范事迹的介绍;二是对先进、模范事迹的分析和评价;三是嘉奖的主要内容,包括授予荣誉称号或给予其他物质和精神方面的奖励等。例如,《国务院对民航2402机组的嘉奖令》。

4. 任免令

任免令适用于任免国家机关工作人员职务时,其正文的结构一般比较单一、固定,由任免的依据和被任免者的姓名及所任免的职务构成。(见例文2.3.3)

[例文2.3.3] 任免令

中华人民共和国主席令

第一号

根据中华人民共和国第十四届全国人民代表大会第一次会议的决定,任命李强为中华人民共和国国务院总理。

中华人民共和国主席 习近平

2023年3月11日

5. 批准授予和晋升衔级的命令

此类命令与任免令的写法相似,不再赘述。

(四)落款

命令(令)必须由发文机关负责人正式签署后方能生效和发布,须注明职务、姓名;最后写上成文日期,即机关负责人签署该命令的日期。

五、命令(令)写作时应注意的问题

(一)使用的必要性

命令(令)只有在必要时才使用,一般情况下尽量少用,能用其他文种的就尽量不要使用命令(令)。命令(令)具有高度的权威性和庄重性,如果不分情形随意使用,就会降低其权威性和庄重性。因此,在选择文种时应尤其注意此点。

（二）行文要果断

命令（令）是强制约束力最高的指挥性公文，意义和影响重大，要求收文单位必须严格执行其内容和要求。所以在命令（令）的写作过程中，应当做到词句表达果断，坚决避免使用模棱两可的词句；只有这样才能使收文单位和相关人员领略其要义，坚决执行。

（三）表述应简明

命令（令）作为国家机关权威的庄严体现，在行文上应当结构严谨、层次分明、语言精练。在确保内容表述清晰、要求明确、说理透彻的基础上，行文应力求简明扼要，避免冗长解释与过度说明。

练习题

一、判断题

1. 按照常规来说，只有国家最高领导机关及其领导人才能使用命令（令）。（　　）

2. 一般行政法规和规章都可以用命令（令）作为载体发布。（　　）

3. 中共广东省委、广东省人民政府授予××同志"广东省学雷锋标兵"称号，可以用命令（令）行文。（　　）

4. 虽然命令（令）本身不是法律、法规，但通常是对法律、法规的确认，其内容具有高度的权威性。（　　）

5. 嘉奖有突出成就和重大贡献的单位和人员的公文称嘉奖令。（　　）

6. 命令（令）可以用于撤销下级机关不适当的决定。（　　）

7. 任免令是在发布一般领导干部职务任免事项时使用的公文。（　　）

8. 全国人大告知有关职务的选举结果，应选用命令（令）的形式予以告知。（　　）

二、单选题

1. 适用于发布行政法规和规章的文种是（　　）。
   A. 命令（令）　　　　B. 决定
   C. 通知　　　　　　D. 指示

2. 在下列选项中,不宜发布命令性文件的单位或个人是（　　）。
   A. 中华人民共和国主席
   B. 全国人民代表大会常务委员会委员长
   C. ××市文物局
   D. ××县人民政府

3. 在拟写命令（令）时,不需要标明的是（　　）。
   A. 发布机关　　　　B. 主送单位
   C. 成文日期　　　　D. 负责人签署

4. 下列哪一项不是命令（令）的特点（　　）。
   A. 权威性　　　　　B. 庄重性
   C. 强制性　　　　　D. 知照性

5. 下列哪一项不是命令（令）的适用范围（　　）。
   A. 公布行政法规和规章　　B. 宣布施行重大强制性措施
   C. 嘉奖有关单位和人员　　D. 对重要事项或重大行动作出安排

三、写作题

××市××区2024年共实现税收收入6亿元,超额完成了全年目标任务。请你以该区人民政府的名义,草拟一份对该区税务局的嘉奖令。

第四节　公　　报

一、公报的适用范围

《党政机关公文处理工作条例》规定,公报"适用于公布重要决定或者重大事项"。公报是党和国家领导机关、社会团体和有关业务部门通过新闻手段向国内外公开发布重要决定和重大事件时使用的一种具有权威性、新闻性的重要公文文种。公报常用于公布重要会议情况、重大决定或政策、国民经济和社会发展情况、重大科研成果、外交事务、重大突发事件或灾害情况等。

二、公报的特点

（一）权威性

公报主要由党和国家高级领导机关或高层政府部门发布，宣布的内容事关重大，代表着党和国家的立场和态度，具有极高的权威性。

（二）重要性

公报所公布的内容都是党和国家在政治、经济、军事、外交等方面的重大事件或重要决定，对国家、社会和民众具有深远影响，备受国内外各界关注。

（三）新闻性

公报是通过报纸、电台和电视台、互联网等新闻媒介向国内外公开发布的，因而也具备新闻的时效性、宣传性等特点，必须遵循新闻的原则。为此，公报要"新"。所谓"新"，指的是公报所涉及的内容应是新近发生的事件、最新的政策举措、近期的工作成果或对当前形势的最新判断等。通常情况下，重要会议、会谈或者有关事件结束后，应尽快发布公报。

三、公报的分类

（一）会议公报

会议公报是用以报道重要会议或会谈相关情况的公报。通常情况下，党和国家领导机关及其他社会团体在重要会议召开之后会及时使用会议公报的形式公布会上通过的重要决定。例如，《中国共产党第二十届中央委员会第三次全体会议公报》。

（二）新闻公报

新闻公报是党政领导机关向国内外公开发布重大新闻事件、重要政策法规、重要会议决议或重要活动情况等信息的公文文种。新闻公报可以由党政机关授权或委托国家通讯社发布，代表党和国家的立场、态度、主张。它是在特定场合使用的具有相当政治严肃性的新闻体裁。高层行政机关、部门向人民群众公布重大决策、重要事项或重大措施时有时也用此类公报。例如，《中国—中亚外长第六次会晤新闻公报》。

（三）联合公报

联合公报是具有特殊用途的公报，指两个以上的国家、政府、政党就有关重大国际问题、事件经过会谈、协商后达成一致意见，共同签署并公开发布的正式文件，用以表明双方或多方对同一问题的共同看法，或是经过谈判达成的具有明确各方权利和义务的协议。例如，《中华人民共和国和美利坚合众国关于建立外交关系的联合公报》。

四、公报的结构及写法

公报通常由标题、题注、正文三部分组成。而联合公报的结构有所不同，包含标题、正文、签署人和成文日期。

（一）标题

常用的公报标题写法有三种：一是由会议名称与文种构成，如《中国共产党第二十届中央委员会第三次全体会议公报》；二是由公报的发布机关、事由与文种构成，如《××统计局关于2023年国民经济和社会发展的统计公报》；三是省略发布机关，由事由与文种构成，如《第七次全国人口普查公报》。

（二）题注

公报的题注一般是在标题下方，用括号注明公报的发布时间、发布地点或其他需要说明的信息（如会议名称），此类公报文末不再标明发文机关和成文日期。

(三) 正文

由于不同公报的内容与形式不同,因此其正文写法也不同。

1. 会议公报

会议公报的正文主要包括前言、主体和结尾三部分。前言部分介绍会议基本情况,包括会议时间、地点、出席人员、主持人、会议议题及主要活动等。

主体部分重点介绍会议的主要精神、内容和重要的决议事项。在写法上常把会议内容归纳概括为几个方面,分层分段展开阐述。每层每段的开头,分别用"会议认为""会议指出""会议强调""会议决定"等标志性词语领起,阐述、说明本层本段的内容。

结尾部分通常用"会议号召""全会要求"领起,对相关各方的提出要求和号召,结构上通常是一个段落,语言简洁而富于鼓动性。(见例文 2.4.1)

[例文 2.4.1] 会议公报

中国共产党湖南省第十二届纪律检查委员会
第三次全体会议公报

(2023 年 1 月 28 日中国共产党湖南省第十二届纪律检查委员会第三次全体会议通过)

中国共产党湖南省第十二届纪律检查委员会第三次全体会议,于 2023 年 1 月 28 日在长沙举行。出席这次全会的有省纪委委员 53 人,列席 406 人。

省委书记张庆伟出席会议并讲话。毛伟明、毛万春等省委、省人大常委会、省政府、省政协及省高级人民法院、省人民检察院领导同志出席会议。

全会全面贯彻习近平新时代中国特色社会主义思想,深入贯彻党的二十大精神,坚决落实二十届中央纪委二次全会部署和省委要求,总结我省 2022 年纪检监察工作,部署 2023 年任务。全会由省纪委常委会主持,审议通过了王双全同志代表省纪委常委会所作的《全面贯彻落实党的二十大精神,以永远在路上的政治自觉正风肃纪反腐》工作报告。

全会认真传达学习了习近平总书记在二十届中央纪委二次全会上的重要讲话……

全会指出,2022年,在以习近平同志为核心的党中央坚强领导下,省委坚决扛起管党治党政治责任,深入贯彻党的自我革命战略部署,坚定不移推动全面从严治党向纵深发展,全省政治生态持续向好,党风政风气象日新……

全会强调,全省纪检监察机关要全面学习、全面把握、全面落实党的二十大精神,坚决捍卫党的核心,主动服务中心大局,切实守护人民利益,奋力解决独有难题,把严的基调、严的措施、严的氛围长期坚持下去,把新时代党的自我革命进行到底。

全会要求,2023年,要坚定不移用习近平新时代中国特色社会主义思想统领纪检监察一切工作,深刻领悟"两个确立"的决定性意义,增强"四个意识"、坚定"四个自信"、做到"两个维护",牢记"三个务必",坚决贯彻党的自我革命战略部署和全面从严治党战略方针……

第一,推进政治监督具体化、精准化、常态化,推动党的二十大精神在湖南落地生根……

…………

第九,全面从严加强自身建设,锻造堪当新时代新征程重任的高素质纪检监察干部队伍……

全会号召,要更加紧密团结在以习近平同志为核心的党中央周围,在中央纪委国家监委和省委领导下,奋勇推进全面从严治党、党风廉政建设和反腐败斗争,为全面建设社会主义现代化新湖南作出新贡献!

2. 新闻公报

新闻公报包括公报缘由和公报具体内容两部分。开头要交代制作公报的原因或根据。主体则是公报的具体内容,多采用条文式写明需公布的事项或数据。新闻公报一般没有结束语。

3. 联合公报

联合公报是一种具有国际和约性质的公报,对公报发布各方均有一定的约束力。所以,写作联合公报要求结构完整、条款清楚、语言精确。

联合公报的正文通常由会议概况、议定事项和结尾构成。开头一般用一到两个自然段,概述会议情况,简述邀请方、访问方、时间、主要人员、会见会谈和参观情况,还可以适当提及会议或访问的背景。

议定事项是主体部分,要具体反映各方签订了哪些协议,达成了哪些共识,取得了哪些成果。在结构上,常根据内容间的主次关系和内在逻辑来安排层次段落,一层或一段集中反映一个方面的内容。

结尾通常是对主体内容的补充,一般为一到两个自然段,除扼要写明本次访谈结果的意义、下一步各方领导人互访的意向及访问方对邀请方的感谢外,还可以表达对未来合作的展望,强调各方共同努力实现目标的决心。

（四）签署人及成文日期

会议公报和新闻公报因标题下有题注而没有此项。联合公报应写明各方签署人的身份、姓名,以及签署的时间、地点等内容。

五、公报写作时应注意的问题

（一）重点明确、主旨突出

公报的事项重大,内容繁多。因此,写作时必须抓住重点,突出行文的主旨。要把写作重点放在对事件的陈述和观点的阐述上,而且要紧扣全文的核心内容来写,切忌令人难得要领。公报常采用"多段式"结构,写作时一定要根据其内在的逻辑联系来安排顺序,以分清主次,不可胡乱堆砌。

（二）用语的准确性和概括性

公报作为党和国家领导机关公布重大事件或重要决定的公文文种,要讲究行文用语的准确性和概括性。写作者必须用较少的文字涵盖丰富的内容，把客观事实准确无误地传递给读者，且需做到内容条理清晰、用语庄重严肃。

（三）严格把握"内容关"

公报的内容是国内外普遍关注的，要求写作者必须认真筛选、严格把关写入公报的内容。公报所涉及的事实必须准确无误，无论是数据、事件经过还是相关人员的言论等，都要经过严格的核实与查证。公报的内容必须符合国家的法律法规和政策要求，不能与现行法律相抵触。在涉及国际关系的联合公报中，也要遵循国际法和国际惯例。公报发布的信息不能泄露国家机密、商业秘密或个人隐私等，要在法律允许的范围内进行内容的选择和公开。一般情况下，重要会议召开、重大决策部署、重要统计数据发布、重大事件或活动发生、外交事务等可以使用公报发布，其他事务通常不使用公报行文。

练习题

不定项选择题

1. 公报的适用范围包括（　　）。

A. 答复下级机关的请示事项

B. 向国内外宣布重要事项或法定事项

C. 向社会各有关方面公布其应当遵守或者周知的事项

D. 用于公开发布重要决定或者重大事件

2. 会议公报的结构包括（　　）。

A. 标题　　　　　　　　B. 主送机关

C. 正文　　　　　　　　D. 题注

3. 公报的特点有（　　）。

A. 权威性　　　　　　　B. 重要性

C. 语言表达的通俗性　　D. 新闻性

第五节 公　　告

一、公告的适用范围

《党政机关公文处理工作条例》规定,公告"适用于向国内外宣布重要事项或者法定事项"。所谓重要事项,一是指权力机关的重要决策;二是指国内外需要周知的事项,包括国内外有重大影响的庆吊礼仪活动。所谓法定事项,是指依据法律法规的规定,面向社会广泛告知具有规定性、权威性、约束性的事项。

二、公告的特点

(一) 权威性

公告是一种权威性较高的公文,具体体现在两个方面。一是发文机关级别高,通常由国家最高权力机关、最高国家行政机关及其职能部门发布。一般的企事业单位、社会团体等不能使用公告来发布信息。二是内容为重要事项或者法定事项,能在国内、国际社会产生一定的政治影响。

(二) 公开性

公告具有广泛的告知性。公告面向社会公众发布,不限定具体对象,其内容的传播范围面向全国甚至全世界。公告的内容完全公开透明,通常通过互联网、报纸、杂志、电台、电视台等新闻媒介公开发布。

(三) 及时性

公告通常针对近期发生或即将实施的重要事项,因其讲究时效性,所以要及时发布;此外,需遵循一事一公告的原则,同时保证用语准确、简明。

三、公告的分类

根据内容性质,公告分为重要事项公告和法定事项公告。

（一）重要事项公告

重要事项公告是指国家权力机关、行政机关及其职能部门,向国内外宣布重要事项时所使用的公文文种。这类公告通常用于发布涉及国家主权、政治、经济、军事、法律、科技、文化等方面的重大事件或重要决定,如国家领导人的选举结果、重大政策法规的出台、重要国际会议的召开、重大科技成果的公布等。其目的是让国内外公众及时了解重要信息,体现了政府信息公开的原则。(见例文 2.5.1)

[例文 2.5.1] 重要事项公告

海关总署公告 2024 年第 189 号(关于 2025 年中国海关统计数据公布时间的公告)

公告〔2024〕189 号

为满足社会公众的海关统计数据使用需求,根据《中华人民共和国海关统计条例》有关规定,现公布《2025 年中国海关统计数据公布时间表》(见附件)。

特此公告。

附件:2025 年中国海关统计数据公布时间表

海关总署
2024 年 12 月 11 日

（二）法定事项公告

法定事项公告是指国家机关按照法律规定的程序和内容,向国内外宣布有关法定事项时所使用的公文文种。例如,《中华人民共和国公务员法》第二十八条规定:"录用公务员,应当发布招考公告。招考公告应当载明招考的职位、名额、报考资格条件、报考需要提交的申请材料以及其他报考须知事项。"据此,国家公务员局发布了《中央机关及其直属机构 2024 年度考试录用公务员公告》。

四、公告的结构及写法

公告一般由标题、正文、落款三部分组成。

（一）标题

公告的标题有两种不同的构成方式：一是由发文机关、事由与文种三部分组成，这种标题属于公告标题的常规形式，如《市场监管总局关于特种设备行政许可有关事项的公告》；二是省略事由，由发文机关和文种组成，如《中华人民共和国农业农村部公告》。

若就某一事项连续发几个公告，就在公告标题下标出流水号。同一事项只发一次公告的，则不用标序号。

（二）正文

公告正文一般由三部分组成：公告缘由、公告事项、结尾。

1. 公告缘由

公告缘由主要包括发布公告的根据、目的、意义等。但不是每篇公告开头都写公告缘由，有些公告直接写公告事项。直接以公告事项作为开头的公告，行文简洁、庄重。

2. 公告事项

公告事项是公告的主体部分。每篇公告的内容各不相同，因而主体的构成状况也不同。主体部分可以分条列出，也可以整体贯通。总之，主体部分要求条理清楚、简明准确。

3. 结尾

结尾一般用"特此公告""现予公告"等习惯性用语作为结语。另外，有些公告以一个专门的自然段来写执行要求等作为结尾；有些公告结尾既不要求写执行要求，也不用"特此公告""现予公告"等作为结语，写完公告事项后即完成公告写作。

（三）落款

公告一般在正文之后署上发文机关的名称和成文日期，成文日期应用阿拉伯数字表示，年、月、日齐全。

五、公告写作时应注意的问题

（一）不随意制发公告

公告发文机关级别高，涉及内容为重要事项或法定事项，这体现了公告的权威性,因此切忌滥用。一些地方,滥用"公告"现象屡见不鲜。在车站、码头、商场等公共场所,各类"公告"标识随意张贴,内容五花八门。商品展销、店铺开业、房屋拆迁、社区义诊等,用公告行文均属误用。

（二）行文庄重,用语凝练

公告作为法定公文文种,专用于向国内外郑重宣告重要事项或法定事项。其行文风格恪守庄重严谨的原则,以直白简练的语言客观陈述事实,无须附加议论、说明或解释性内容,更禁用渲染性辞藻及情感化修饰。

六、公告与公报的区别

公告与公报都是高级别领导机关或授权机关使用的文种,是用于向国内外发布重大事项的文种。二者的不同之处在于以下几个方面。

（一）内容不同

公告用于宣布重大事项或法定事项,其内容一般比较单一、篇幅较短。公报用于发布会议情况、谈判情况、统计情况等,其内容比较详细具体,须介绍事件及其背景、列出要点和要求、提出号召等。

（二）语言表达方式不同

公告与公报在内容上的不同决定了两者语言表达方式的不同。公告告知的事项内容单一,篇幅短小,语言简练准确,开门见山,直述意向,不加议论,一般不带有主观情感和评价性语言。公报则有严谨的结构、清晰的层次,会详细说明相关情况,并可能根据实际情况适当表达各方的立场、观点和态度,进而提出号召。

（三）格式不同

重要公告的标题下须标注发文编号;而公报一般则不标注文号,采用题注形式。

练习题

一、判断题

1. 公告是向国内外宣布重要事项或法定事项时使用的公文。（　　）
2. ××公司举行五周年庆典，应该用公告行文。（　　）
3. 公告不以文件形式下发，主要借助新闻媒介等进行发布。（　　）
4. 公告所宣布的事项具有重大影响，且往往具有国内外政治影响力。（　　）
5. 写作公告时，用语要准确、精练、平实，不发表评论、不抒情。（　　）
6. 《××市建筑管理站关于对建筑企业进行资格年审的公告》。（　　）

二、多选题

1. 关于公告，以下说法正确的是（　　）。
   A. 公告具有权威性
   B. 发文机关有限制
   C. 公告具有广泛的告知性
   D. 部分公告写作可省略事由，直接写公告事项
2. 公告的使用范围包括（　　）。
   A. 宣布法定事项　　　　B. 公布行为规范及要求
   C. 宣布重要事项　　　　D. 公布需要广泛知晓的事项
3. 公告一般包括以下哪些要素（　　）。
   A. 标题　　　　　　　　B. 正文
   C. 主送机关　　　　　　D. 落款
4. 下列公告使用正确的有（　　）。
   A. 《河南省2023年统一考试录用公务员公告》
   B. 《国家税务总局关于企业所得税核定征收有关问题的公告》
   C. 《国土资源部关于政务大厅办理行政审批事项的公告》
   D. 《质检总局开展"质量强国网上问计求策活动"公告》

5. 公告与公报的不同之处主要在于( )。

A. 适用范围不同

B. 内容不同

C. 公告用来向国内外宣布重要事项,公报则不然

D. 制发者的级别不同

6. 下列哪些情况适用于公告( )。

A. 宣布全国人民代表大会的召开日期

B. 宣布发行国库券

C. 公布宪法

D. 宣布国家领导人选举结果

第六节　通　　告

一、通告的适用范围

《党政机关公文处理工作条例》规定:通告"适用于在一定范围内公布应当遵守或者周知的事项"。通告属于公布性公文,面向社会各有关方面公开发布。从某种意义上讲,通告是一种公开、直接面向群众的通知。通告的事项在特定时空范围内具有普遍适用性。

二、通告的特点

（一）知照性

通告的内容可以涉及社会生活的各个方面,大到国家政策法规,小到社区的事务通知,如政府关于交通管制的通告、小区关于停水停电的通告等。其发布范围也较为广泛,可以是一个城市、一个地区,甚至是全国范围内,只要是与通告内容相关的特定范围的人群都需要知晓并遵照执行。

（二）约束性

通告往往对某些事项、行为作出规定和限制,需受众遵守。党政

机关在自己职权范围内发布的通告,具有一定的强制性和约束力。当然,并不是所有的通告都具有约束性,有些通告只是需要人们周知,并无规定性内容。

三、通告的分类

(一)规定性通告

规定性通告以法规政策为依据,明确规范人们的行为边界,要求人们遵守特定准则或禁止某些行为。(见例文2.6.1)这类通告依托行政权力,法规性与政策性较强,具有强制性和约束力。例如,《××县人民政府关于在高考期间禁止燃放烟花爆竹的通告》。

[例文2.6.1] 规定性通告

四川省人民政府关于设立入川动物运输指定通道的通告

川府规〔2023〕2号

为加强入川动物的调运监管,有效防范重大动物疫病传入传播,保障养殖业健康发展和人民群众身体健康,根据《中华人民共和国动物防疫法》规定,决定设立入川动物运输指定通道,现将有关事项通告如下:

一、全省共设立34个入川动物运输指定通道(见附件)。

二、经道路运输动物进入我省,应凭动物检疫合格证明、动物运输的单位(个人)和车辆备案证明以及行程路线记录等资料,从指定通道运入,主动到入川的首个指定通道动物卫生监督检查站报检,接受监督检查和消毒,经检查合格并取得指定通道签章后方可进入。经道路运输动物过境我省的,也应当按上述要求执行,并按照规定期限和运输路线离境。

三、经检查不合格或发现存在违法违规行为的,由农业农村部门依法依规处理,公安、交通运输等部门予以配合。发现染疫动物的,应当立即向所在地农业农村部门报告,并迅速采取隔离、消毒等防控措施。

四、凡未经指定通道运输动物进入我省的,由农业农村部门依法依规予以处理。

五、各级地方人民政府的农业农村、发展改革、财政、交通运输、自然资源、人力资源社会保障等部门,按照职能职责做好指定通道动物卫生监督检查站建设,以及人员、物资、经费等保障工作。

六、动物运输指定通道若有调整,由农业农村厅报请省人民政府批准后,向社会公布。

七、本通告自2023年6月1日起实施,有效期5年。

附件:四川省入川动物运输指定通道名单

四川省人民政府
2023年4月4日

(二)周知性通告

周知性通告旨在公开需公众知晓的事项,以传递信息为主,侧重晓谕与知照,不附带强制性要求与惩处措施。其目的在于让特定范围内的对象及时了解相关动态,提前做好准备。例如,《××县交通局关于调整公交线站点的通告》。

四、通告的结构及写法

通告一般由标题、正文、落款几部分组成。通告是泛行文,是面向普通公众的告知,所以不标明主送机关。

(一)标题

通告的标题有两种形式:一是常见的三要素式标题,由发文机关、事由、文种组成,如《三亚市人民政府关于2024年春节至元宵节期间禁止燃放烟花爆竹的通告》;二是省略事由,标题仅由发文机关、文种两部分组成,如《××市公安局通告》。

(二)正文

通告的正文一般包括通告缘由、通告事项、结尾三部分。

1. 通告缘由

通告缘由部分应精准阐明发文的原因与目标,如属法规政策性通告,要写清楚法律依据。通告缘由要写得简明扼要,无须赘言。通常以"特通告如下"作为过渡句领起下文。

2. 通告事项

通告事项作为正文的主体部分,需要依据内容繁简,灵活选择表达方式:内容较多的,宜采用分条列项式结构,明确各项规定、要求,确保行文条理清晰、逻辑严密;内容较单一的,则可用概述式行文,一气呵成,用一个自然段集中表述。无论采用哪种形式行文,此部分写作应直接陈述事实与要求,明确具体事项,提倡什么、反对什么,避免夹杂议论、评述性内容。切忌具体事项和要求写得抽象笼统,使公众不得要领,无所适从。

3. 结尾

通告结尾通常采用以下几种方式收束:一是提出执行要求,如"以上各点,希遵照执行";二是明确生效时间,如"本通告自发布之日起施行";三是强调奖惩措施,如"对积极落实通告要求的单位和个人予以表彰、奖励""对违反本通告规定的,将依法依规严肃处理";四是以"特此通告"等惯用结语收尾,但为避免重复,若首段已使用"特通告如下"作为过渡,则结尾惯用语可省略,正文主体部分结束自然收束。

(三) 落款

通告须在正文结束后,署上发文机关的名称和成文日期。其中,成文日期应用阿拉伯数字表示,年、月、日齐全。

五、通告的写作要求

(一) 正确使用文种

在公文写作实践中,通告与公告、通告与通知的误用现象较为常见,应注意把握不同文种的适用范围。需要强调的是,通告是法定公文文种,必须注意维护其严肃性。诸如店铺迁移、证件挂失、电话号码变更等日常事务,更适宜采用启事这一应用文体;至于电影放映、体育赛事、文艺演出等文化娱乐活动的宣传告知,使用海报更为恰当。以上情况,均不应使用通告的形式。

(二) 行文合法有据

通告的发布及其具体的规定条文必须以现行的法律、法规、政策为依据。发文机关在行使通告发布权时,务必恪守自身的权限范围,不得滥用职权,随意制定、发布违背法律、法规的"土政策",也不得超越职权范围行文。

(三) 行文简洁,语言通俗易懂

通告以公布政策、传达信息为主要目的。为方便公众阅读,行文须精简高效,篇幅以短小为宜。此外,与其他公文文种相比,通告的受众广泛,涵盖不同职业、教育背景的普通社会公众。因此,写作时应避免使用晦涩的专业术语和复杂句式,宜采用直白简洁、贴近生活的大众语言,确保各层次受众能快速领会通告的核心要旨。

六、通告与公告的区别

根据《党政机关公文处理工作条例》规定,公告适用于向国内外宣布重要事项或者法定事项,而通告适用于在一定范围内公布应当遵守或者周知的事项。通告与公告有许多相似的地方:二者都是党政机关法定公文中的重要文种;二者都面向社会公开发布;二者的内容都具有知照性、晓谕性等特点。因此,要充分了解通告与公告的区别,这样才不会混淆使用。通告与公告的区别主要体现在以下几方面。

(一) 发布目的不同

公告是向国内外宣布重要事项或者法定事项,其主要任务是宣布事项,以告知为目的,多数公告并没有强制要求执行的事项。而通告则不同,通告是在一定范围内公布应当遵守或者周知的事项,多数通告的目的不仅是告知,还要求有关人员遵守或执行通告事项。

(二) 发文内容不同

公告与通告发文内容的不同主要体现在所告知事项的影响力上,

公告事项的影响力远远大于通告。公告所告知的事项重要性突出、分量重，为国内外所关注。而通告的事项一般为普通事项，其在国内外影响力不如公告。

（三）发文范围不同

公告是面向国内外宣告事项，发布范围面向全世界。例如，关于国家重要领导岗位的换届选举或国家军事演习的公告，这些都是国内外关注的焦点，其发布范围波及全世界。通告通常是在一定范围内公布事项，这个范围相对较具体、明确，可能是某一区域、某一行业或某一特定群体等，一般不会超出本国范围。因此，通告的发布范围明显小于公告。

（四）发文机关不同

公告所告知的事项明显比通告重要得多，由于告知内容的重要性不同，因此两者的发文机关也有所不同。公告的事项特别重要，具有权威性，且告知范围广，这决定了其发文机关须具备较高层级权限，通常由党和国家的领导机关发布。虽然基层单位一般无权直接发布公告，但是部分特殊部门如新华社、海关等，在获得授权后也可代行发布职能。通告所涉事项多为一定范围内需要受众遵守或周知的内容，重要性相对较低。其发文机关上至最高国家行政机关国务院，下至街道办等基层行政单位，甚至社会团体、企事业单位均可在自己权限范围内制发通告。

（五）发布形式不同

公告的发布主要是以新闻媒介为主，通过互联网、电视台、电台、报刊等方式发布。通告的发布更注重精准触达，由于其适用范围局限于特定区域或群体，常采用更具针对性的发布形式，如在社区公告栏、交通要道公开张贴，于公共场所醒目位置悬挂，或通过内部渠道向下属单位、机构下发文件等。

（六）发布时间不同

公告侧重于宣告既成事实或既定事项，通常是对已经发生的重大事件、决策成果或法定事项进行公布,具有很强的事后告知属性。通告则多用于事前制定某些规范或提出某些要求,让有关方面遵守、执行,因而多是事前告知。

练习题

一、判断题

1. 所有通告的标题都必须是三要素齐全,由发文单位、事由、文种构成。（　　）
2. 写作通告应符合政策法规,但更要从实际出发,考虑到老百姓能不能接受。（　　）
3. 通告要按格式撰写。某通告在缘由部分的结尾处用引领句"特通告如下"引起下文,在正文结束后用"特此通告"结尾。这是规范的通告格式。（　　）
4. 通告系普发性公文,多用张贴形式,不必写主送机关。（　　）

二、单选题

1. 通告是国家机关、社会团体、企事业单位使用较广泛的一种（　　）。
   A. 指挥性文书　　　　　　B. 报请性文书
   C. 告知性文书　　　　　　D. 规范性文书
2. 某省税务局要开展年度税务登记验证和一般纳税人年审工作,要将此事告知社会,宜用（　　）。
   A. 通报　　　　　　　　　B. 通知
   C. 通告　　　　　　　　　D. 公告
3. 通告的主要特点是（　　）。
   A. 具有知照性与约束力　　B. 具有法定权威性与执行性
   C. 具有专业性　　　　　　D. 具有明确的针对性
4. 有关通告的写作要求,错误的说法是（　　）。
   A. 要求写明制发通告的根据、目的与通告事项

B. 通告必须符合国家方针政策与法律法规的要求

C. 通告的内容必须广泛周知

D. 文字表达简明易懂,便于阅读和理解

三、多选题

1. 通告按其内容性质和功能可分为(　　)。

A. 事务性通告　　　　　　B. 规定性通告

C. 周知性通告　　　　　　D. 决策性通告

2. 下列哪几点说明了公告与通告的区别(　　)。

A. 公告的制发者比通告制发者的面窄,级别比通告的高

B. 公告告知范围广,面向国内外;通告告知范围限于局部,面向社会的某一方面,范围比公告小

C. 公告、通告发布形式不完全相同

D. 公告内容的重要性大于通告

3. 公告与通告的相同之处在于(　　)。

A. 都用于公开发布信息　　B. 都是告知性文种

C. 都可以以文件的形式发布　D. 都是党政机关常用的文种

4. 通告的结构包括标题、成文日期,以及(　　)等几部分。

A. 主送机关　　　　　　　B. 正文

C. 结尾语　　　　　　　　D. 发文机关名称

5. 下列事项中,可用通告行文的有(　　)。

A. ××市财政局拟召开各区、县财政局局长会议

B. 中国人民银行告知关于国家货币出入境限额

C. ××县税务局告知纳税人限期到指定地点进行纳税登记

D. ××市城管委告知公众二环路东三段占道房屋拆迁事项

6. 下列标题中,正确的是(　　)。

A. ××市公安局关于严厉打击刑事犯罪活动的通告

B. 广州市电信公司关于海珠区电信分公司割接开通的通告

C. ××市教育局关于召开全市教育工作会议的通告

D. ××市城管委关于严禁占道经营的通告

四、指出下列公文中的错误并改正

公 告

为了贯彻我市城市建设总体规划,完成我市人民政府下达给我区的向阳路扩建任务,并保证于我市成立×周年前顺利竣工,特公告如下:

一、向阳路扩建范围内的所有单位、商店、个体摊贩、公共汽车站、停车场、邮亭,以及居民,须于二四年四月十四日前完成搬迁。

二、所有搬迁单位、居民应按区人民政府的统一安排执行。个体摊贩一律迁往和平农贸市场摆摊。

三、从四月十三日起,向阳路禁止车辆、行人通行,以保证安全施工。

四、所有搬迁单位和居民必须按此公告执行。借故不按时搬迁者,后果自负。

××区人民政府

××区城建局

××区公安分局

二〇二四年三月四日

五、修改下列公文

通 告

本渡口是××河上的重要渡口之一,过往车辆、行人很多,等候时间往往较长。为了减少等船时间,加强渡口管理,特作如下规定:

一、不准携带易燃、易爆、腐蚀性强的物品上船。违反规定擅自携带上船,被查出者,没收所带物品,并酌情予以五十元至二百元罚款。

二、凡需乘渡船过河者必须购票,机动车每辆五元,非机动车每辆三元,行人每位一元(儿童免票)。不买票者不得乘船。

三、乘客必须听从工作人员指挥,按顺序上下船。各种车辆要按指定位置停放,以保证渡船安全。

四、凡牵引牲畜过渡,到指定仓位,并购票,每头(只、匹)二元。放在筐、篮等容器内的家禽、仔猪等以筐计算,每筐一元。

五、渡船开动后,乘船者不要来回走动,机动车必须熄火,牲畜必须有人看守。

六、违反规定或者在船上无理取闹、不听指挥、妨碍渡船正常航行者重罚,情节严重的扭送公安机关,依法惩处。

七、乘船者必须爱护渡船及其设备,损坏要赔偿。

河渡口管理处
二〇二四年五月八日

六、写作题

第十届"桃李杯"马拉松赛将于2024年9月15日上午8时至下午1时在××市举行。为保证赛事的顺利进行,对环城路、江滨路、诗书南路、教育北路、桃园中路实行交通管制,除警备车、救护车、消防车、工程抢险车外,其他机动车辆禁止通行。请据此信息,代××市公安局拟一份通告。

第七节 意 见

一、意见的适用范围

《党政机关公文处理工作条例》规定:意见"适用于对重要问题提出见解和处理办法"。对于各级党政机关来说,意见的涵盖面是很广的。需用意见发文的事项大体包括以下几方面:一是为统一思想、统一认识,上级机关对有关党和国家的大政方针、治国方略、外交战略等根本性问题进行权威解读和工作部署;二是针对突发事件或带有倾向性的问题,包括涉及政治思想、经济运行、国家安全等重大事项,向下级机关明确工作原则和处置要求;三是针对某项工作或局部性问题,提出具体可行的工作思路、实施路径和解决办法;四是针对工作中所出现的新情况、新问题,及时出台具有指导性的应对措施和工作意见等。

二、意见的特点

（一）灵活性

意见在行文方向上具有多向性,比较灵活,可用于下行、上行和平行。作为下行文,它可用于上级机关向下级机关提出指导意见,明确政策主张,作出工作计划与安排,阐明工作原则、步骤、方法和要求。意见中,对贯彻执行有明确要求的,下级机关应遵照执行;无明确要求的,下级机关可参照执行。作为上行文,它可用于下级机关向上级机关提出一些建议和参考意见。此时,应按请示性公文的程序和要求办理,所提意见如涉及其他部门职权范围内的事项,主办部门应当主动与有关部门协商;取得一致意见后方可行文;如有分歧,主办部门的主要负责人应当出面协调;仍不能取得一致意见时,主办部门可以列明理据,提出建设性意见,并与有关部门会签后报请上级机关决定。上级机关应当对下级机关报送的意见作出处理或给予答复。作为平行文,不同部门之间可就某项工作进行协商或提出参考意见。这仅限于同级机关或不相隶属机关之间的相互行文,上级机关与下级机关之间一般不用。

（二）参考性

意见从总体上来看具有参考性。作为下行文,意见虽有很强的指导性,但并非绝对的指令性文种,意见更侧重于政策引导和方法指导,下级机关可根据实际情况予以参照执行。意见的这个特点使其与决定、通知区别开来。决定具有权威性、约束性,指令性更强;通知侧重具体事项的告知和要求,也具有明确的指令性(本章第八节详述)。在新情况、新问题涌现,且实践经验不足、客观条件尚不成熟,难以制定刚性规定的情况下,意见便成为有效指导工作的重要载体,故其内容具有指导性、选择性、灵活性。在执行要求上,意见在结尾处通常采用"以上意见,请结合实际情况贯彻执行"等弹性表述,既明确了政策导向,又为下级机关预留了因地制宜的操作空间。

三、意见的分类

根据行文方向，意见可分为上行文意见、下行文意见和平行文意见三种。根据内容性质，意见可分为指导性意见、参考性意见和请批性意见等，以下进行详细介绍。

（一）指导性意见

党政机关向下级机关传达指示、布置工作时通常使用指导性意见。其内容多是阐明原则、方法，提出执行要求，作出工作安排。该类意见注重原则性和灵活性的有机统一。在行文特点上，既保持政策规定的要求，又为下级单位预留合理的执行空间，规定性和变通性相结合。当部署工作既需要明确政策导向，又不宜用决定、命令等文种时，可使用指导性意见行文。（见例文 2.7.1）

[例文 2.7.1]　指导性意见

国务院办公厅关于坚定不移推进长江十年禁渔工作的意见

国办发〔2024〕12 号

各省、自治区、直辖市人民政府，国务院各部委、各直属机构：

长江流域重点水域禁捕（以下称长江十年禁渔）是党中央、国务院为全局计、为子孙谋的重要决策，是推动长江经济带高质量发展和恢复长江母亲河生机活力的重要举措。自 2021 年 1 月 1 日禁渔三年多以来，退捕渔民安置保障有力，禁捕水域管理秩序平稳，水生生物资源恢复向好，长江十年禁渔工作取得重要阶段性成效。同时，还存在非法捕捞隐患较多、部分地方工作弱化、执法监管能力不足、水生生物多样性恢复缓慢等问题。为全面贯彻党的二十大和二十届二中全会精神，深入贯彻落实习近平总书记关于长江十年禁渔的重要指示批示精神，巩固好禁捕退捕工作成果，坚定不移推进长江十年禁渔，加快促进长江水生生物多样性和水域生态修复，经国务院同意，现提出以下意见。

一、优化工作推进机制（略）

二、持续做好安置保障（略）

三、持续加强执法监管（略）

四、加快推进生态修复（略）

五、全面加强组织实施（略）

国务院办公厅
2024 年 3 月 18 日

（二）参考性意见

参考性意见主要是向上级机关提出工作建议，供其决策参考；若作为平行文时，也可向同级机关提出协商性意见，供其工作参考。例如，《××省教育厅关于今年我省治理中小学乱收费问题的意见》。

（三）请批性意见

请批性意见是指下级机关或职能部门针对特定工作领域，在自身权限范围内提出具有可行性的实施方案和政策建议，因发文权限所限须呈报上级机关审定批准的一类上行文意见。此类意见一经上级机关批转就体现了上级机关的行政意志，意见中提出的见解与处理办法也将突破原有层级限制，在更大的范围内得以贯彻落实。例如，××省应急管理厅、公安厅、市场监督管理局联合制定《关于加强电动自行车消防安全管理的意见》，希望能在全省范围内施行。但因职能部门不得向下级党委、政府发布指令性公文或者在公文中向下级党委、政府提出指令性要求，所以报请省人民政府予以批转。省人民政府批转后，以政府发文的文件形式下发执行。

四、意见的结构及写法

意见由标题、主送机关、正文、落款几部分组成。

（一）标题

意见一般采用三要素式标题，标题由发文机关、事由、文种组成。

根据行文的需要,可以在文种前加上"几点""若干"等说明性的文字。例如,《国务院关于加强监管防范风险 推动资本市场高质量发展的若干意见》。

(二) 主送机关

下行文意见的主送机关、收文机关较多,应当使用全称或规范化简称、统称。上行文意见的主送机关一般只有一个。

(三) 正文

意见的正文一般包括发文缘由、主要内容、结尾。

1. 发文缘由

发文缘由即回答为什么要提出意见,主要介绍提出意见的背景、根据、目的、意义等内容。意见的缘由要目的明确、理由充分。意见应充分阐明其必要性及法律、政策依据,然后用"现提出如下意见"过渡,引出下文。

2. 主要内容

意见的核心在于对有关问题或某项工作提出具有指导性的见解、建议或解决方案。其内容涵盖面广、信息量大,多采用条文式结构进行表述。写作意见时,要注意将原则性内容与规范性内容结合起来:既要提出总的、原则性要求,又要有明确具体、便于实际操作的措施和办法。

3. 结尾

指导性意见的结尾通常会提出执行要求,常见表述为"以上意见,请结合实际情况贯彻执行"。当然,指导性意见也可以没有结语,正文结束后自然收束。参考性意见的结语通常是"以上意见,请审阅"或"以上意见,请予考虑"。请批性意见结语则多为"以上意见如无不妥,请批转各地及各有关单位执行"。

(四) 落款

意见的落款包括发文机关署名和成文日期两部分,成文日期应用阿拉伯数字表示,年、月、日齐全。

五、意见的写作要求

（一）注意与相关文种的区别

意见的多向性使其用途广泛，这些用途与其他公文的用途有相近之处，但这不表明它们之间可以相互替代。下行文意见不同于通知：通知具有更强的指令性，通知的事项要求遵照执行；而意见更强调指导性，比通知更具灵活性和选择性，允许各收文机关根据实际情况，在政策允许的范围内变通执行。上行文意见不同于报告：报告的主要功能是向上级机关汇报工作、反映情况和答复上级机关的询问，其最主要的特征是陈述性，主要目的是让上级知晓相关情况；而上行文意见要提出具体建议和方案，需上级批转或供上级决策参考。

（二）注意不同行文方向的语气

指导性意见在提出工作措施要求时，可采用指令性语气，以确保工作要求得到贯彻落实。参考性意见多呈送上级机关，强调用语得体、客观。请批性意见虽属上行文，但因需要上级批转执行，在具体意见事项部分应使用转述性语气，避免使用谦卑表述。

练习题

一、判断题

1. 意见可以上行，也可以平行、下行。（   ）
2. 意见作为上行文时，应按请示性公文的程序和要求办理。上级机关应当对下级机关报送的意见作出处理或给予答复。（   ）
3. 处理日常工作中的一般事务性问题，不宜使用"意见"这一文种。（   ）

二、不定项选择题

1. 以下对意见处理正确的是（   ）。

A. 上级机关应当对下级机关报送的意见作出处理或给予答复

B. 上级机关对下级机关提出意见：对贯彻执行有明确要求的，下

级机关应遵照执行;无明确要求的,下级机关可参照执行

C. 同级和不相隶属机关提出的意见,供收文机关参考

D. 对意见都要按照请示性公文的程序和要求办理

2. 根据行文方向,意见分为(　　)三种。

A. 要求下级贯彻执行的意见

B. 请求上级批转的意见

C. 供同级或不相隶属机关参考的意见

D. 对重要问题提出见解和处理办法的意见

3. 意见适用于对重要问题提出见解和处理办法。在其正文的主要内容部分要把对问题的见解或处理办法具体明确地表达出来。由此可见,意见的特点为(　　)。

A. 具有指令性　　　　B. 具有指导性

C. 具有强制性　　　　D. 具有广泛性

4. 下列结语中,可用于请批性意见的是(　　)。

A. 以上意见供领导决策参考

B. 以上意见,请结合实际情况贯彻执行

C. 以上意见如无不妥,请批转各地执行

D. 以上意见请审阅

三、写作题

假如你是××街道办事处的一名工作人员,请根据实际情况,拟写一份《××街道办事处关于改进老年人服务工作的指导意见》。字数控制在500字左右。

第八节　通　　知

一、通知的适用范围

《党政机关公文处理工作条例》规定:通知"适用于发布、传达要求下级机关执行和有关单位周知或者执行的事项,批转、转发公文"。通知是最常用的党政公文文种。

二、通知的特点

(一) 广泛性

通知是各级党政机关、社会团体和企事业单位使用频率最高的文种,不受发文机关级别的限制,其发文主体范围十分广泛。通知主要是下行文,有时同级或不相隶属的机关之间需要知照某些事项时,也将通知作为平行文使用。

(二) 晓谕性

晓即告知,谕即指示。通知具有两大功能:一是周知性功能,通知用于传递信息,是各单位交流沟通的重要工具;二是指示性功能,上级机关在制发的通知中阐明工作原则,提出具体工作要求,有关单位应遵照执行。应该说,凡通知都有周知的功能,但每种通知上述两种功能的侧重点是不同的:有些通知纯粹用于告知事项,而有些通知在告知事项时兼有指示的功能。

(三) 特定性

通知的收文对象是特定的,用于向收文对象告知或转达有关事项。这一点是通知与通告最主要的区别。通告也具有告知性,但没有特定的主送单位,收文单位有不确定性,可以面向单位,也可以面向公众。通告的事项具有普遍意义,而通知的事项只局限于收文机关周知或执行。

三、通知的分类

根据内容性质,通知可以划分为以下几种。

(一) 发布性通知

发布性通知用于党政机关公开发布规范性文件。党政机关发布在某一领域范围内具有普遍约束力的文件时,应当遵照制发程序,文件公开发布后才能生效。此时,应用通知来发布。例如,《党政机关公文处理工作条例》是为了适应中国共产党机关和国家行政机关的工作需要,推进党政机关公文处理工作的科学化、制度化、规范化而制定的规范性文件。2012年4月16日,该文件通过《中共中央办公厅 国务院办公厅关于印发〈党政机关公文处理工作条例〉的通知》下发到全国各级党政机关,并于2012年7月1日起施行。需要注意的是,行政法规、规章的公布要用命令。这也是公布令和发布性通知的不同。①

（二）指示性通知

指示性通知又称指挥性通知,主要用于上级机关向下级机关作出指示、布置工作,并要求收文者认真贯彻执行。应注意指示性通知与决定的区别:决定适用于对重要事项作出决策和部署,通常由较高层级机关作出,其涉及的事项通常更为重大、严肃,具有较强的约束力；而指示性通知一般用于传达要求、布置工作,侧重具体执行,各级行政机关均可发布。例如:涉及奖惩、重要事项调整的,国务院用决定行文,如《国务院关于取消和调整一批罚款事项的决定》；涉及要求下级机关办理和有关单位周知或共同执行的事项,国务院则用通知行文,如《中共中央办公厅 国务院办公厅印发〈关于做好2025年元旦春节期间有关工作的通知〉》。

（三）事务性通知

事务性通知是告知性通知,上级机关需要下级机关或有关单位知悉某一事项时适用此类通知。事务性通知主要用于文件传达、印章启用、召开会议、举办活动等方面,人事任免也用此类通知。例如,《教育部办公厅关于开展第六届全国教育科学研究优秀成果评选奖励活动的通知》。

---

① 应注意区分行政法规、规章与规范性文件:行政法规由国务院制定,属于广义的法律范畴,效力仅次于法律,高于地方性法规、规章；规章包括国务院各部委、中国人民银行、审计署和具有行政管理职能的直属机构制定的部门规章,以及省、自治区、直辖市和设区的市、自治州人民政府制定的地方政府规章,其效力低于法律和行政法规,属于广义的法律范畴；狭义的规范性文件是指各级行政机关在职权范围内依法制定的具有普遍约束力的非立法性文件,制定主体包括县级以上人民政府及其部门、乡镇人民政府等,这类文件不具备立法属性,不得与法律、法规、规章相抵触。

（四）批转、转发性通知

批转性通知用于批转下级机关公文。上级机关认为下级机关在主管或归口管理的业务活动中所制定的重要行政措施，需要有关部门或其他下级机关贯彻执行的，应使用批转性通知。此时，该公文所揭示的问题具有普遍性，所提出的办法对本系统、本部门范围的工作有一定的指导意义。为带动全局，上级机关可加上批语将文件转发到所辖系统和部门，使下级机关呈送的公文上升为本机关的施政内容。例如，《永康市人民政府关于批转2023年义务教育阶段学校和幼儿园招生工作实施意见的通知》，其中，《永康市2023年义务教育阶段学校和幼儿园招生工作实施意见》由永康市政府下属部门市招生委员会制定。

转发性通知适用于转发上级机关、同级机关和不相隶属机关的公文。无论是上述哪类机关的公文，如对本地区、本机关、本部门或本系统有指导意义和借鉴意义都可以转发。根据党政机关层级管理原则，下级机关不得直接执行其他机关未经转发的公文。为使相关文件发挥指导作用，上级机关、同级机关和不相隶属机关可制发转发性通知，将这些文件转发到所属单位执行。例如，《浙江省人民政府办公厅转发省民政厅等单位关于加强低收入人口救助帮扶工作的意见的通知》，其中，《关于加强低收入人口救助帮扶工作的意见》由浙江省民政厅、省教育厅、省财政厅、省人力社保厅等十个部门制定，省人民政府办公厅与这十个部门是同级机关，所以用转发性通知。

四、通知的结构及写法

通知由标题、主送机关、正文、落款几部分组成。

（一）标题

通知的标题由发文机关、事由、文种三要素组成。如果是多个部门联合行文，可以省略发文机关，用"事由+文种"两要素标题。另外，根据行文的需要，可在标题中"通知"二字前加上"紧急""补充""联合"等说明性文字。例如，《市场监管总局办公厅关于做好汛期电梯等特种设备安全工作的紧急通知》《关于设备更新贷款财政贴息政策有关事项的补充通知》《全国妇联 中央文明办 国家新闻出版署等九部门关于庆祝2020年"六一"国际儿童节的联合通知》。

批转、转发性通知和发布性通知标题的写法须特别注意。被批转、转发的公文不是通知时，标题为"发文机关+批转/转发+被批转/转发的公文标题+的通知"，如《安徽省人民政府办公厅转发省政府金融办关于开展小额贷款公司试点工作指导意见的通知》。若被批转、转发的公文是由多个单位联合制发的，标题中只写主办机关名称，后加上"等部门"字样，如《国务院办公厅转发教育部等部门关于进一步加强学校体育工作若干意见的通知》，其中，被转发的公文《关于进一步加强学校体育工作的若干意见》由教育部、发展改革委、财政部、体育总局四部门联合发布，教育部是主办机关。被批转、转发的公文本身是通知时，标题为"转发机关+关于转发+原文件标题+的通知"，如《浦东新区教育局关于转发〈上海市教育委员会关于优化本市义务教育课后服务管理提高课后育人水平的通知〉的通知》。如转发层次较多，可优化表述，删减非核心内容，但应保留文种和关键信息。

（二）主送机关

通知应写明主送机关，即写明要求对通知事项应知悉或予以办理、执行的收文机关。通常，通知的收文机关较多，应当使用全称或规范化简称、统称，不能疏漏。

（三）正文

不同类型的通知，其正文写法有所不同。

1. 发布性通知

发布性通知的正文比较简单，篇幅短小，一般由发文对象、发布决定和执行要求三部分组成。执行要求部分通常有两种表述方式：一种是采用极简的表述，如"请遵照执行"；另一种则会结合文件内容，提出贯彻执行的具体措施和要求。需要注意的是，制作发布性通知时，被印发的公文如计划、方案、纲要等，应放在通知的成文日

期之后、版记之前,作为通知的组成部分,而不是以"附件"的形式标注。(见例文2.8.1)

[例文2.8.1] 发布性通知

重庆市人民政府关于
印发《重庆市推动大规模设备更新和消费品
以旧换新行动方案》的通知

渝府发〔2024〕11号

各区县(自治县)人民政府,市政府各部门,有关单位:

现将《重庆市推动大规模设备更新和消费品以旧换新行动方案》印发给你们,请认真贯彻执行。

重庆市人民政府
2024年4月26日

重庆市推动大规模设备更新和消费品
以旧换新行动方案

为深入贯彻中央财经委员会第四次会议精神和《国务院关于印发〈推动大规模设备更新和消费品以旧换新行动方案〉的通知》(国发〔2024〕7号)要求,加快推动大规模设备更新和消费品以旧换新行动落地落实,结合我市实际,制定本方案。

…………

2. 指示性通知

指示性通知的正文通常由三部分组成:通知缘由、通知事项、结尾。

通知缘由应简明扼要,通常包括发文的背景、原因、目的、意义及行文依据,缘由部分最后常用"现将有关事项通知如下""特通知如下"等过渡句承上启下。

通知事项是主体部分,应写明指示或工作部署的具体内容,包括工作原则、任务要求、实施措施及相关注意事项等。在写法上,宜采用条列式结构,分条列项表述,一般先以主题句概括要点,再展开说明具体内容。

结尾部分一般会提出希望和执行要求,有的则写明将执行情况按规定时间上报发文机关等内容。常用的结束语有"以上通知请认真执行""特此通知,望遵照执行"等。如果在主体部分已阐明执行要求的,则意尽言止,不必再专门写结束语。(见例文2.8.2)

[例文2.8.2] 指示性通知

国务院办公厅关于优化调整稳就业政策措施全力促发展惠民生的通知

国办发〔2023〕11号

各省、自治区、直辖市人民政府,国务院各部委、各直属机构:

为全面贯彻党的二十大和中央经济工作会议、全国"两会"精神,落实国务院2023年重点工作分工要求,深入实施就业优先战略,多措并举稳定和扩大就业岗位,全力促发展惠民生,经国务院同意,现就优化调整稳就业政策措施有关事项通知如下:

一、激发活力扩大就业容量(略)

二、拓宽渠道促进高校毕业生等青年就业创业(略)

三、强化帮扶兜牢民生底线(略)

四、加强组织实施(略)

国务院办公厅

2023年4月19日

3. 事务性通知

事务性通知由通知缘由、通知事项、结尾三部分组成。

事务性通知的缘由部分应当直接写明发文原因、目的或依据,不做过多分析,行文风格较指示性通知更直接简约。通知事项部分须明确告知收文机关应当知晓或办理的具体事项,如果内容较复杂,可分段列项来予以说明。结尾处可使用"特此通知"等专用结语,也可视情况省略结语。(见例文2.8.3)

[例文2.8.3]　事务性通知

四川省人民政府关于公布首批四川传统村落名录的通知

川府函〔2023〕85号

各市(州)、县(市、区)人民政府,省政府各部门、各直属机构,有关单位:

根据《四川省传统村落保护条例》,经各地申报、专家审查并向社会公示,省政府决定将成都市青白江区姚渡镇光明村等1165个村落列入四川传统村落名录,现予公布。

各地各部门(单位)要坚持以习近平新时代中国特色社会主义思想为指导,深入贯彻落实党的二十大和习近平总书记关于历史文化遗产保护的重要指示精神,按照《四川省传统村落保护条例》要求,坚持"规划先行、整体保护、活态传承、合理利用、促进发展"的原则,进一步加强传统村落保护发展工作。要按照"一村一档"建立完善四川传统村落档案,加快推动挂牌保护,及时组织和指导列入名录的传统村落编制保护发展规划,明确保护范围、重点和要求,提出保护利用传承工作措施。要坚持在保护中发展、在发展中保护,充分挖掘传统文化和乡风民俗,积极发展特色产业,让传统村落成为留住乡亲、护住乡土、记住乡愁的重要载体,不断增强人民群众幸福感、获得感。

四川省人民政府

2023年4月11日

首批四川传统村落名录

(1165个)

成都市

1. 成都市青白江区姚渡镇光明村

　　…………

4. 批转、转发性通知

批转、转发性通知的写法与发布性通知很相似,二者的核心区别在于:发布性通知印发的是本单位制定的规范性文件,而批转、转发性通知则用于批转、转发其他单位的文件。其正文一般由被批转、转发的文件,发布决定,以及执行要求三部分组成。执行要求部分可以采用两种表述方式:用"请认真贯彻执行"概括,或者结合本机关实际情况做补充性规定。

此类通知中被批转、转发的文件仍属于正文,而不是附件。(见例文2.8.4)

[例文2.8.4] 批转、转发性通知

国务院办公厅转发中国证监会等部门
《关于进一步做好资本市场财务造假
综合惩防工作的意见》的通知

国办发〔2024〕34号

各省、自治区、直辖市人民政府,国务院各部委、各直属机构:

中国证监会、公安部、财政部、中国人民银行、金融监管总局、国务院国资委《关于进一步做好资本市场财务造假综合惩防工作的意见》已经国务院同意,现转发给你们,请认真贯彻执行。

国务院办公厅
2024年6月29日

(此件公开发布)

关于进一步做好资本市场
财务造假综合惩防工作的意见

中国证监会　公安部　财政部
中国人民银行　金融监管总局　国务院国资委

资本市场在金融运行中具有牵一发而动全身的重要作用,财务造假严重扰乱资本市场秩序、动摇投资者信心。近年来,各有关方面认真贯彻落实党中央、国务院决策部署,持续加大监管执法力度,一批财务造假案件得到及时查处,市场生态有效净化……现就进一步做好财务造假综合惩防工作提出如下意见。

…………

(四)落款

正文结束后须署明发文机关名称,并标注成文日期。成文日期应采用阿拉伯数字完整标注,年、月、日齐全。

五、通知与通告的区别

通知与通告都是告知性的公文,都具约束性。但二者有明显区别,主要体现在以下几个方面。

(一)适用范围不同

《党政机关公文处理工作条例》规定:通告"适用于在一定范围内公布应当遵守或者周知的事项"。通知"适用于发布、传达要求下级机关执行和有关单位周知或者执行的事项,批转、转发公文"。由此可知,通告主要告知社会公众应当遵守或周知的事项,而通知更侧重于组织内部的工作安排和信息传递。

(二)发文对象不同

发文对象不同是二者最明显的区别。通知一般是上级机关对下级机关、组织对所属成员发文,发文对象是特定的单位或人员;而通告一般面向社会公众或者不特定的群体,发文对象具有不确定性和广泛性。

(三)结构及写法不同

通知通常有明确的主送机关,即需要执行或知晓通知事项的单位或个人;通告是面向社会公众发布的,通常不写特定的主送机关。通知的正文一般包含具体工作要求、执行措施等;通告则侧重告知性内容,通常不提出执行要求。通知的结尾常用"特此通知,望遵照执行"等用语,而通告多用"特此通告"或自然收尾。

练习题

一、判断题

1. 通知具有多功能性,既能上传,又能下达。( )
2. 指示性通知多采用分条列项的写法。( )
3. 通知的语言表达以叙述为主,措辞要准确得体。( )
4. ××局发一份公文通知,主送给全体员工。( )

二、单选题

1. 省人民政府将国务院文件转发给省所辖的地(市)、县人民政府及直属单位,要求它们贯彻执行的文件应是( )。

   A. 决定　　　　　　　　B. 通知
   C. 通告　　　　　　　　D. 通报

2. 批转性通知用于批转( )的公文。

   A. 上级机关　　　　　　B. 同级机关
   C. 下级机关　　　　　　D. 不相隶属机关

3. 《中共浙江省委办公厅 浙江省人民政府办公厅关于印发〈浙江省党政主要领导干部和国有企事业单位主要领导人员经济责任审计办法〉的通知》属于( )。

   A. 发布性通知　　　　　B. 转发性通知
   C. 批转性通知　　　　　D. 指示性通知

4. 下列各种通知的标题,格式正确的是( )。

   A.《会议通知》
   B.《国务院关于清理检查"小金库"的通知》
   C.《国务院批转审计署文件的通知》
   D.《通知》

5. ××省人民政府向所辖市、县人民政府转发《国务院关于严格控制各级行政机关、事业单位发放奖金的紧急通知》,应用( )。

   A. 指示性通知　　　　　B. 发布性通知
   C. 事务性通知　　　　　D. 转发性通知

三、多选题

1. 通知的种类有（　　）。

   A. 指示性通知　　　　　　B. 批转、转发性通知

   C. 事务性通知　　　　　　D. 发布性通知

2. 以下不属于通知的特点的有（　　）。

   A. 行文方向单一，仅可下行　B. 应用广泛，使用频率高

   C. 内容侧重重大决策部署　　D. 可以不标注发文机关名称

3. 下列事项能够制发通知发布的有（　　）。

   A. 某局面向社会公开招聘高校应届毕业生

   B. 某厅向各下级部门布置明年工作任务

   C. 省政府批准并转发财政厅有关职工福利发放标准的文件

   D. 两单位之间商洽某具体事项

4. 通知在写作上要求（　　）。

   A. 讲求新闻性　　　　　　B. 重点突出，措施具体

   C. 主题集中　　　　　　　D. 寓事、理、情于一体

5. 通知与通告的区别是（　　）。

   A. 通知既可以把发文机关的意图、要求普遍告知并要求配合，也可以特定告知；通告则是特定告知

   B. 通知应该有主送机关，而通告不需要

   C. 通知可内部行文，即内部行文告知下级或有关人员办理或了解某一事项；通告不能内部行文，它只能向社会公开行文告知人们应当遵守或知晓某一事项

   D. 通知具有指导性，通告则不然

6. 关于通知的主送机关，以下说法正确的有（　　）。

   A. 一般应写全称或规范化简称

   B. 主送机关多时，要注意排列顺序

   C. 同级机关用顿号间隔

   D. 不同级别的机关用逗号间隔

7. 通知的正文包括( )。

A. 发布通知的原因　　B. 通知的事项

C. 通知的要求　　　　D. 发布通知的根据

8. 转发性通知可以转发( )机关的公文。

A. 上级　　　　　　　B. 下级

C. 同级　　　　　　　D. 不相隶属

9. 出现以下哪种情况应使用批转性通知( )。

A. 上级机关认为下级机关所反映的情况、问题及提出的措施,对全局工作具有普遍意义,可作为指导工作的重要参考

B. 有些下级机关需要解决的问题,涉及同级或不相隶属的机关,请求上级机关将相关文件批转下发,以推进需要多方合作完成的工作任务

C. 同级机关、不相隶属机关的公文材料须转发

D. 转发上级机关的批复、通知等

10. 下列事项中,哪些可以用通知来行文( )。

A. 国务院公布一项行政法规

B. ××市水利水电局召开水利建设工作会议,告知各县水利水电部门事先做好准备

C. ××市政府拟批转市卫生健康局《做好灾后防疫防病工作的意见》

D. ××市委拟向所属各级党组织布置学习××同志××讲话的有关事宜

11. 下列标题中,正确的有( )。

A. ××市人民政府办公厅转发市教委关于进一步开展教育工作意见的通知

B. ××省人民政府批转省扶贫办关于进一步办好扶贫开发区的报告的通知

C. ××县卫生健康局转发市卫生健康局关于做好夏季除害防病工

作的通知》

D. 转发《市人民政府关于转发〈省人民政府关于减轻特困家庭经济负担的通知〉的通知》

12. 下列标题中,不正确的有(　　)。

A. ××市人力资源和社会保障局关于开展 2024 年度职业技能培训工作的通知

B. ××县人民政府转发《××省人民政府关于深入开展农田水利基本建设的通知》

C. ××县人民政府转发××省人民政府关于深入开展农田水利基本建设的通知的通知

D. ××县粮食局转发《××市粮食局转发〈省粮食局转发〔国内贸易部关于报送来信来访工作统计的通知〕的通知〉的通知》

四、指出下列两份通知中的错误并改正

（一）

机关游泳池办证的通知

机关各直属单位职工：

机关游泳池定于 6 月 11 日正式开放,6 月 3 日开始办理游泳证。请你们接此通知后,按下列规定,于六月二十八日前到机关俱乐部办理游泳手续。

一、办证对象:本单位在职职工,且身体健康者。

二、办证方法:由你单位统一登记名单、加盖印章到俱乐部办理,交一张免冠照片。

三、每个游泳证收费伍元。

四、凭证入池游泳,主动示证,遵守纪律,听从管理人员指挥。不得将此证转让他人使用,违者没收作废。

五、家属须凭家属证购票入场,开放时间另行通知。

××办公室

2024 年 5 月 10 日

（二）

××县人民政府批转《××省人民政府关于学习宣传〈中华人民共和国森林法〉的通知》的通知

各乡、镇人民政府，县直各单位：

现将《省人民政府关于学习宣传中华人民共和国森林法的通知》印发你们，请认真贯彻执行。

今年以来，我县连续发生森林大火，是由于生产用火造成的。各乡、镇要从中吸取教训，严格生产用火。如再发生类似事情，要追究主要领导的责任。

××县人民政府办公室

2024年1月22日

五、根据提供的内容拟制标题

1. 省政府同意省教育厅、省体育局、省卫生健康委《关于贯彻〈学校体育工作条例〉和〈学生卫生工作条例〉的意见》，现批转给你们，请遵照执行。

2. 国家统计局《关于加强统计工作充分发挥统计监督作用的报告》已经国务院批准，现转发给你们，请遵照执行。

六、请以提供的材料为依据，以××市教育局的名义起草一份紧急通知，发市属各中学[①]

不参加军训就是不能吃苦　××中学新生头顶烈日军训引质疑

37℃！连续数日的晴热高温天气，上班族办公室的空调持续运转，建筑工地也暂时停工避暑。然而，××中学的816名高一新生，却在"秋老虎"的肆虐下，经历了长达六天的军训"烤"验。

家住××区的翁女士致电本报说，她16岁的外孙磊磊（化名）即将升入高一。按照学校惯例，新生需在入学前参加军训，磊磊于8月14日按时到校参加军训。但没过几天，磊磊就给家里打电话诉苦。每天

---

① 除了参考答案，本题还附有AI答题的答案和对该答案的点评。

上午10时到12时,下午3时到傍晚,同学们都在骄阳下训练。不少学生皮肤被晒伤,有的女孩晚上躲在宿舍偷偷哭;8人一间的宿舍连基本的降温电扇都未配备。磊磊更是出现头晕、呕吐等症状。可当他向老师请假时,却被认为是"怕吃苦",老师劝其坚持下去。

军训本是磨炼学生意志、提升综合素质的重要方式,值得肯定。但将训练安排在极端高温天气下,是否必要?经记者调查,该中学军训情况属实。校方表示,原本计划避开三伏天,却未料到今年"秋老虎"来势汹汹。截至目前,已有3名学生中暑,1名学生出现低血糖症状。

第九节 通 报

一、通报的适用范围

《党政机关公文处理工作条例》规定:通报"适用于表彰先进、批评错误、传达重要精神和告知重要情况"。通报是具有指导性的下行文,其主要作用是沟通信息,通过知照有关情况而发挥教育、警示的作用。

二、通报的特点

(一)典型性

通报的典型性主要体现在其内容上。通报所涉及的具体的人物、事件或信息,不仅必须严格符合真实性要求,还应具备足够的典型性。只有通过真实而典型的事例、经验(或教训),通报才能发挥教育、警示、引导的作用,从而推动良好工作风气的形成,或为相关工作提供示范指导。

(二)教育、警示性

通报与通知的作用不同。通知侧重于行政指令和工作部署,强调执行性。而通报的核心作用在于教育、警示,主要体现在三个方面:通过表彰先进的典型,为人们树立榜样,发挥示范引导和激励的作用;通过剖析反面案例,起到教育、警示的作用;通过传递典型经验或重要情况,提供工作参考,推动工作方法优化。

（三）及时性

各类通报都是针对特定阶段具有普遍性和倾向性的现实问题而制发的,具有很强的现实意义。因此,制发通报必须讲求时效,及时发现和捕捉典型事例,迅速组织材料、研判分析,确保在问题最具现实意义的时间节点进行通报。若错过最佳通报时间,不仅会削弱通报的参考价值,而且不能发挥通报的教育、警示作用。

三、通报的分类

从内容性质上,通报可以划分为以下几类。

（一）表彰性通报

表彰性通报用于表彰先进典型,传播正能量。此类通报是对本地区、本机关涌现的具有代表性和示范价值的先进人物、典型事迹进行表彰,以宣传先进思想,树立学习榜样,发挥示范引领作用。例如,《国务院办公厅关于对国务院第六次大督查发现的典型经验做法给予表扬的通报》。

（二）批评性通报

批评性通报用于纠偏矫正、强化纪律约束。此类通报是针对本地区、本机关出现的错误行为、不良倾向或责任事故,通过深入剖析问题根源、明确责任划分、总结经验教训,发挥多重警示作用:一是促使相关责任者深刻反省、切实整改;二是在更大范围内起到教育、警示的作用,使相关单位和人员引以为戒;三是纠正工作中普遍存在的某种不良风气或不良倾向。例如,《××省教育厅关于对××第一中学寒假期间违规开学处理情况的通报》。

（三）情况通报

情况通报用于上级向下级传达重要精神和告知重要情况。此类通报可细分为两类。一是指导性通报,重在传达上级重要指示、重要会议精神、重要情况并进行具体分析,提出今后工作的要求或指导性意见。例如,《关于2021年下半年环评信用管理情况的通报》。二是单纯的告知性通报,此类通报重在交流情况、沟通信息,使所属机关了解工作进度,把握重要信息,不进行分析,也不提出具体要求。例如,《教育部社科司关于教育部人文社会科学研究一般项目2024年11月结项情况的通报》。

四、通报的结构及写法

通报由标题、主送机关、正文和落款几部分组成。

（一）标题

通报一般采用三要素式标题,标题由发文机关、事由、文种组成。例如,《××大学关于学术不端行为处理情况的通报》。

（二）主送机关

通报应当写明主送机关。当收文机关较多时,应当使用机关全称或规范化简称、统称。

（三）正文

不同通报正文写法有所不同。

1. 表彰性通报

表彰性通报的正文因表彰的对象数量不同,在写法上有一定差异。

当表彰对象是单个人或单位时,通报的主要内容包括三个方面。一是通报缘由,此部分应陈述事实,完整呈现事件全貌,包括事件发生的时间、地点、涉及的主体等要素,写明事件的起因、发展和结果。表达时使用概括叙述的方式,如实叙述事件从起因、发展到结果的全过程。此部分须严格恪守真实性原则,用精准的语言客观陈述事实,避免过度渲染或主观描写,篇幅也不可过长。同时,要对人物及事件进行深度分析,评价其积极意义与示范价值,并对人物及事件进行评价,清晰阐释其借鉴意义与引领作用。二是通报决定,以简洁明确的文字,直接阐明对表彰对象给予什么奖励或授予什么荣誉。三是提出希望与要求,这部分通常分为两个层次:第一层是提出对表彰对象的期望,希望其再接再厉,争取更大成绩;第二层则是号召其他人员和单位学习先进,以先进为榜样,推动各项事业高质量发展。(见例文2.9.1)

[例文2.9.1] 表彰性通报

四川省人民政府关于表扬然拉木滚同志的通报

川府函[2022]135号

各市(州)、县(市、区)人民政府,省政府各部门、各直属机构,有关单位:

2022年6月10日凌晨,阿坝州马尔康市草登乡先后发生5.8级、6.0级地震。广大党员和基层干部充分发挥先锋模范作用,不忘初心使命、牢记群众安危,敢于担难、勇于担责、善于担险,迅速反应、积极应对、有序处置,在危急时刻豁得出、关键时刻顶得上,做到了灾情就是命令、抢险就是责任,团结带领群众战胜灾害、共渡难关,涌现出一批先进事迹。

6月9日晚,科拉机村一组组长、俄热塘滑坡隐患点地质灾害监测员然拉木滚在巡查中发现房屋旁一条从未断流的小溪断流,根据平时培训知识判断,可能会发生较大规模地质灾害,随即组织3户19人转移避险。次日地震导致草登乡科拉机村俄热塘突发山体滑坡,造成2户房屋垮塌。因然拉木滚同志认真履职尽责,发现险情及时,防灾知识牢靠,组织避让果断,避免了2户12人可能因灾伤亡。为表扬先进、树立典型,鼓励广大群众积极参与防灾减灾,切实提升全社会防灾减灾的意识和能力,根据《地质灾害防治条例》和《四川省突发地质灾害应急预案(试行)》相关规定,省政府决定对然拉木滚同志予以通报表扬。

全省各地各部门(单位)和广大干部要以先进为标杆,深入贯彻习近平总书记来川视察重要指示精神和关于防灾减灾救灾的重要论述,认真落实省第十二次党代会决策部署,坚持"人民至上、生命至上"理念,切实增强"时时放心不下"的责任感,进一步树牢底线思维、强化极限思维,立足于防大汛、抗大险、救大灾,履职尽责、积极作为,抓细抓实防灾减灾各项措施,做到思想认识再提升、监测预警再提升、隐患排查再提升、预案完善再提升、责任落实再提升，守紧筑牢安全底板，最大限度防范化解隐患风险，切实保障人民群众生命财产安全。

四川省人民政府
2022 年 6 月 30 日

当表彰对象涉及多人或多单位时，正文不可能对每一个人或单位的先进事迹逐一陈述。此类表彰性通报的缘由部分概述表彰对象的共性事迹，从整体层面对其行为意义、示范价值作出评价。通报决定和提出希望部分与表彰单个人或单位的通报写法相似。需要注意的是，因表彰对象众多，其名单一般以附件形式出现。（见例文 2.9.2）

[例文 2.9.2]　表彰性通报

四川省人民政府办公厅
关于表扬 2023 年度民营经济发展综合评价先进单位的通报

川办函〔2024〕30 号

各市（州）人民政府，省政府各部门、各直属机构，有关单位：

2023 年，是全面贯彻党的二十大精神、以中国式现代化引领四川现代化建设的开局之年。全省各地各部门（单位）坚定以习近平新时代中国特色社会主义思想为指导，深入贯彻落实党中央、国务院关于促进民营经济发展壮大的决策部署，按照省委、省政府总体安排，有力推动全省民营经济持续回升、稳定发展，为实现四川经济运行整体向好作出了重要贡献。按照《四川省民营经济发展综合评价办法》（川办发〔2022〕70 号）要求，根据 2023 年度综合评价结果，省政府决定对宜宾市人民政府等 5 个市级人民政府和财政厅等 10 个省级部门（单位）予以通报表扬。

希望获得表扬的先进单位强化标杆意识，充分发挥示范引领作用，以更高标准干在实处、再接再厉、再创佳绩。全省各地各部门（单位）要对标先进、创先争优，始终坚持"两个毫不动摇""三个没有变"，高度重视民营经济发展工作，积极运用改革创新办法，营造便捷优质政务环境,更大力度降低制度性交易成本,帮助市场主体解难题、增活力,助力市场主体发展,让民营经济创造活力充分迸发,促进民营经济健康发展、高质量发展,为谱写中国式现代化四川新篇章作出新的更大贡献。

附件:2023年度民营经济发展综合评价先进单位名单

四川省人民政府办公厅
2024年5月13日

附件

2023年度民营经济发展综合评价先进单位名单

(共15个)

…………

2. 批评性通报

批评性通报包括三个部分。第一部分是通报缘由,陈述被批评人物及其错误事件,对错误的性质、原因、危害、不良影响及教训予以分析、总结和定性。第二部分写明处理意见。第三部分对批评对象提出改正错误的具体要求,并希望有关方面引以为戒。为防范和杜绝类似错误发生,批评性通报的结尾处,通常还会有针对性地提出防范措施或规定。(见例文2.9.3)

[例文2.9.3] 批评性通报

××督查局关于××、××违反会场纪律的批评通报

×督发〔2024〕×号

县直有关单位:

2024年3月14日下午3:00,我县召开全县宣传思想文化工作会议,要求各乡镇(街道)宣传委员、县直各单位分管负责同志,宣传文化系统领导班子成员,以及县委宣传部全体同志参加会议。会议期间,多数参会人员能够严格遵守会场纪律,但县住建局党组成员××会

议期间接打电话，县医保局党组成员、副局长××在会议期间玩手机。此类行为严重违反会议纪律要求，扰乱会场正常秩序，影响会议正常进行，损害了公职人员的形象。

按照县"作风立县"及会场纪律相关要求，现对××、××两位同志予以全县通报批评。

会风体现作风，端正会风就是改进作风。全县广大党员干部要吸取教训、引以为戒，切实把改进会风作为转变工作作风、推动工作落实的有力抓手，进一步增强纪律观念和规矩意识，坚决杜绝此类问题再次发生。各单位要加强对干部职工的教育管理，会前明确纪律要求，会中强化监督检查，会后严格问责处理，切实将严肃会风会纪落到实处。

××督查局

2024 年 3 月 15 日

3. 情况通报

情况通报有两种形式：一种是单纯的情况通报，只对有关事实作客观叙述；另一种是指导性通报，它除了对有关事实作客观叙述外，还对有关情况加以分析说明，并针对具体问题提出应采取何种对策的指导性意见。这两种通报的写法不同。

单纯的情况通报正文通常包括三个部分。第一部分是导语，用高度凝练的语言概述通报的内容，或陈述总的情况，简要写明做法或特点，取得的主要成绩，作出总的评价或阐明发布通报的根据、目的、原因等。然后用"现将有关情况通报如下"承上启下。第二部分是主体，写明具体事实或情况。这部分通常内容较多，篇幅较长，要注意梳理归类，合理安排结构。第三部分是结尾，可以是惯用语"特此通报"，也可简单提出要求或希望。

指导性通报与单纯的情况通报不同之处在于，在陈述情况的基础上，作出分析和评价，最后还要针对今后的工作提出具体的工作要求，并给出指导性意见。需要注意的是，指导性通报要避免空泛的号召性语言，每项要求都应具备可执行性、可考核性。(见例文 2.9.4)

[例文 2.9.4]　情况通报

海南省人民政府办公厅关于2023年第一季度政府网站和政务新媒体抽查情况的通报

琼府办函〔2023〕86号

各市、县、自治县人民政府，省政府直属各单位：

为持续提升全省政府网站和政务新媒体建设管理水平，根据《国务院办公厅秘书局关于印发政府网站与政务新媒体检查指标、监管工作年度考核指标的通知》（国办秘函〔2019〕19号，以下简称《考核指标》）要求，我厅组织开展了2023年第一季度全省政府网站与政务新媒体抽查工作。现将有关情况通报如下：

一、总体情况

2023年3月7日至16日，按照《考核指标》中规定的检查标准，对全省正在运行的121个政府网站进行抽查，抽查比例为100%，发现存在突出问题的政府网站10个，抽查合格率91.7%；对全省正在运行的1050个政务新媒体进行抽查，抽查政务新媒体321个，抽查比例为30.6%，发现存在突出问题的政务新媒体6个，抽查合格率98.1%；对2022年第四季度存在突出问题的政府网站与政务新媒体进行了复查，发现2个政务新媒体仍未整改合格。

二、检查发现的主要问题

（一）部分政府网站栏目更新不及时。（略）

（二）部分政务新媒体建设管理不规范。（略）

（三）××县政务新媒体监管工作有待加强。（略）

三、下一步工作要求

（一）以问题为导向，提升日常运维水平。对于每季度通报的政府网站和政务新媒体存在的突出问题，各市县政府、省政府直属各单位要抓紧落实整改，同时要开展定期筛查排查、整改销号，对本地区、本单位政府网站和政务新媒体管理工作中存在的薄弱环节，及时查缺补漏，坚决杜绝内容更新不及时、信息发布不准确、交流互动不回应、办事服务不实用等问题反复出现。

（二）加大解读力度，助推政策落地见效。各市县政府、省政府直属各单位要充分发挥政府网站和政务新媒体的平台作用，加强政策宣传解读，畅通互动回应渠道，做到政策性文件与政策解读同步组织、同步部署；围绕重要政策措施和重点数据，通过政务访谈、新闻发布会、一图读懂等形式，多角度、多层次进行解读，提升政策解读的准确性、权威性和贴近性，推动自贸港建设各项政策落地实施。

对此次检查通报的10个存在突出问题的政府网站、6个存在突出问题的政务新媒体，各有关市县政府、省政府直属各有关单位要按照《考核指标》要求，立即采取有力措施进行整改，确属无力维护的政务新媒体，应及时予以关停注销，并在"全国政务新媒体信息报送系统"中申请下线。××县要组织有关单位，对2个整改不到位的政务新媒体立即予以关停注销，确因工作需要再次开办的，须函报我厅审核。2023年4月14日前，各有关市县政府、省政府直属各有关单位将政府网站和政务新媒体整改情况、注销关停情况报送我厅，我厅将对有关情况进行复核。

附件：1. 2023年第一季度抽查发现存在突出问题的政府网站名单

2. 2023年第一季度抽查发现存在突出问题的政务新媒体名单

3. 2022年第四季度整改不合格的政务新媒体名单

海南省人民政府办公厅
2023年3月28日

（四）落款

通报正文结束后，应署发文机关的名称，同时以阿拉伯数字完整标注成文日期，年、月、日齐全。

五、通报的写作要求

（一）选择事例要有典型性

通报要选取具有典型性、代表性和普遍指导意义的事例，以实现引导功能,切实发挥教育激励或警示作用。撰写通报要站在全局的高度,着眼整体利益,确保通报的事项具有普遍意义与指导全局的作用。

(二)通报内容要客观真实

通报的情况或表扬批评的事例必须是真实可靠、客观存在的。写作通报前要对相关事实材料进行反复调查核实,确保信息准确无误。通报内容应完整、准确地呈现事件全过程,以及相关单位和人物的基本情况,严禁在写作过程中对事实进行主观夸大或缩小,更不能虚构或捏造。

(三)要把握时机

通报具有很强的时效性,须把握时机:及时将先进典型经验予以宣传推广,发挥示范引领作用;及时对反面典型予以揭露批评,强化警示效果;第一时间公布重大事项或重要情况,引起广泛重视,起到交流情况、指导工作的作用。若通报未能及时制发,滞后于事件发展,便会丧失其应用价值,失去了行文的意义。

六、通报与相似文种辨析

(一)通报与通知的区别

通报与通知有相似的一面,都是下行文,两者都具有知照性的特点,可以用来沟通情况,传达上级机关的意图,但两者又明显不同(见表2-1)。

表2-1 通报与通知的区别

区别	文种	
	通报	通知
适用范围	表彰先进、批评错误、传达重要精神和告知重要情况	发布、传达要求下级机关执行和有关单位周知或者执行的事项,批转、转发公文

（续表）

区别	文种	
	通报	通知
行文要求	通过典型事例或重要情况的传达，向下级进行宣传教育或沟通信息，以指导、推动今后的工作	告知事项，布置工作，要求遵照执行，强调操作性
写作方法	陈述事实，提炼经验或教训，作出评价，结尾提出学习或警示要求；一般是叙述+分析+结论	用概述式语言，一般不评议，直接说明做什么、怎么做，结尾明确执行时限或反馈要求；一般是依据+事项+要求
发文时间	制发于事后，强调及时性，重在传达，往往是对已经发生了的事情进行评价	制发于事前，须在行动开始前下达；通过具体事项的安排，要求下级机关在工作中照此执行或办理

（二）通报与决定的区别

通报和决定都是下行文，但二者存在明显不同。

1. 目的不同

通报的目的是通过典型事例、重要精神或情况的传达，起到引导、教育、警示等作用，使收文单位和人员了解有关情况，学习先进经验或吸取教训。决定主要是为了对重大事项或行动作出安排，要求相关单位和人员遵守或执行，具有很强的权威性和约束力。

2. 内容不同

通报的内容一般是叙述事件经过，分析原因和意义，提出学习或警示要求。决定则直接说明结论或决策，明确执行要求，一般不展开分析过程。需要注意的是，对于先进典型事例或者反面典型事例，通报重在表扬或批评，而决定涉及重大奖惩（如授勋、开除等）。

3. 时效性不同

通报的时效性相对较强，主要是针对当前发生的特定事件、情况或问题进行及时传达和处理，以起到及时教育、引导或警示的作用。

决定具有较强的稳定性和长期性，一旦作出，在较长时间内具有效力，对相关事项的决策和部署具有持续的指导作用。

练习题

一、判断题

1. 通报用于反映新情况、新问题，行文强调及时快捷。（ ）
2. 情况通报用于在一定范围内批评不良的人和事，以起到教育、警示的作用。（ ）
3. 为了让所属各机关了解2024年3月全市税收收入情况，××市税务局拟制发一份通报。（ ）
4. 通报的发文机关是没有级别限制的。（ ）
5. 通报是在一定范围内表彰先进、批评错误、执行重大决定时所使用的公文。（ ）
6. 通报的制发，应把握有效时机，在事情发生后，立即予以通报，否则时过境迁，就无法起到教育、警示作用。（ ）
7. ××县纪委拟制发一份通报，批评××局××等干部挥霍国家钱财、游山玩水的错误行为。（ ）

二、单选题

1. 以下标题哪一个符合通报的撰写要求（ ）。
A.《××市人民政府关于加强城区燃放烟花爆竹管理的通报》
B.《国务院关于进行第七次全国人口普查的通报》
C.《××民政局关于对社会团体实施年度检查的通报》
D.《国务院关于部分地区违反国家购销政策的通报》
2. 通报可用于（ ）。
A. 联系事务　　　　　　　B. 批评错误
C. 请求批准　　　　　　　D. 向上级反映重要情况

3. 通报的作用在于引导、教育和警示,因此通报的内容必须具备教育性和(　　)等特点。

A. 建议性　　　　　　　B. 商洽性

C. 呈请性　　　　　　　D. 典型性

4. "××部关于几起重大火灾的(　　)",括号里应填的文种是(　　)。

A. 批复　　　　　　　　B. 通告

C. 决定　　　　　　　　D. 通报

5. 具有表扬和批评性质的公文是(　　)。

A. 通知　　　　　　　　B. 通告

C. 通报　　　　　　　　D. 意见

三、多选题

1. 撰写通报要求做到(　　)。

A. 内容具有典型性,事例有代表性

B. 通报材料必须经深入调查和反复核实

C. 以事实和数据为依据,避免过度阐发和论证

D. 及时迅速发布,注意时效

2. 通报按其内容性质划分,可分为(　　)。

A. 表彰性通报　　　　　B. 批评性通报

C. 指示性通报　　　　　D. 情况通报

3. 计算机应用学院二年级学生小王在外出期间,遇见歹徒当街行凶抢劫。小王挺身而出,在与歹徒搏斗过程中身负重伤,仍凭借顽强意志成功协助警方抓获歹徒。学院党委经研究决定通报表彰该学生,并要求院办秘书起草这份通报。这份通报的内容应该包括(　　)。

A. 介绍小王的先进事迹　　B. 宣布院党委表彰决定

C. 分析当前社会治安形势　D. 号召向小王学习

4. 通报区别于通知的方面是(　　)。

A. 通报的目的是让收文机关了解发生了什么事,哪些事情值得

提倡，哪些事情应受到批评，哪些问题应该警惕等；而通知的发文目的是让收文机关知道要做什么事、如何去做，以及有哪些注意事项等

B. 通报的内容侧重于说明、介绍特定人物或情况，可以提出具体要求，也可以不提任何要求；通知的内容侧重于提出明确要求，界定行为规范与执行标准

C. 通报不但要发给与通报内容有直接关系的单位和个人，往往还发给那些与通报内容没有直接关系的单位和个人，以便"一体周知"；通知的发送对象都是与通知内容有直接关系的单位和个人

D. 通报是下行文，通知是平行文

5. 通知与通报的相同之处是（　　）。

A. 都是告知性文种

B. 都要求有关单位和人员了解公文内容或配合行动

C. 都是下行文

D. 都有公开性

6. 下列事项可以用通报行文的有（　　）。

A. ××县工会拟表彰奋不顾身抢救落水儿童的青年工人

B. ××街道办事处拟向市政府汇报××小区遭受火灾的情况

C. ××市安全办公室拟向各有关单位知照全市安全大检查的情况

D. ××县政府拟公布加强机关廉政建设的几条规定

四、指出下列两份通报中的错误并改正

（一）

××县人民政府关于表扬营业员××同志的通报

各乡（镇）人民政府：

二〇二四年×月×日中午十二时左右，××百货商店××路门市部售表柜台前来了一个青年顾客，提出要买一块"北京"牌手表。青年营业员××同志将手表拿出上了几扣弦后递给这个顾客，又忙着接待别的顾客。一种强烈的责任促使他随时盯着买表人的动作。忽然，发现那人侧过身子挡住营业员的视线，把表放在耳边装作听表样。这种行为引

起了××同志的警觉,他心想:挑表为什么要侧过身子背对着营业员呢?当顾客把表交回来的时候,××同志立即进行了检查,发现弦是满的,表面上有两道划纹。他马上认定新表已被换走,于是当机立断,喊了一声:"你停一下!"那人听到喊声,慌忙向店外跑去。见此情景,××同志一跃跳到货圈外,用尽力气拼命追赶。霎时间,那家伙穿过胡同,跑出数百米。××同志边追边喊:"抓住他!抓住他!"终于在××分局同志的协助下,将犯罪嫌疑人逮住扭送公安派出所,从其衣袋里搜出调换的新表。

××同志机智果断,不顾个人安危与坏人坏事做斗争,保住了国家财产,精神可嘉。决定给予通报表扬,并颁发奖金,以资鼓励。

2024年×月×日

(二)

××市人民政府办公厅通报

全体市民:

据反映得知,近日来,本市部分地区有一种令人人心惶惶的传说,称原流行于×国的恶性传染病××热已传入本市,并已造成十几人死亡。经本市防疫部门证实,这是完全没有任何事实根据的,本市至今从未出现过××热的病例。经核查,这一消息源于本市《××晨报》4月1日的一则"愚人节特快报道"。《××晨报》这种不顾国情照搬西方文化极不严肃的做法是非常错误的,已经给全市人民的稳定生活带来了极其恶劣的影响。目前有关部门已对该报作出停业整顿并令其主要负责人深刻检查等待纪律处分的处理。有关单位应吸取这一教训,采取措施以予杜绝。特此通报。

××市人民政府启

五、写作题

下面提供的材料是××局下属××单位在2024年植树节活动中的开支情况,请对照当前厉行勤俭节约、改进工作作风等要求,按照公文的格式、行文、语言等规范以××局行政名义写一份通报。标题自拟,字数要求在800字以上。

××局××单位植树活动开支账目表

项目	金额/元	备注
树苗150棵	5000	每人植树5棵
运动鞋、运动衫	12 000	因摄像需要统一着装
午餐	3000	
饮料	600	
扑克6副	30	休闲娱乐用
胶卷、洗印费	3000	制作纪念画册
劳动津贴	3000	每人100元
合计	26 630	

第十节 报　　告

一、报告的适用范围

《党政机关公文处理工作条例》规定:报告"适用于向上级机关汇报工作、反映情况,回复上级机关的询问"。报告是党政机关经常采用的重要上行文,是上下级之间沟通情况、协调工作的重要公文。它使上级机关能够及时掌握下级机关的工作情况,从而更好地指导下级工作,避免工作失误。在公务活动中,文种使用遵循严格的规范:上级向下级传达情况用通报,下级向上级反映情况用报告。这种区分体现了信息流向与文种选用的对应关系。

2019年2月28日印发的《中国共产党重大事项请示报告条例》第十四条规定:"党组织应当向上级党组织报告下列事项:

(一)学习贯彻习近平新时代中国特色社会主义思想,统筹推进'五位一体'总体布局和协调推进'四个全面'战略布局的重要情况;

（二）党中央以及上级党组织重要会议、重要文件、重大决策部署贯彻落实情况，习近平总书记重要指示批示贯彻落实情况，上级党组织负责同志交办事项的研究办理情况；

（三）加强党的建设，履行全面从严治党责任，包括集中学习教育活动、意识形态工作、党组织设置及隶属关系调整、民主生活会、党风廉政建设、落实中央八项规定精神、党员干部直接联系群众、巡视巡察整改、发现重大违纪违法问题等情况；

（四）全面工作总结和计划；

（五）重大专项工作开展情况；

（六）重大敏感事件、突发事件和群体性事件应对处置情况；

（七）经济社会发展中出现的重要情况和重大舆情；

（八）本地区、本部门、本单位工作中具有在更大范围推广价值的经验做法和意见建议；

（九）其他应当报告的重大事项。

下列事项不必向上级党组织报告：具体事务性工作；没有实质性内容的表态和情况反映等。"

以上规定与《党政机关公文处理工作条例》关于报告功能定位的表述相互衔接、有机统一，既延续了报告作为上行文的基本属性，又结合全面从严治党新要求，对重大事项报告的范围和内容作出了更具针对性的规范，为各级党组织规范使用报告文种提供了明确依据。两个条例共同构成了党政机关报告工作的制度体系，体现了党内法规与国家行政机关公文处理规范的有效衔接。

二、报告的特点

（一）陈述性

报告可以帮助上级机关及时了解情况、掌握下情，为上级机关决策提供依据。因此在写作上，报告的最大特点在于其陈述性，即以清晰阐述基本情况作为行文的核心特色。

（二）内容的广泛性

一般公文遵循"一文一事"原则，行文须简明确切，避免因事项繁杂影响公文办理的效率。报告虽同样注重准确传递信息，但因其主要功能是让上级掌握工作情况，而工作内容往往是复杂的，涉及多个方面，所以报告在内容上允许一文数事，可综合汇报多项相关工作。

（三）单向性

报告作为上行文，主要用于下级机关向上级机关汇报工作进展、反映情况，属于单向信息传递，通常不需要上级机关予以回复。这与请示存在显著差异：请示具有双向性特点，下级机关就特定事项提出请示后，上级机关必须作出批复；报告则是单向行文，不存在需要上级机关以特定文种进行回应的对应关系。

三、报告的分类

（一）按照内容性质划分

从内容性质上，报告可以分为以下几种。

1. 工作报告

工作报告适用于定期向上级机关汇报某一阶段的工作情况，通过全面汇报工作中的具体做法、经验教训、面临的困难，帮助上级机关及时掌握本单位工作进展，从而为上级机关科学决策提供依据，也便于争取上级的指导与支持。例如，《××市人民政府2024年政府信息公开工作年度报告》。

2. 情况报告

情况报告是下级机关向上级机关反馈信息的重要载体，适用于汇报调查掌握的重大事件、特殊问题，以及具有倾向性的新趋势、新风尚，新近涌现的具有典型意义的事物等内容。下级机关有责任下情上传，帮助上级了解重要的社情民意。若存在隐瞒不报、迟报漏报等情形，则属于下级机关履职不到位的失职行为。情况报告通常围绕非计划性、非常规性事项展开，具有临时性、突发性的特点。例如，《××省人民政府关于猪链球菌病疫情情况报告》。

工作报告与情况报告的区别见表2-2。

表2-2 工作报告与情况报告的区别

区别	文种	
	工作报告	情况报告
反映的重点	经常性的、常规性的工作	偶发性的特殊情况
内容	通常具有综合性和系统性	较为集中、单一
行文语气	总结性、分析性	紧迫性、建议性
表达方式	有不同程度的说理，事与理结合	重在叙述、说明情况
报告时限	按固定周期提交	无固定汇报时间，即时汇报

3. 答复报告

答复报告适用于回应上级机关的查询事项，其内容具有单一性和较强的针对性。此类报告要遵循"有问必答、问啥答啥"的原则，避免答非所问或随意拓展内容。例如，《××公司关于落实安全生产检查整改要求的答复报告》。

（二）按照写作范围划分

从写作范围上，报告可以分为综合报告和专题报告。综合报告用于反映一定范围内或一定时期多方面的工作情况，是对工作综合、全面的汇报。专题报告用于反映某一专项工作，内容集中、单一，遵循一事一报原则。一般来说，工作报告可以是综合报告，也可以是专题报告；而情况报告和答复报告通常属于专题报告。

（三）按照报告时限划分

从报告时限上，报告可以分为例行报告和不定期报告。例行报告是定期向上级机关报送的工作汇报，如周报、旬报、月报、季报、年报等，有严格的时间节点要求，必须按时完成并提交。不定期报告没有严格的时限规定，主要依据工作实际需求，针对突发性事件、专项工作进展、上级临时问询等情况进行即时上报。通常情况下，工作报告多属于例行报告,而情况报告和答复报告属于不定期报告。

报告应根据工作实际进展情况适时制发。其中,学习贯彻上级党组织重要会议和文件精神的专题情况报告应当如实反映贯彻落实的实际成效,不得一味求快而忽视内容质量。对于上级党组织交办的重大事项,下级单位应当按照规定时限完成报告。针对突发性重大事件,相关单位应当第一时间报告,并根据事件发展处置情况做好续报工作。

四、报告的结构及写法

报告由标题、主送机关、正文、落款几部分组成。

（一）标题

报告一般采用三要素式标题,由发文机关、事由、文种组成。例如,《株洲市卫生健康委员会2024年政府信息公开工作年度报告》。

（二）主送机关

报告的主送机关应为直接上级机关,原则上只主送一个上级机关。确因工作需要,可同时抄送相关上级机关、同级机关,一般不得将报告主送给上级机关负责人。

（三）正文

报告正文一般由报告缘由、报告事项和结语三部分组成。

1. 报告缘由

此部分以概括性语言简要说明报告的背景、主要内容、结论,或者说明写作报告的目的和依据。段末常用"现将有关情况报告如下"引出下文。

2. 报告事项

报告事项是正文的核心,是报告的重点部分,不同报告此部分的写法有所不同。

（1）工作报告。

工作报告的内容包括以下三个方面。一是工作开展情况与成果,全面陈述工作概况和具体做法,并在此基础上总结取得的成绩和经验。这部分是对工作实践的理性认识,要善于对工作实践进行概括,挖掘并归纳规律性内容,形成可复制、可推广的经验体系,为后续工作提供理论指导。写作时,注意点面结合,突出重点、详略得当,避免简单地罗列事实、堆砌材料,不加分析综合,导致上级难以把握核心内容,更无法实现对工作的有效指导。总之,行文须主次分明,以叙述为主,辅以适当议论点明主题。二是存在的问题与不足。须分析工作失误的原因,总结应当吸取的教训。写作时应基于事实进行归纳分析,梳理出清晰的条理,从而避免在今后的工作中再犯类似的错误。三是今后工作的打算和拟采取的整改措施。(见例文 2.10.1)

[例文 2.10.1] 工作报告

中共云南省委 云南省人民政府关于 2023 年度法治政府建设情况的报告

2023 年,云南省委、省政府坚持以习近平新时代中国特色社会主义思想为指导,全面贯彻落实党的二十大和二十届二中全会精神,深入学习贯彻习近平法治思想和习近平总书记考察云南重要讲话精神,认真落实党中央、国务院关于法治政府建设总体部署,扎实推进依法行政,持续提升法治政府建设质效,为云南高质量发展提供有力法治保障。

一、主要举措和成效

(一)加强党的领导,健全完善法治政府建设推进机制。(略)

(二)深化行政管理体制改革,推动政府机构职能优化协同高效。(略)

(三)提升法律服务质效,着力优化法治化营商环境。(略)

(四)健全依法行政制度体系,进一步提升政府治理效能。(略)

(五)抓实执法规范化建设,推进严格规范公正文明执法。(略)

(六)强化监督制约,保障行政权力规范透明运行。(略)

(七)统筹发展和安全,切实提升社会治理现代化水平。(略)

二、存在的问题和不足

2023年,云南省法治政府建设工作取得了一定成效,但离党中央、国务院要求和人民群众期盼还有一定差距,仍存在一些薄弱环节和短板。主要表现为:行政立法精细化水平有待提升,立法聚焦解决实际问题还有短板,部分立法过程中公众参与度还不够高;部分地区行政规范性文件制定程序不够严谨规范,存在以法律顾问意见代替合法性审查等问题;有的地区和部门行政执法"三项制度"落实不到位,存在执法信息公示不及时或不全面等问题;行政机关负责人出庭应诉率还有差距,县级行政复议机构人员不足、能力还需提升等。

三、2024年重点工作

2024年,云南省将坚持以习近平新时代中国特色社会主义思想特别是习近平法治思想为指导,把法治政府建设作为重点任务和主体工程抓紧抓实,以更大力度、更高标准、更实举措,奋力推动法治政府建设再上新台阶。

(一)持续完善立法工作机制。(略)

(二)持续推动政府职能转变。(略)

(三)持续健全依法行政体系。(略)

(四)持续深化综合行政执法体制改革。(略)

(五)持续优化法治保障和法律服务。(略)

中共云南省委
云南省人民政府
2024年3月22日

(2)情况报告。

情况报告重在反映重要的、特殊的、突发的新情况,其内容主要涵盖以下方面:重要的社情民意;严重灾害、事故、案情及其处理情况;举办重大活动、召开重要会议的基本情况;各级代表会议的选举结果;对上级重要决议、决定事项的督办,检查某项工作的开展情况;对某项工作失误及重大问题的检讨与反思等。

情况报告以陈述情况为主,应写明时间、地点、原因、经过、结果、已采取的措施或建议等。写作时应注意的是:情况报告是专题报告,内容要集中单一;若提出处理意见或建议,必须写得具体、明确,并且要注意时效。(见例文2.10.2)

[例文2.10.2] 情况报告

汉中市人民政府办公室关于报送2022年履行教育职责情况的自查报告

省政府教育督导委员会办公室:

现将汉中市人民政府2022年履行教育职责自查情况报告如下:

一、基本情况

汉中地处陕西省西南部,辖9县2区和1个国家级经济技术开发区,有152个镇、25个街道办、1896个村、291个社区,总人口378.98万,总面积2.72万平方公里,是国家历史文化名城、国家卫生城市、国家园林城市、国家森林城市、中国优秀旅游城市和全国双拥模范城市。2022年全市实现生产总值1905.45亿元,第一、第二和第三产业增加值占比分别为15.3%、43.5%和41.2%。地方一般公共预算收入49.08亿元,其中税收收入33.93亿元。

全市现有各类中小学、幼儿园1484所,在校学生49.07万人,专任教师38 504名。其中:幼儿园815所、小学433所(另有教学点224所)、初中121所、九年制学校64所、完全中学10所、十二年制学校3所、单设高中16所、中职学校14所、特殊教育学校8所。在汉大中专院校9所,教职工3256人,在校生55 985人,其中:本科院校1所、高职院校2所、省属中专学校1所、技工院校5所。形成了从学前教育到高等教育紧密衔接的国民教育体系,基本满足了群众接受多样性教育的需求。

二、做法成效

市委、市政府坚持以习近平新时代中国特色社会主义思想为指导,聚焦"公平而有质量"主题,深入落实立德树人根本任务,努力办好人民满意的教育，义务教育优质均衡发展工作在全省领先，教育综合质量稳居全省第一方阵。通过对标自查，市本级自评得分99分。

（一）领导职责履行到位。（略）

（二）教育管理严格规范。（略）

（三）教育发展提质增效。（略）

（四）教育保障有力有效。（略）

三、存在问题

一是城乡优质教育资源配置不均衡。中心城区优质教育资源供给不充分、不均衡，"择校热"问题和"城镇挤、农村空"现象依然存在。按照国家义务教育优质均衡创建标准，"超标准校额和班额""两个生均"面积不达标等问题尚未彻底化解。二是职业教育核心竞争力不够强。部分中职学校办学层次不高，竞争力和吸引力不强。三是校园安全工作水平不够高。学生安全防范意识和防范能力有待提高，校园周边环境治理还需加强。

四、下步打算

一是加强党对教育工作的领导。（略）

二是加快高质量教育体系建设。（略）

三是落实立德树人根本任务。（略）

四是加强教师队伍建设。（略）

五是强化校园安全管理。（略）

汉中市人民政府办公室
2023年10月23日

（3）答复报告。

答复报告具有极强的针对性，须严格遵循"有问必答、精准回应"原则。行文中时应避免涉及与上级机关询问无关的内容，要针对所提问题如实答复意见或反馈处理结果，确保内容周全且不节外生枝。表述须明确具体，用语准确，杜绝含糊其词、模棱两可的用语。（见例文2.10.3）

[例文2.10.3] 答复报告

××大学工会关于工会干部有关待遇问题的答复报告

市总工会：

贵单位于××年×月×日发来的函已收悉。针对函中询问的我校工会干部有关待遇问题，现将具体情况答复如下：

一、我校基层工会主席由教师兼任，任职期间每年减免工作量40学时。

二、部门工会主席任职期间享受本单位行政副职待遇，若由教师担任，每年额外减免工作量30学时。

三、校工会委员任职期间，每年减免工作量30学时；部门工会委员每年减免工作量15学时。

以上内容已如实答复，如有其他疑问，请随时与我校工会联系。

××大学工会
××年×月×日

总之，报告应当具有实质性内容和参考价值，切实帮助上级组织了解情况、科学决策，力戒空洞无物、评功摆好等形式主义倾向。报告应当简明扼要、文风质朴，呈报党中央的综合报告一般不超过5000字，专项情况报告一般不超过3000字，情况复杂、确有必要详细报告的有关内容可以通过附件补充反映。

3. 结语

报告的结语比较简洁，通常以"特此报告""以上报告，请审阅"等惯用语收束，也可以报告事项完即止，不写结束语。

（四）落款

报告正文结束后，应署发文机关的名称，同时以阿拉伯数字完整标注成文日期，年、月、日齐全。

五、报告的写作要求

（一）情况真实

一切上报的信息必须真实可靠，力求准确反映事物的本来面貌，全面反映情况。报告不实将导致上级决策失误，影响大局。汇报成绩时不能虚报夸大，反映问题不能文过饰非。必须以客观事实为依据，要反映真实情况。

（二）确有必要

向上级报告一个很重要的标准就是所提供的信息是否真正紧扣当前中心工作，是否有助于上级决策。日常收集的大量信息并不是都有价值，特别是一些原始、初级信息，须经过筛选和加工处理。这就要求我们选取合适角度，深入挖掘，选抓那些能够指导全局工作、具有较强影响力的信息，并通过"去粗取精、去伪存真、由表及里、由此及彼"的加工处理，形成对全局工作具有普遍指导意义的情况汇报，如此方能进入领导决策环节。

（三）点面结合、突出重点

写作报告既不能单纯堆砌具体事例，也不能只做泛泛的全面情况概述。应当突出重点、有主有次、详略得当地安排材料，并加以精当的分析论述，以适当的议论揭示主题，确保报告既有深度又有广度。此外，须着重强调的是，报告中严禁夹带请示事项。

练习题

一、判断题

1. 报告在汇报工作、反映情况时，所表达的内容和使用的语言一般都是陈述性的，但有时也带有祈请性。（　　）

2. 报告行文时间没有固定，可以事前、事中或事后行文。（　　）

3. 报告是下级机关给上级机关单方向的上行文，一般不需要上级机关给予回复，因此在报告中不得夹带请示事项或要求上级机关答复

的事项。（　　）

4.《××关于加强外事工作的报告》。（　　）

5. 某地发生一起突发性重大事故，向上级反映此事故及其有关情况，用报告行文。（　　）

6. 报告可以同时主送几个上级机关。（　　）

7. 报告不能用"以上报告当否，请批复"之类的结束语。（　　）

8.《××关于申请修建教学大楼的报告》。（　　）

二、单选题

1. 报告的主要特点是（　　）。

A. 重议论　　　　　　　B. 重指导

C. 重陈述　　　　　　　D. 重知照

2. 报告是下级机关向上级机关呈送的（　　）。

A. 呈批性公文　　　　　B. 告知性公文

C. 建议性公文　　　　　D. 陈述性公文

3. 上级机关就某校开学收费事项进行询问，该校答复时应使用（　　）。

A. 通报　　　　　　　　B. 请示

C. 报告　　　　　　　　D. 通知

4. 关于报告，说法错误的是（　　）。

A. 报告可以分为工作报告、情况报告和答复报告

B. 报告是下级机关向上级机关反馈信息，沟通上下级机关纵向联系的一种重要形式，因此，各机关经常使用

C. 报告以议论为主要表达方式

D. 报告与请求不能结合使用，在报告中不得夹带请求事项

5. 按照报告内容所涉及的范围，《政府工作报告》是（　　）。

A. 综合报告　　　　　　B. 专题报告

C. 情况报告　　　　　　D. 答复报告

6. 在报告的结尾一般要谈"今后的打算"，它主要是（　　）。

A. 展望未来，描绘宏图　B. 发出号召，抒发豪情

C. 提出要求，表达愿望　D. 针对问题，提出办法

三、多选题

1. 按照报告的内容性质,可将其分为(　　)。

   A. 工作报告　　　　　　B. 专题报告

   C. 情况报告　　　　　　D. 答复报告

2. 报告的结束语有(　　)。

   A. 以上报告,请审阅　　B. 特此报告

   C. 以上报告,请批复　　D. 特此报请审批

3. 报告的注意事项是(　　)。

   A. 报告事项真实　　　　B. 报告时间及时

   C. 报告事项要典型　　　D. 报告的主送机关为上级机关

4. 报告的正文由(　　)构成。

   A. 报告缘由　　　　　　B. 报告事项

   C. 结语　　　　　　　　D. 希望与号召

5. 报告可用于陈述的事项有(　　)。

   A. 向上级汇报工作,反映情况

   B. 向下级或有关方面介绍工作情况

   C. 向上级提出今后工作整改措施

   D. 答复群众的查询、提问

6. 情况报告的内容包括(　　)。

   A. 经常性的常规工作情况

   B. 偶发性的特殊情况

   C. 重要的社情民意

   D. 对上级机关的查问、提问作出答复

四、找出下列两份公文中的错误并说明理由

(一)

关于申请灾区专项贷款指标的报告

省行:

×月×日,××地区遭受了一场历史上罕见的洪水袭击,×江两岸乡、村同时发生洪水,灾情严重。经初步统计,农田受灾总面积约 38 000

亩，各种农作物损失超100万元，农民个人损失也很大。灾后，我们立即深入灾区了解灾情，并发动干部群众积极开展生产自救。同时，为帮助受灾农民及时恢复生产，我们采取了下列措施：

一、对恢复生产所需的资金，以自筹为主。确有困难的，先从现有农贷指标中贷款支持。

二、对受灾严重的困难户，优先适当贷款，先帮助他们解决生活问题。到×月×日止，此项贷款已达××万元。

由于这次灾情过于严重，集体和个人的损失惨重，短期内恢复生产有一定的困难，仅靠正常农贷指标难以解决问题。为此，请省行下达专项救灾贷款指标××万元，以便支持灾区迅速恢复生产。

以上报告当否，请批示。

××银行××市支行
××年×月×日

（二）

××省进出口公司关于简易仓库工程进度情况的报告

××省经贸委：

×经贸（×）××号文悉。根据文件要求，现将我司简易仓库工程进度报告如下：

我司于3月2日收到关于建造简易仓库的通知后，立即启动相关工作，4月确定建筑单位，并于5月正式施工建设。截至目前，经过6个月的紧张施工，在各方共同努力下，现已建成三千个平方，预计今年年底可以完工并投入使用。目前，建仓资金已全部拨付给建筑单位，施工单位严格按照合同约定及工程计划推进建设工作，各项施工环节均有序开展。

近两年公司进口激增，预计明年可达3000万斤，现有仓库储力严重不足。为此，希望能在现在的基础上再为我们增加仓库建设资金500万元和相应的钢材，以解决我公司仓库不足的困难。

特此报告。

××省进出口公司
2024年11月

第十一节　请　　示

一、请示的适用范围

《党政机关公文处理工作条例》规定：请示"适用于向上级机关请求指示、批准"。请示是党政机关广泛使用的上行文,使用频率极高。

具体地说,以下情况均应向上级机关报送请示：下级机关遇到新情况新问题,因无章可循而没有对策或没有把握,需要上级机关给予明确指示的；下级机关对有关方针、政策和上级机关发布的规定、指示有疑问,或有不同理解,在执行中遇到一定困难,需要上级机关给予明确解释或答复,或根据本地区、本单位实际情况需要对上级的行政措施作出变通性处理,而需要上级机关重新审定并明确回答的；下级机关之间在较重要的问题上出现意见分歧,难以统一认识,无法正常开展工作,需要上级机关裁决的；下级机关在处理较为重要的事件和问题时,因事关重大且涉及有关方针政策,必须慎重对待,需要报请上级机关批准的；下级机关在工作中遇到问题,因涉及面广,虽然有解决的办法,但由于职权、条件的限制,没有权力或没有能力实施这些办法,需要上级予以协调、统筹安排、帮助解决的；本机关无权决定,按照规定必须请示上级主管领导机关或部门审核、批准后才能办理的事项,如机构设置、人员编制、涉外工作事项等情况。

2019年2月28日印发的《中国共产党重大事项请示报告条例》第十二条规定："涉及党和国家工作全局的重大方针政策,经济、政治、文化、社会、生态文明建设和党的建设中的重大原则和问题,国家安全、港澳台侨、外交、国防、军队等党中央集中统一管理的事项,以及其他只能由党中央领导和决策的重大事项,必须向党中央请示报告。"这从宏观层面确立了请示报告制度的核心范畴,体现了党中央对重大事项集中统一领导的权威性。

进一步来看,《中国共产党重大事项请示报告条例》第十三条细化了党组织应当向上级党组织请示的具体事项,明确规定："党组织应当向上级党组织请示下列事项:(一)贯彻落实党中央决策部署和上级党组织决定中的重要情况和问题,需要作出调整的政策措施,需要支持解决的特殊困难;(二)重大改革措施、重大立法事项、重大体制变动、重大项目推进、重大突发事件、重大机构调整、重要干部任免、重要表彰奖励、重大违纪违法和复杂敏感案件处理等;(三)明确规定需要请示的重要会议、重要活动、重要文件等;(四)重大活动、重要政策的宣传报道口径,新闻宣传和意识形态工作中的全局性问题和不易把握的问题;(五)出台重大创新举措,特别是遇到新情况新问题且无明文规定、需要先行先试,或者创新举措可能与现行规定相冲突、需经授权才能实施的情况;(六)属于自身职权范围内但事关重大或者特殊敏感的事项;(七)重大决策时存在较大意见分歧的情况;(八)跨区域、跨领域、跨行业、跨系统工作中需要上级党组织统筹推进的重大事项;(九)调整上级党组织文件、会议精神的传达知悉范围,使用上级党组织负责同志未公开的讲话、音像资料等;(十)其他应当请示的重大事项。"同时,第十三条明确列举了不必请示的事项,通过正反双向界定,既保障了必要事项及时规范上报,又避免了请示工作的泛化:"下列事项不必向上级党组织请示:属于自身职权范围内的日常工作;上级党组织就有关问题已经作出明确批复的;事后报告即可的事项等。"

二、请示的特点

(一)期复性

请示最直接的目的在于获得上级批复。在公文体系中,请示是为数不多的双向对应文体之一,与它相对应的文体是批复。下级通过请示期待上级给予指示、批准、政策支持或帮助等。下级有请示,上级就应当作出批复。

(二)单一性

跟其他上行文相比,请示更强调遵循"一事一请"的原则。在一份请示中,只能就一项工作或一种情况、一个问题提出请示,不得在一份公文中就若干事项请求指示或批准。如果确有若干事项需请示,应撰写若干份请示,每一份请示都是一份独立的文件,有不同的发文字号,上级机关应分别对不同的请示作出不同的批复。同时,请示应当坚持单一主送原则,即只能主送给一个上级机关。

(三) 程序性

请示应当遵循行政隶属关系逐级向上呈送,除非有特殊情况,一般不应越级请示。请示属于上行文,行文方向必须是下级向上级。对于虽非直属上下级机关,但属于业务主管的机关,也可以作为请示的主送对象。如果在工作中需要其他同级机关或不隶属机关审核、批准或协助,则应使用函,而非请示。

三、请示的分类

根据请示目的的不同,可以将其分为请求指示类请示和请求批准类请示。

(一) 请求指示类请示

这类请示通常涉及政策和认识层面的问题。当下级机关对上级机关的路线、方针、政策存在偏差、缺乏明确依据,或在工作中遭遇重大问题难以处理时,都需要向上级机关呈送此类请示,以获取明确指导。例如,《××市教育局关于义务教育新课标实施若干问题的请示》。

(二) 请求批准类请示

这类请示主要涉及下级机关在职权范围内无法自主决定、需要上级批准的问题,通常包括机构设置、人事安排、人员编制、资产购置、资金使用等内容。此类事项必须获得上级批准后方可实施。例如,《××市民政局关于申请社区养老服务设施改造专项资金的请示》。

四、请示的结构及写法

请示由标题、主送机关、正文、落款几部分组成。

(一) 标题

请示一般采用三要素式标题,标题由发文机关、事由、文种组成。

例如,《中共××镇委员会关于××等同志职务任免的请示》。要注意的是:标题中不得出现"申请、请求"等祈请类词语,即不得用"关于申请(请求)××的请示",避免语义重复,因为"请示"即"请求指示"之意;也不能把"请示"写成"请求"或与报告混用,写成"关于××的请示报告"。

(二)主送机关

请示的主送机关一般只有一个,通常是直接上级领导机关,原则上不能越级请示。如需同时报送其他机关,应用抄送形式。即使是受双重领导的机关,也应根据请示内容写明主送机关和抄送机关。

(三)正文

请示的正文通常包含请示缘由、请示事项、请示要求(结语)三部分。

1. 请示缘由

请示缘由是提出请示事项和要求的依据及理由,即为什么要提出请示。撰写时,要先把缘由讲清楚,再提出请示的事项和要求,这样才能顺理成章。这部分内容至关重要,直接影响到请示事项是否成立、是否可行,也关系到上级机关审批请示的态度。因此,此部分写作应十分完备,依据、情况、意义、作用等都要写上。与其他公文相比,请示的缘由部分往往需要更为详细。写作时务必实事求是,确保情况表述清楚、提出依据有力、说理充分透彻。切忌将请示缘由写得抽象、笼统,使上级机关看不出所请示批准办理事项的必要性和可行性,进而导致请示事项难以获批。

2. 请示事项

请示事项是请示的核心内容,指的是提出请求上级指示或批准的具体问题。提出的请示事项,要符合有关方针政策,切实可行,避免盲目提交。因此,请示事项要写得具体、明确。请求指示类请示要写明期望在哪些具体问题、哪些方面得到上级指示;请求批准类请示如果请示的事项内容比较复杂,应分清主次,将请求批准的事项分条列项逐一说明,确保条理清楚、重点突出。

作为上行公文,请示的语气应诚恳谦恭,避免使用带有强烈主观色彩的表述,如"我们认为""一定要""决定"等,以防给上级机关造成施压之感,影响请示的审批进度或导致不予批复。这一部分常用"拟……""为此,特请求……""鉴于上述情况,特请示如下……"等表述。

3. 请示要求(结语)

请示要求(结语)一般以征询、期盼的口吻请求上级答复。在主体内容结束后,另起一段,按程式化语言写明期复请求。请求指示类请示常用"是否妥当,请批示""妥否,请批示""以上请示,恳请予以指示"等作为结语;请求批准类请示常用"特此请示,请予批复""以上请示妥否,请批示""以上请示如无不妥,请批准"等作为结语。

(四)落款

请示正文结束后,应署上发文机关的名称和成文日期。成文日期应用阿拉伯数字完整标注,年、月、日齐全。

五、请示的写作要求

(一)一文一事

一份请示只能写一件事,这是《党政机关公文处理工作条例》所规定的,也满足实际工作的需要。如果一文多事,可能导致收文机关难以作出精准批复,影响公文处理效率。同时,撰写请示时须把握适度原则:既要通过及时请示避免工作失误,又要防止不分主次、事事请示。提出请示的原则是:对上级机关方针政策的理解存在困惑,或在自身职权和能力范围内无法解决的事项,应及时向上级机关提出请示。

(二)明确请示行文主体

《中国共产党重大事项请示报告条例》规定:"党组织请示报告工作一般应当以组织名义进行,向负有领导或者监督指导职责的上级党组织请示报告。特殊情况下,可以根据工作需要以党组织负责同志名义代表党组织请示报告";"负有指导、协调或者监督职责的单位党组织应当统筹所负责区域、领域、行业、系统内各单位党组织的请示报告工作,归口统一向上级党组织请示报告总体情况、牵头事项完成情况等";"涉及跨区域、跨领域、跨行业、跨系统的重大事项,应当由有关党组织向共同上级党组织联合请示报告。联合请示报告应当明确牵头党组织"。

(三)明确主送机关,一般不越级请示

请示一般只能主送一个上级领导机关或者主管部门,避免多头请示,确有需要时可以抄送有关机关,以防止出现推诿、扯皮现象。需要注意的是,党政机关联合请示时,一般应当将上级党政机关同时列为请示对象。接受归口领导、管理的单位党组织,必须服从批准其设立的上级党组织的领导,向该上级党组织请示工作,并按照有关规定向归口领导、管理本单位的党组织请示工作。根据党内法规制度规定,党的决策议事协调机构和党的工作机关可以在其职权范围内接受下级党组织的请示并作出处理。

在请示受理方面,党组织主要负责同志可以就全面工作或者某些方面的工作接受下级党组织请示;有关负责同志可以就分管领域工作接受请示,也可以受党组织或者党组织主要负责同志委托,就全面工作接受请示。

行文规则上,请示通常遵循一级对一级负责原则,应逐级行文,一般不得越级。但在特殊情况下,可以按照有关规定直接向更高层级党组织请示;如果因特殊情况或紧急事项确需越级请示,必须同时抄送被越过的直接上级机关。

(四)注意抄送规则

一是请示不抄送下级机关。请示是上行公文,行文时不得同时抄送下级机关,以免造成工作混乱,更不能要求下级机关执行上级机关未批准和批复的事项。二是接受归口指导、协调或者监督的单位党组织,在向上级党组织请示时,一般应当抄送有指导、协调或者监督职责的单位党组织。

(五)必须事前请示

请示必须在拟办事项进行之前行文,绝不可"先斩后奏"。向上级党组织请示重大事项,必须事前请示,给上级党组织以充足的研判和决策时间。如果情况紧急来不及请示必须临机处置的,应当按照规定履职尽责,并及时进行后续请示、报告。注意请示与报告的区别,切忌用报告代请示行文,在报告中夹带请示事项,或在标题中将文种写成"请示报告"。

六、请示与报告的区别

在日常公文写作中,请示和报告虽然都是上行文,但它们在实际应用中却有较多差异(见表2-3)。正确区分二者,对确保公文规范、高效运转意义重大。

表2-3 请示与报告的区别

区别	文种	
	请示	报告
适用范围	请求指示、批准	汇报工作、反映情况、答复询问
行文目的	为解决某一具体问题请求上级机关批准某项工作或给予明确的指示	下情上传,让上级机关了解相关信息,为上级机关决策作参考,不要求上级机关批复
性质	呈请性公文	呈报性公文
行文时间	事前,不能"先斩后奏"	事中或事后均可
内容侧重点	一文一事	一文一事或一文数事
上级机关处理	办件,上级机关要答复	阅件,上级机关无须答复
结语	"妥否,请批示""以上请示如无不妥,请批准"	"特此报告""以上报告,请审阅"

练习题

一、判断题

1. ××市商务局为建食品购销站征用土地,向市规划局行文用请示。（   ）

2. 请示是一种对上级机关提出意见或建议并请求上级机关给予指示、批准的祈请性公文。（   ）

3. 请示的写作遵循"一事一请"的原则,是为了上级机关能及时处理、批复,提高办文的效率。（   ）

4. 《关于请求减征××塑料包装有限公司企业所得税的请示》。（   ）

5. 请示的内容集中、单一,一文一事,其结构也比较固定;而报告涉及的内容较为广泛,结构也比较灵活。（   ）

6. 请示的写作中,请示缘由要充分有力,以引起重视和关切,促使请示事宜及时解决。（   ）

7. 只有在必要时才用请示行文,不得事事请示,上交矛盾。（   ）

8. 《关于扩建油库的请示报告》。（   ）

二、单选题

1. "请示"可以直接交给领导者个人的是（   ）。

A. 领导者直接交办的事项　　B. 与领导者直接相关的事项

C. 重要文件　　　　　　　　D. 机密文件

2. "接受请示的机关应对请示事项表明是否批准的态度或予以明确的指示"这句话,反映了请示具有（   ）。

A. 被动性

B. 针对性

C. 期复性

D. 强制约束作用,要求下级机关必须遵守与执行

3. 请示是下级向所属上级请求指示、批准事项的（   ）。

A. 指挥性文书　　　　　　　B. 报请性文书

C. 记录性文书　　　　　D. 告知性文书

4. 请示的正文一般由请示缘由、请示事项和（　　）三部分组成。

A. 请示要求　　　　　　B. 目的

C. 意见　　　　　　　　D. 计划

5. 无论请示的事项多么重要，时间要求多么紧急，请示的主送机关一般应该是（　　）。

A. 多个　　　　　　　　B. 一个

C. 两个　　　　　　　　D. 视情况而定

6. 请示与报告的根本性区别是（　　）。

A. 行文目的不同　　　　B. 行文方式不同

C. 行文时机不同　　　　D. 报送制度不同

三、多选题

1. 请示的行文规则是（　　）。

A. 事前行文　　　　　　B. 一文一事

C. 一个主送　　　　　　D. 一般不得越级

2. 请示的主送对象可以是（　　）。

A. 有商洽必要的同级机关　　B. 需请求其批准的不相隶属机关

C. 直属的上级领导机关　　　D. 上级业务主管部门

3. 下列有关请示的主送机关，正确的说法是（　　）。

A. 受双重领导的机关在报送时应将这些领导机关都作为主送单位

B. 请示一般不得报送到领导者个人

C. 请示根据内容需要，有时也抄送到下级机关

D. 请示应按机关的隶属关系，逐级报送，一般情况下不能越级报送

4. 下列对"报告"与"请示"文种表述准确的是（　　）。

A. 报告中不能夹带请示事项

B. 请示发出后会得到上级回应，报告发出后不一定得到上级表态

C. 报告有时一文多事，请示只能一文一事

D. 报告、请示都须定期上报

5. 请示公文的结语虽是惯用语,但不能生造,要符合逻辑。下列适合作为请示结语的有(   )。

A. 以上妥否,请予批复

B. 以上如无不妥,请予批准

C. 以上事项紧急,请速批准

D. 特此请示,请批复

6. 以下表述正确的是(   )。

A. 请示的目的是向上级机关请求指示或批准;报告的目的是向上级机关汇报工作、反映情况、答复上级机关的询问

B. 请示中可以有报告的成分,报告中可以夹带请示事项

C. 请示是请求性上行文,报告是陈述性上行文

D. 请示和报告都只能一文一事

四、指出下列两份公文的错误并改正

(一)

关于对山区中小学教师实行生活补贴的请示报告

地区教委、××县政府、王副校长:

我县地处高山、生活比较恼火,中小学教师待遇偏低,影响了教师队伍的稳定和教师工作的积极性。为解决此问题,我们已于2024年7月正式决定对我县中小学教师实行了生活补贴(小学教师每月300元,中学教师每月400元)。你们意见如何,请及时告诉我们。

另外,为推动中小学体育活动的开展,拟于每年5月初举行一次"××县中小学体育节"活动,当否,请一并批示。

××县教育局

2024年11月4日

(二)

××市生态环境局关于环保科学研究室要求更名为
生态环境研究所的请示报告

市委、市政府、李副市长:

2018年3月13日,十三届全国人大一次会议第四次全体会议表

决通过了关于国务院机构改革方案的决定,批准成立生态环境部,不再保留环境保护部。为落实会议精神,进一步加强我市生态环境科研工作,提升科研能力和水平,我局经研究,决定在原有的环保科学研究室的基础上,通过引进高层次专业人才、完善科研设施等方式扩展规模、充实科研力量,同时将环保科学研究室更名为生态环境研究所。

撤室建所后,计划引进环境科学、生态学等相关专业科研人员8名,同时购置环境监测分析、生态模拟实验等设备,经初步测算,所需经费约150万元。恳请市政府在人员编制、财政资金等方面给予支持。

以上报告如无不妥,请火速答复为盼。

××市生态环境局
2018年5月16日

五、根据下述材料,拟写一份请示,资料不足可自行补充

××省商务厅拟于2024年12月10日派厅长×××等五人到德国柏林市××商会洽谈投资事宜。此事须向省政府请示。该厅曾与对方签订过招商引资合同,最近对方又来电邀请前去洽谈。在德考察时间需10天,所需外汇由该局自行解决。

第十二节 批　　复

一、批复的适用范围

《党政机关公文处理工作条例》规定:批复"适用于答复下级机关请示事项"。上级机关针对下级机关请求指示、批准的事项,要用批复给予明确答复、阐明指示性意见。批复的写作要以下级机关的"请示"为前提。

二、批复的特点

（一）行文的被动性

批复是专门用于答复下级机关请示事项的公文,使用批复的前提是下级机关上报请示。先有上报的请示,后有下发的批复,批复属于被动行文,二者一来一往,没有请示,就没有批复。

（二）内容的针对性

批复是针对下级机关的请示而写的,请示是问,批复是答。因此,批复写作要着重解决针对性问题。下级机关请示什么事项,上级机关就批复什么事项。上级机关对下级机关请示事项无论同意与否,都必须有针对性地予以明确回答,不能答非所问。

（三）效用的权威性

批复是针对下级机关请示事项作出的答复性公文,其指示性和结论性意见具有党政工作的规定性,下级机关必须严格遵照执行,不得违背。无论下级机关对批复内容持何种态度,均须将批复作为开展工作的依据。特别是针对一些重大事项的批复,往往体现了党和国家有关方针、政策,具有权威性。因此,批复一经下发,下级机关必须无条件遵照执行。

（四）态度的明确性

批复的态度和观点必须十分明确。对于请求指示的事项,批复应给出清晰、具体的指导意见;对于请求批准的事项,上级机关须明确表示同意或不同意,表述要准确,态度要鲜明,杜绝使用模棱两可的语言,防止因表意模糊导致请示单位无所适从。在特殊情况下,可予原则性同意,并对个别问题提出保留意见或附加执行要求。

三、批复的分类

请示分为请求指示类请示和请求批准类请示。相应地,作为与请示对应的文种,根据内容性质的不同,批复可分为指示性批复和批准性批复。

(一)指示性批复

指示性批复又称阐释性批复,主要用于答复指示类请示。当面对下级机关提出的难以解决的政策问题、尚无明文规定的实际疑难情况,或对现行政策、法律、法规的理解存在不明确之处时,上级机关通过此类批复作出具体解释或答复。此外,指示性批复还会针对请示事项的落实、执行,围绕该事项的重要意义、要点及落实措施等方面提出明确的指示性意见,从而对下级机关开展相关工作起到切实有效的指导作用。(见例文 2.12.1)

[例文 2.12.1] 指示性批复

国务院关于《重庆市国土空间总体规划 (2021—2035 年)》的批复

国函〔2024〕32 号

重庆市人民政府、自然资源部:

你们关于报请批准《重庆市国土空间总体规划(2021—2035 年)》的请示收悉。现批复如下:

一、原则同意自然资源部审查通过的《重庆市国土空间总体规划(2021—2035 年)》(以下简称《规划》)。(略)

二、筑牢安全发展的空间基础。(略)

三、构建支撑新发展格局的国土空间体系。(略)

四、系统优化国土空间开发保护格局。(略)

五、维护规划严肃性权威性。(略)

六、做好规划实施保障。……《规划》实施中的重大事项要及时请示报告。

国务院

2024 年 2 月 21 日

(二) 批准性批复

批准性批复又称表态性批复,用于答复请求批准的请示,主要针对下级机关请求批准的事项作出认可或否决,常见于机构设置、人事安排、项目设立、资金划拨等审批场景。这类批复具有明确的表态性和程序性,是上级机关对请示事项予以同意或不同意的正式答复。(见例文 2.12.2)

[例文 2.12.2] 批准性批复

国务院关于《长三角生态绿色一体化发展示范区国土空间总体规划(2021—2035 年)》的批复

国函〔2023〕12 号

上海市、江苏省、浙江省人民政府,自然资源部:

自然资源部《关于报请批准〈长三角生态绿色一体化发展示范区国土空间总体规划(2021—2035 年)〉的请示》(自然资发〔2023〕5 号)收悉。现批复如下:

一、原则同意《长三角生态绿色一体化发展示范区国土空间总体规划(2021—2035 年)》(以下简称《规划》),请认真组织实施。

二、《规划》是长三角生态绿色一体化发展示范区(以下简称示范区)规划、建设、治理的基本依据,要纳入国土空间规划"一张图"并严格执行,强化底线约束。到 2035 年,示范区耕地保有量不低于 76.60 万亩,其中永久基本农田不低于 66.54 万亩;生态保护红线不低于 143.32 平方公里;城镇开发边界面积控制在 647.6 平方公里以内;示范区规划建设用地总规模控制在 803.6 平方公里以内,其中先行启动区规划建设用地总规模控制在 164.7 平方公里以内。

三、《规划》实施要以习近平新时代中国特色社会主义思想为指导,全面贯彻落实党的二十大精神,扎实推进中国式现代化,完整、准确、全面贯彻新发展理念,着力推动高质量发展,坚持以人民为中心,统筹发展和安全,促进人与自然和谐共生;以生态优先、绿色发展为导向,立足区域资源禀赋和江南水乡特色,保护传承文化与自然价值,促进形成多中心、网络化、集约型、开放式、绿色化的区域一体空间布局;以国土空间规划"一张图"为依托,统筹各类专项规划,完善区域一体化空间治理机制;重点围绕基础设施互联互通、公共服务共建共享、生态环境共治共保,实现绿色经济、高品质生活、可持续发展有机统一,在长江三角洲区域一体化发展中更好发挥示范引领作用。

四、上海市、江苏省、浙江省人民政府要加强组织领导,明确责任分工,健全工作机制,完善政策措施,在《规划》的指导下,高水平推进示范区建设。要严守《规划》确定的"三区三线"等国土空间管控底线,聚焦生态绿色一体化,把生态保护好,不搞大开发,切实提高土地节约集约利用水平,防止扩大建设用地规模,严格控制开发强度,严禁随意撤并村庄搞大社区、违背农民意愿大拆大建,严禁违规兴建政府性楼堂馆所。

五、自然资源部要会同有关方面根据职责分工,密切协调配合,加强指导、监督和评估,加快建立《规划》实施的全生命周期管理制度,确保守住《规划》目标,坚决维护《规划》严肃性和权威性。《规划》实施中的重大事项要及时请示报告。

国务院
2023年2月4日

四、批复的结构及写法

批复由标题、主送机关、正文、落款几部分组成。

(一) 标题

批复的标题通常有三种写法。一是常见的三要素式标题,由发文机关、事由、文种组成。在事由中通常将下级机关请示的问题写进去,如《中共中央 国务院关于对〈河北雄安新区规划纲要〉的批复》。二是由发文机关、表态词、请示事项、文种组成,如《河北省人民政府关于同意设立河北雄安高新技术产业开发区的批复》。对于下级请示事项予以同意的批复,可在标题中直接使用"同意"字样;而对于不予批准的请示事项,批复的标题应采用中性表述,不宜采用"不同意"之类的否定性文字,否定意见应在正文中明确表述。三是由发文机关、事由、收文机关、文种组成,在发文机关后也可加上表态词,旨在突出所针对的请示事项和单位,如《省政府关于同意将盐城市列为江苏省历史文化名城的批复》。

（二）主送机关

批复的主送机关一般只有一个,那就是发出请示的下级机关。如果所请示问题有普遍性或需告知其他机关,可采用抄送等形式。

（三）正文

批复的正文一般由批复引据、批复事项、结语三部分组成。

1. 批复引据

批复引据作为正文起首语,是批复行文的起因或依据,主要用于说明批复所针对的来文。引据写法较为固定,通常需要完整写明下级机关请示的标题及发文字号,如"你单位《关于××事项的请示》（××〔2024〕×号）收悉。经研究,现批复如下"。

2. 批复事项

指示性批复和批准性批复此部分写法不同。

指示性批复,针对请示事项给予具体明确的答复,请示什么问题就答复什么问题,答复要具体、准确。在篇幅较短、内容较简单时,常采用篇段合一的形式,使答复简洁明了;若涉及问题复杂,则采用分条列项的方式,逐条详细阐释政策依据、处理办法和执行要求等,确保下级机关能够清晰理解并有效执行。

批准性批复,首先要对来文表明态度。同意请示事项的批复,通常以"同意"作为肯定性答复,随后再逐一引述请示中的具体事项,对其合理性与可行性进行确认。同时,根据实际情况还可以作出相关的指示,提出实施办法、注意事项或补充意见。不过,若请示事项清晰明确、执行流程成熟规范,此类批复也可仅简明扼要地表明肯定意见,无须额外指示,体现"行文简洁、务实高效"的原则。

基本同意请示事项的批复,通常采用"基本同意"或"原则同意"作为表态用语,还须写明修正意见和补充处理办法。不同意请示事项的批复,须使用明确的否定性表态用语,首句以"不同意"直接表明态度,然后须具体说明否定理由,有理有据地指出下级机关请示中存在的问题,亦可提供其他可行的解决办法或思路。

3. 结语

批复结语通常使用惯用语"特此批复""此复",单独成段。如果开头已用"现批复如下"等承上启下的表述,可在阐述完批复事项后自然结束公文,省略结语。此外,部分批复结语不使用惯用语,而是以简要的执行要求收尾。

（四）落款

在批复正文之后,应署上发文机关的名称和成文日期,成文日期须用阿拉伯数字完整标注年、月、日。

五、批复的写作要求

（一）行文要有针对性

下级机关请示什么事项,上级机关就批复什么事项。基于请示"一文一事"的要求,批复也应坚持"一事一批"的原则,确保针对性:请示要求解决什么问题,批复必须就该问题进行答复,上下行文精准呼应。

（二）观点要明确

无论是批准性批复还是指示性批复,上级机关都应态度明朗、观点明确,直截了当地表明意见,避免模棱两可,以免下级无所适从。

（三）要及时批复

批复是因下级机关的请示而行文,下级机关向上级机关行文请示,通常表明请示事项具有一定的重要性和时效性,需要上级机关的指示与支持。因此,上级机关应及时作出批复,避免因延误导致工作推进受阻,甚至可能引发不良后果。

(四) 行文要言简意赅

批复的行文要做到言简意赅、庄重周严,措辞须严密准确,避免使用表意模糊或含义不清的词语,以充分彰显批复的权威性。

(五) 注意与复函的区别

批复是答复请示的主要方式,但并非唯一方式,不是所有的请示都要用批复来答复。以下情形,可用复函替代批复:当下级机关的请示属于一般业务问题时;当上级机关的办公部门进行答复时;当上级机关授权业务部门进行答复时。需要注意的是,使用复函答复请示,必须事先经过请示的收文机关批准方可行文,而且必须把经过批准或授权的情况写进复函的正文中作为依据。

练习题

一、单选题

1. 批复不具有以下哪一特点(　　)。

　　A. 法定的权威性与执行性　　　B. 周知性

　　C. 被动性　　　　　　　　　　D. 针对性

2. 批复中的表态和指示性意见具有(　　),下级机关必须服从和执行。

　　A. 明确的指导性　　　　　　　B. 行文的被动性

　　C. 鲜明的针对性　　　　　　　D. 法定的权威性

3. 批复的使用是针对(　　)文种。

　　A. 意见　　　　　　　　　　　B. 报告

　　C. 请示　　　　　　　　　　　D. 函

4. 下列批复引语符合规范要求的是(　　)。

　　A. 你局来文收悉

　　B. 你局上月报来的请示收悉

　　C. 你局×〔2024〕×号文《关于×××的请示》收悉

　　D. 你局《关于×××的请示》(×〔2024〕×号)收悉

5.批复这种公文具有被动性,行文要有原因和依据。其原因和依据是(　　)。

　　A.下级工作遇到了困难　　　　B.下级工作取得了成绩

　　C.下级报送了请示事项的公文　D.领导检查工作时发现了问题

6.批复按其内容性质可分为(　　)。

　　A.指示性批复和批准性批复　　B.表态性批复和指挥性批复

　　C.法规性批复和指示性批复　　D.告知性批复和法规性批复

二、多选题

1.关于批复的说法正确的有(　　)。

　　A.批复具有被动性和明确的针对性

　　B.批复标题可标明"同意"的表态词

　　C.撰写批复前必须进行充分的调查研究工作

　　D.批复是用于答复下级机关请示事项的下行文

2.下列有关说法,能用来说明批复有明确针对性的是(　　)。

　　A.批复只发给请示的单位及有关单位

　　B.批复的内容只答复请示的具体事项

　　C.批复的内容应予认真遵守与执行

　　D.批复的开头和结尾要与请示的标题、发文字号相互照应

3.批复的正文包括(　　)。

　　A.批复引据　　　　　　　　B.批复事项

　　C.批复作用　　　　　　　　D.结语

4.写批复时应注意(　　)。

　　A.一事一批　　　　　　　　B.批复要及时

　　C.态度要明确　　　　　　　D.针对性要强

5.以下作为批复的标题正确的是(　　)。

　　A.中华全国总工会关于铁路工会经费上交和留用比例的批复

　　B.××省教育厅对《××学院关于建造学生宿舍楼的请示》的批复

　　C.国务院关于同意江苏省设立无锡市××区给江苏省人民政府的批复

D. 国务院关于江苏省设立无锡市××区给江苏省人民政府的批复

6. 下列批复的开头(引语)不正确的有(　　)。

A. 你局×劳发〔2024〕31号请示已收悉

B. 你局×劳发〔2024〕31号文件收悉

C. 你局2024年6月20日《关于我市实行城镇职工基本医疗保险个人账户过渡性补助的请示》(×劳发〔2024〕31号)收悉

D. 你局关于在我市实行城镇职工基本医疗保险个人账户过渡性补助的请求已经知晓

7. 批复是答复下级请示的文件,是(　　)。

A. 被动发文　　　　　　B. 主动发文

C. 是对报告的批件　　　D. 具有权威性的文件

三、指出下列两份公文的错误并改正

(一)

关于若干问题的批复

××乡政府、县人口和计划生育委员会、电影公司:

对你乡的多次请示,一并答复如下:

一、原则批准你乡建立水果生产工贸公司,负责本乡水果的加工、销售工作。

二、今年你乡要盖礼堂一座,并准备开辟为对外营业的影剧院,有利于活跃农村生活,增加宣传阵地。基本同意你们这一要求。

三、你乡提出试行《关于违反计划生育规定处罚办法》,最好不执行,因为这个办法违反上级有关文件规定。

特此作答。

××县人民政府

2024年7月15日

(二)

关于要求拨给抢修校舍专款请示的批复

××镇教育办:

你们的请示收悉。这次强台风的破坏,使你镇校舍损失惨重,造

成许多班级无教室上课。经研究，可考虑拨专款 15 万元以内给你镇抢修教室，不足部分请自筹解决。

此复。

××县教育局
2024 年 7 月 3 日

四、根据以下请示，以××市人民政府的名义制发一份批复

××县人民政府关于将××山林场划转建设植物园的请示

×府〔2024〕40 号

××市人民政府：

  为了广泛收集植物品种，宣传普及植物科学知识，开辟植物浏览区，进一步提高我县园林绿化水平，根据来自绿化先进地区的植物学专家张三等人的建议，我县拟建一定规模的植物园。本着不占用农田，投资少、见效快的原则，我县认为××山林场具有地处远郊、面积较大、土质肥沃、水源较好、交通方便等多种有利条件。为此，我县拟将××山林场由农业农村局划给园林局管理，用于建设××县植物园。

  妥否，请批示。

××县人民政府
2024 年 9 月 2 日

第十三节　议　　案

一、议案的适用范围

  《党政机关公文处理工作条例》规定，议案"适用于各级人民政府按照法律程序向同级人民代表大会或者人民代表大会常务委员会提请审议事项"。议案是各级政府使用较为频繁的一种公文文种，其内容范围极广，涉及国民经济和社会发展计划、财政预算决算，以及政治、科技、卫生、文化、教育、体育等领域。按法律规定，上述重大事项须向同级人民代表大会或人民代表大会常务委员会提请审议,并列入大会议程,进行讨论、审议和决策。议案作为提交给国家立法机关或权力机关的议事原案,经审查通过后,具有较强的法律效力。

二、议案的特点

(一) 法定的主体

作为行政公文的议案,适用于各级人民政府按照法定程序向同级人民代表大会或其常务委员会提请审议事项;作为会议公文的议案,虽在使用场景上存在一定拓展,但仍主要限定于人大会议、政协会议等法定会议,须遵循特定的主体资格和程序要求,并非泛用于所有会议。《中华人民共和国宪法》第七十二条规定,"全国人民代表大会代表和全国人民代表大会常务委员会组成人员,有权依照法律规定的程序分别提出属于全国人民代表大会和全国人民代表大会常务委员会职权范围内的议案"。《中华人民共和国全国人民代表大会组织法》第十六条规定,"全国人民代表大会主席团,全国人民代表大会常务委员会,全国人民代表大会各专门委员会,国务院,中央军事委员会,国家监察委员会,最高人民法院,最高人民检察院,可以向全国人民代表大会提出属于全国人民代表大会职权范围内的议案";第十七条规定,"一个代表团或者三十名以上的代表联名,可以向全国人民代表大会提出属于全国人民代表大会职权范围内的议案"。《中华人民共和国地方各级人民代表大会和地方各级人民政府组织法》第二十二条规定:"地方各级人民代表大会举行会议的时候,主席团、常务委员会、各专门委员会、本级人民政府,可以向本级人民代表大会提出属于本级人民代表大会职权范围内的议案";"县级以上的地方各级人民代表大会代表十人以上联名,乡、民族乡、镇的人民代表大会代表五人以上联名,可以向本级人民代表大会提出属于本级人民代表大会职权范围内的议案"。

议案不适用于中国共产党系统的各级机关。根据相关规定,议案的提出主体具有严格限定性,仅为少数法定机构。党团组织、社会团体、政府各部门、企事业单位等均不属于法定的议案提出主体,无权提出议案。

（二）法定的程序

议案的提出、审议、批准、实施等环节必须严格按照法定的程序进行,这是议案与其他公文文种的显著区别。《中华人民共和国全国人民代表大会议事规则》规定:"主席团,全国人民代表大会常务委员会,全国人民代表大会各专门委员会,国务院,中央军事委员会,国家监察委员会,最高人民法院,最高人民检察院,可以向全国人民代表大会提出属于全国人民代表大会职权范围内的议案,由主席团决定列入会议议程";"列入会议议程的议案,提案人应当向会议提出关于议案的说明。议案由各代表团进行审议,主席团可以并交有关的专门委员会进行审议、提出报告,由主席团审议决定提请大会全体会议表决"。

（三）内容的特定性

《中华人民共和国宪法》和有关组织法对人大及其常委会的职权作了明确的规定。议案内容必须符合《中华人民共和国地方各级人民代表大会和地方各级人民政府组织法》第二十二条的规定;向人民代表大会提出的审议决定的议案,必须是属于本级人民代表大会及其常委会职权范围内的事项,即要围绕立法、监督、人事任免和重大事项的决定等职权来提出议案。议案不是普通的行文,必须遵循"一案一事"的原则,一个议案中杜绝涉及两种及以上的不同事项。

（四）议案提交的时限性

议案的提交具有严格的时限要求。根据规定,议案须在大会主席团宣布或确定的截止时间前,提交至大会审查委员会。经审查符合要求的议案,将被列入大会议程。具体截止时间由大会主席团依据会议议程安排确定。若超出规定时限提交议案,大会审查委员会将不再受理,该议案也无法进入大会议程,自动失去提请审议的效力。

（五）行文对象的定向性

议案的行文对象具有显著的定向性特征。依据法律规定,仅有特定机关可以按照法定程序向同级人民代表大会或其常务委员会提交议案。这意味着议案的行文方向固定且唯一,严禁向其他任何部门或单位行文。

三、议案的分类

根据议案的内容性质,可以将议案分为以下三类。

（一）立法议案

立法议案主要适用于提请审议法律、法规等。这类议案主要在两种情形下使用:一是有关机构制定了某项法律或法规之后需要提请人大审议通过;二是建议、请求制定某项法律法规。(见例文2.13.1)

[例文2.13.1]　立法议案

北京市人民政府
关于提请审议《北京中轴线文化遗产
保护条例(草案)》的议案

京政函〔2020〕204号

北京市人民代表大会常务委员会:

　　为了加强北京中轴线文化遗产保护,促进我市历史文脉传承和可持续发展,推动全国文化中心建设,根据《中华人民共和国文物保护法》《历史文化名城名镇名村保护条例》等法律、法规的规定,结合本市实际情况,我们起草了《北京中轴线文化遗产保护条例(草案)》,请予审议。

北京市人民政府
2020年12月23日

（二）任免议案

任免议案主要适用于人民政府向同级人民代表大会提请任命、免去或撤销行政机关工作人员职务的情形。此外,国家驻外机构的主要负责人的职务任免及工作安排事项,也适用于这类议案。(见例文2.13.2)

[例文 2.13.2] 任免议案

××市人民政府关于提请审议××同志任职的议案

××函〔2024〕×号

××市人大常委会：

根据《中华人民共和国地方各级人民代表大会和地方各级人民政府组织法》和《××市各级人民代表大会常务委员会人事任免工作条例》的有关规定，经 2024 年 5 月 9 日市六届人大常委会第二十次主任会议审议，现提请任命××为××市人民政府副市长。

请予审议。

××市市长 ×××
2024 年 5 月 9 日

（三）重大事项议案

重大事项议案是指在本行政区域内，属于本级人大职权范围内、涉及国计民生的重大问题相关议案。这些重大问题涉及政治、经济、文化、教育、科技、卫生、宗教等领域的根本性事务。这类议案旨在提请人民代表大会就某个重大事项进行审议，并作出决定或决议。（见例文 2.13.3）

[例文 2.13.3] 重大事项议案

××市人民政府关于提请审议批准 ××市 2024 年新增地方政府债务限额及 市级预算调整方案的议案

××函〔2024〕×号

××市人民代表大会常务委员会：

经国务院批准，近日财政部下达本市 2024 年新增地方政府债务限额（以下简称新增限额）××亿元，其中一般债务××亿元、专项债务××亿元。为规范政府举债融资行为，强化地方政府债券资金在促投资、稳经济、补短板中的积极作用，充分发挥其成本低、期限长的优势，促进本市经济社会持续健康发展，拟足额安排使用，其中市级××亿元、区级××亿元。2024年1月，已将提前下达2024年新增限额××亿元安排情况纳入年初预算草案，并经市十六届人大第二次会议审议通过，其中市级××亿元、区级××亿元。

统筹考虑财政部下达本市2024年新增限额、重点项目债券资金需求、高风险区降低债务风险等级等因素，本次预算调整拟根据财政部下达的债券类型，安排剩余新增限额××亿元用于发行新增政府债券（一般债务××亿元、专项债务××亿元），其中市级××亿元、区级××亿元。

根据《中华人民共和国预算法》和《××市预算审查监督条例》有关规定，在执行中需要增加举借债务数额、增加预算总支出的，应当编制预算调整方案，并提请市人大常委会审查和批准。本次拟将新增地方政府债务、增加预算总支出纳入市级预算调整方案，其中：2024年市级一般公共预算总收入由××亿元调整为××亿元，总支出由××亿元调整为××亿元，收支均增加××亿元；市级政府性基金预算总收入由××亿元调整为××亿元，总支出由××亿元调整为××亿元，收支均增加××亿元。

请予审议。

××市人民政府
2024年×月×日

四、议案的结构及写法

议案由标题、主送机关、正文、落款几部分组成。

（一）标题

议案的标题由提出机关名称、审议事项和文种三要素组成，一般需要在议案事项前加上"提请审议""提请审议批准"，以使公文更加明确。例如，《国务院关于提请审议〈中华人民共和国邮政法（草案）〉的议案》。

（二）主送机关

议案的主送机关具有单一性和定向性，仅限于同级人民代表大会或其常务委员会。

（三）正文

议案的正文一般包括三个部分：案据、审议事项、结语。

1. 案据

案据是提请审议议案的依据，即提出该项议案的原因和理由，需做到理由充分、有说服力，且必须以法律法规为支撑。案据一般包括背景、原因、必要性、法律依据、现实意义和目的等。案据的详略程度可根据行文需要灵活处理，既可详写，也可略写。但是，针对重大事项的议案，应当对案据进行详细论述。

2. 审议事项

审议事项是议案的核心内容，是提请审议的具体问题以及相应的解决方案、途径。如果议案中没有具体的方案，将无法进入审议、表决和批准程序，也就不符合议案的法定要求了。若针对提请审议的事项已经制定法律法规，议案中只需明确法律法规名称，并附上法律法规完整文本；对于任免议案，必须写明任免人员姓名、拟任职务；涉及重大决策事项的议案，必须详细阐述决策内容，以供人民代表大会审议。

无论是哪一类议案，都必须清楚写明提请审议的事项，以及切实可行的落实措施和执行办法，避免出现"有问题无对策"的情况，确保议案具备可操作性和审议价值。

3. 结语

议案的结尾采用规范化表述，一般为"现提请大会审议""现提请审议""请予审议决定"等。

（四）落款

议案须由提出机关的法定行政机关首长签署，而不是加盖机关公章。具体而言，国务院提出的议案须由国务院总理签署，省级人民政府提出的议案由省长(自治区主席、直辖市市长)签署,不得由他人代签。此外,议案还须用阿拉伯数字完整标注发文日期,即正式提交议案的日期,年、月、日齐全。

五、议案写作时应注意的问题

(一)遵循一案一事的原则

基于议案内容单一性和有限性的特点,议案的写法有着严格的要求和格式规范,必须遵循一案一事的原则,即一个议案中只能围绕单一事项提出建议或意见,不得同时包含两项及以上不同内容。如果议案的内容繁杂无序,人民代表大会或其常委会将难以进行有效审议、表决和批准,直接影响议案目标的实现。

(二)议案与提案之间的差异

议案和提案虽存在一定相似性,但二者有着明显的区别,不可混为一谈。第一,适用范围不同:议案适用于各级人民代表大会或其常务委员会,而提案主要适用于各级政协会议和企业职工代表大会等。第二,法律效力不同:议案经人民代表大会或其常务委员会审议通过以后,具有法定的强制约束力和较强的法律效力;提案主要发挥建议、协商作用,其约束力和法律效力与议案相比存在明显差异。

(三)议案内容的可行性和必要性

议案通常用于提交人大会议审议重要事项,其中提出的解决方案和措施必须切实可行。议案内容一般聚焦具有全局性、政策性强的重大事项或问题。所以,在议案撰写过程中,必须严谨细致、精益求精。为保证议案质量,提出议案的机关或代表须在提交之前,开展广泛深入的调研,通过视察、走访等形式,充分听取人民群众的意见和要求,准确把握相关法律法规,切实做好政策、法律法规等相关方面的材料准备工作。只有保证议案所提及的适用事项或问题既能够反映人民群众的意愿,又具有准确性、合理性和可行性,议案才有望审议通过。

练习题

一、判断题

1. 议案与普通公文一样,适用于党政机关系统。（　　）
2. 议案的提出必须有法律依据。（　　）
3. 一个代表团或三十名以上的代表联名,可以向全国人民代表大会提出属于全国人民代表大会职权范围内的议案。（　　）
4. 社会团体有权提出议案。（　　）
5. 任免议案是指行政机关向权力机关提请任命、免去行政机关工作人员职务,请求人民代表大会审议批准的议案。（　　）
6. 国家驻外机构的主要负责人的职务任免及工作安排事项,适用于任免议案。（　　）
7. 提出议案的主体仅限于权力机关。（　　）
8. 议案只能由有议案提出权的机关和人大代表提出。（　　）
9. 议案与提案一样,既适用于各级人民代表大会及其常务委员会,又适用于政协会议。（　　）
10. 议案只能由法定机关依照程序向上一级机关提交审议。（　　）

二、单选题

1. 在议案结尾处一般写（　　）。

A. 请予审核　　　　　B. 请予批复

C. 请予审议　　　　　D. 请予复函

2. 议案的提出主体有（　　）。

A. 最高检察机关　　　B. 政协

C. 共青团　　　　　　D. 中共××市委

3. 议案根据法定程序向（　　）提请审议事项。

A. 人民代表大会

B. 人民代表大会常务委员会

C. 同级人民代表大会或其常务委员会

D. 上级机关

4. 能提出议案的是( )。

A. 县级人民政府　　　　B. 村民委员会

C. 街道办事处　　　　　D. 消费者协会

5. 议案的行文对象具有( )。

A. 定向性　　　　　　　B. 双向性

C. 不确定性　　　　　　D. 针对性

6. 议案的提出主体具有( )。

A. 法定性　　　　　　　B. 一般性

C. 不确定性　　　　　　D. 重要性

7. 议案落款由( )签署。

A. 政府机关首长　　　　B. 发文机关

C. 政府首长和发文机关　D. 办公室(厅)主任

8. 议案的内容具有( )。

A. 被动性　　　　　　　B. 可行性

C. 权威性　　　　　　　D. 指导性

三、写作题

××省人民政府拟向省人大常委会提请审议《××省电子通信条例(草案)》这一立法文件,请拟写一份议案。

第十四节　函

一、函的适用范围

《党政机关公文处理工作条例》规定,函"适用于不相隶属机关之间商洽工作、询问和答复问题、请求批准和答复审批事项"。函是平行公文,其应用范围较广,使用频率较高。

二、函的特点

(一) 精短便捷

函具有事项单一、内容简约直接、篇幅精短的特点，在商洽工作、联系有关事项时使用起来十分灵活、高效。在各类公文中，函的流转程序较为便捷。

(二) 广泛性

函的用途较为广泛，主要用于不相隶属机关之间商洽工作、询问和答复问题、请求批准和答复审批事项。此外，同级机关之间询问、答复具体事项，或向有关部门请求批准非隶属关系事项时，也适用函这一文种。函的这些应用场景充分体现了其用途的广泛性。

(三) 灵活性

函对发文机关的资格要求较为宽松，不受级别高低、单位大小的限制。党政机关、社会团体、企事业单位等，均可使用函这一文种。在行文方向上，函主要用于同级机关之间、不相隶属的机关之间的公文往来。各级机关办公厅(室)之间虽存在跨层级的函件往来，如上级机关办公厅向下级机关办公厅询问事务性事项，或下级机关办公厅向上级机关办公厅回复问题、报送材料，但此类往来本质上是基于办公厅(室)作为独立行文主体的平行沟通，并非传统意义上的上行或下行关系。相较于其他文种，函的行文关系更为灵活，但仍须遵循《党政机关公文处理工作条例》的相关规定，不得替代请示、报告等上行文种，也不可替代命令、决定、通知等下行文种。

三、函的分类

按发文目的，函可以分为去函和复函两种：去函即主动商洽工作、询问事项、告知情况等所发出的函；复函则是为回复对方所发出的函。而根据内容和用途的不同，函可以划分为以下四类。

(一) 商洽函

商洽函主要用于同级机关及不相隶属机关之间商洽工作、联系有

关事宜,具体涵盖商洽合作事宜、商调干部、安排学习活动、查询或了解有关人或事等。(见例文2.14.1)

[例文2.14.1] 商洽函
关于协助开展党员发展对象亲属政治审查工作的函
×党组函〔××〕×号

中共××委员会：

根据《中国共产党发展党员工作细则》相关规定,为切实做好党员发展对象政治审查工作,现就协助开展政治审查有关事项函商如下：

贵党委×××同志系我单位党员发展对象××同志的妻子,现需对其政治表现、遵纪守法等情况进行审查。恳请贵单位协助提供以下材料：

1. 基本情况：家庭出身、政治面貌、文化程度、现工作单位及职务。

2. 政治历史情况：有无政治历史问题,若存在相关问题,请附结论性材料。

3. 现实表现情况：有无违法违纪行为,是否参与反动、邪教组织及活动,相关结论性材料。

4. 其他需要补充说明的问题。

请贵单位于××年×月×日前,将加盖党组织公章的书面材料(含电子版)反馈至我单位。

联系人：×××

联系电话：××××-××××××××

电子邮箱：××××@××.cn

特此函商,盼复。

附件：1. 党员发展对象亲属政治审查函调回执单
2. 党员发展对象基本情况表

中共××委员会
××年×月×日

(二) 询问答复函

询问答复函是同级机关及不相隶属机关之间用于询问、答复和处理具体问题的函。此外，上级机关答复下级机关询问或主管部门对相关申请事项作出批复时，也可使用此类函件。（见例文2.14.2）

［例文2.14.2］　询问答复函

**广东省人民政府办公厅关于同意重新指定
医学鉴定医院的复函**

粤办函〔2023〕53号

省司法厅：

　　你厅《关于重新指定医学鉴定医院的请示》（粤司〔2023〕36号）收悉。省人民政府同意你厅提出的227家医院为指定医学鉴定医院（具体名单附后）。此前省人民政府指定的医学鉴定医院与本次不一致的，以本次为准。

　　附件：广东省人民政府指定的医学鉴定医院名单（227家）

省政府办公厅
2023年3月31日

（三）请求批准函

　　请求批准函是发文机关向没有上下级隶属关系的主管部门请求批准相关事项的函。在公文使用中，请求批准有两种文书可用：向具有隶属关系的上级机关请求批准，须用请示；向不相隶属的有关业务部门请求批准，则应使用请求批准函。（见例文2.14.3）

［例文2.14.3］　请求批准函

**关于商请拨付上海市浦东新区推进农作物秸秆
综合利用资金的函**

沪农委〔2023〕224号

上海市财政局：

　　根据农业农村部、财政部《关于做好2022年农业生产发展等项目实施工作的通知》(农计财发〔2022〕13号)、《财政部关于下达2022年中央农业资源及生态保护补助资金预算的通知》(财农〔2022〕35号)有关精神,市农业农村委下发了《关于下达上海市浦东新区推进农作物秸秆综合利用绩效目标的通知》(沪农委〔2023〕209号),明确了浦东新区促进农作物秸秆高效循环利用的相关任务和绩效目标。

现商请贵局审核并将农作物秸秆综合利用资金319万元拨浦东新区农业农村委员会。

此函。

上海市农业农村委员会
2023年8月8日

(四) 告知函

告知函是不相隶属机关之间用于单向告知有关工作或活动的函。(见例文2.14.4)

[例文2.14.4] 告知函

福州市科学技术局关于2023年税务机关转请鉴定的研究开发项目专家鉴定结果的函

榕科函〔2023〕×号

各县(市)区、高新区科技局:

本次报送的2023年各县(市)区税务机关转请鉴定有异议的企业研究开发项目共1643项,其中132项企业未提交鉴定申请。

按照财政部、国家税务总局、科学技术部《关于完善研究开发费用税前加计扣除政策的通知》(财税〔2015〕119号)和福建省科学技术厅、福建省财政厅、国家税务总局福建省税务局《关于福建省企业研究开发费用税前加计扣除异议项目的鉴定指导性意见》(闽科政〔2018〕15号)的有关规定,日前我局组织相关行业技术专家组成21个专家组对项目进行技术鉴定,其中通过专家鉴定的项目共1389项,鉴定不予通过的有 122 项,请你们及时将鉴定结果反馈给转请鉴定税务机关。

　　1. 通过专家鉴定的研究开发项目清单

　　2. 未通过专家鉴定的项目清单

　　3. 未提交鉴定材料的项目清单

福州市科学技术局
2023 年 11 月 15 日

四、函的结构及写法

函由标题、主送机关、正文、落款几部分组成。

（一）标题

函的标题可以按照公文的一般要求来写：发文机关+事由+文种。如果是去函,标题中文种只写"函"；如果是复函,则可写明"复函"。例如,《广东省物价局关于停车场收费管理有关问题的复函》。

（二）主送机关

函必须标明主送机关。函的主送机关应写全称或规范化简称,一般不写单位或部门领导人。如是去函,其主送机关可以是一个,也可能是多个。如是复函,其主送机关就是来函的单位。

（三）正文

函的正文一般由发函缘由、事项、结语等部分组成。

1. 发函缘由

发函缘由指制文的依据、理由与背景,即阐述发函的必要性。例如,请求批准函开头部分需说明请求批准的原因,商洽函开头部分则应阐明提出商洽问题的背景。复函的缘由部分,一般先引述来文的标题、发文字号,然后再交代复函根据,以明确发文的目的。常用表述有"你单位××年×月×日来文收悉"或"你单位《关于××的函》（××〔202×〕×号）已收悉"。在简要概括发函的目的、根据、原因等内容后,一般用"现将有关问题说明如下"或"现将有关事项函复如下"等过渡语,自然转入下文。

2. 事项

事项是函的核心内容，主要用于说明致函的具体事务。函的事项部分内容单一，一函一事，行文须直陈其事。无论是商洽工作、询问答复，还是请求批准，均应使用简洁规范的语言清晰表达去函意图，或是传递信息、请求协助、提出询问、请求批准等，写作上一定要具体清楚、表意明确。如果是复函，还要注意答复事项的针对性和明确性。

3. 结语

结语一般要用礼貌性语言向对方提出希望，或请求协助解决问题，或要求及时回复，或恳请提出意见，或申请主管部门批准等。应根据函件性质（函询、函商、函告或函复），选择不同的结语。例如，函询类常用"特此函询""以上问题，盼复""可否，请速函复"；函商类常用"特此函商""妥否，请函复"；函告类常用"特此函达""特此函告"；函复类常用"特此函复""专此回复"等。在实际应用中，部分内容明确、无须对方回应的函件，也可省略结语。

（四）落款

无论是去函还是复函，均须在正文之后署上发文机关名称和成文日期。其中，成文日期应用阿拉伯数字完整标注年、月、日。

五、函写作时应注意的问题

（一）一函一事

在写作函的过程中，要遵循一函一事的原则，避免把性质不相关的几件事放在一份函中叙述。若一份函涉及多个彼此无关的问题，不仅会导致问题的陈述与答复难以聚焦、精准，还会影响处理时效，进而对行政效率造成严重影响。

（二）行文须简洁明确，用语要把握分寸

开门见山、直陈其事是函写作的最基本要求。因其强调时效性，函的内容务必简短精练、重点突出，避免使用模糊表述或冗长叙述，确保核心事项一目了然。

无论是同级机关还是不相隶属机关间的公文往来,均应注意语气平和有理,不要倚势压人或强人所难,也不必逢迎恭维、曲意客套。至于复函,则应注意行文的针对性和答复的明确性。

(三) 函与请示、批复的区别

函与请示、批复是处理国家事务时经常使用的三种文体,准确把握三者的区别,有助于加深对函的理解,进而正确地使用该文体。

1. 函与请示的区别

在公文处理中,请示与请求批准函(简称请批函)都有请求批示或批准的意思,但二者存在明显差别:请示属于上行文,请批函属于平行文。向具有隶属关系的上级机关请求指示、批准事项时,应使用请示;而向没有隶属关系的机关请求批准有关事项时,则应使用请批函。

2. 复函与批复的区别

批复是上级机关针对有隶属关系或领导关系的下级单位所提交请示作出的答复,复函则用于回复无直接隶属关系的单位或个人提出的事项或问题。需要注意的是,办公厅(室)或业务主管部门经授权,答复下级机关的请示时,应使用复函。

练习题

一、判断题

1. 函主要是平行文。(　　)

2. 在特殊情况下,函可以用"请示"代替。(　　)

3. 请求批复的函用批复作答。(　　)

4. 既然函的撰写相对来说不像其他公文那样严格,那么函的写作不必拘泥于"一函一事"。(　　)

5. 函的语言表达非常讲究,必须礼貌、得体、尊重对方,一般不用"必须""应该""注意"等指示性语言。(　　)

6. 函应一函一事,宜短不宜长。(　　)

7. 凡是向不相隶属（无论级别高低，还是相同级别）的机关行文，一律使用函。（ ）

二、单选题

1. 下列情况不属于函使用范围的是（   ）。
   A. 不相隶属机关商洽工作
   B. 上下级之间询问和答复问题
   C. 向有关职能主管部门请求批准
   D. 答复同级机关的审批事项

2. "你单位××年×月×日来函收悉"，是（   ）的开头。
   A. 商洽性函   B. 询问性函
   C. 去函   D. 复函

3. 请求有关职能主管部门批准某事项，应用（   ）行文。
   A. 商洽函   B. 申请书
   C. 请批函   D. 请示

4. 下列关于函的判断正确的是（   ）。
   A. 机关之间使用的公文，大都可用公函来代替
   B. 函都是一方向另一方主动发出的
   C. ××市政府与另一市政府建立了经济协作关系。最近，××市政府致函另一市政府商洽办理五件不同类型的事项
   D. 函的主送机关一般只有一个，根据情况需要，也可以有多个

5. 某机关主动制发的函称作（   ）。
   A. 信函   B. 便函
   C. 去函   D. 复函

6. 向级别与本机关相同的有关主管部门请求批准某事项应使用（   ）。
   A. 请示   B. 报告
   C. 通报   D. 函

7. 答复不相隶属单位提出的有关问题或事项，用（   ）。
   A. 批复   B. 批示

C. 意见　　　　　　　　D. 函

三、多选题

1. 从公文内容看,函可分为(　　)。

   A. 商洽函　　　　　　B. 询问答复函

   C. 告知函　　　　　　D. 请求批准函

2. 下列不属于函的结束语的是(　　)。

   A. 盼复　　　　　　　B. 特此批复

   C. 以上情况当否,请批复　D. 特此函复

3. 下列事项应当使用函的是(　　)。

   A. ××县教育局行文请求县财政局增拨希望工程资金

   B. 县政府办公室行文回复邻县教育局关于教育合作事项的询问

   C. 公路局拟行文到××大学了解本单位员工进修情况

   D. 民政部同意××县撤县改市

4. 函的行文讲究(　　)。

   A. 直陈其事　　　　　B. 委婉其辞

   C. 语气平和　　　　　D. 用语坚决

5. 请求批准函的结构类似于请示,要写明(　　)。

   A. 请求的原因　　　　B. 具体请求事项

   C. 答复意见　　　　　D. 结束用语

6. 以下对于函的拟写要求,正确的是(　　)。

   A. 商洽函要体现商量、接洽的性质

   B. 商洽函要尽量多写客套语言

   C. 询问答复函要问得清楚,答得明白

   D. 询问答复函要写得留有余地

7. 以下几种机关之间,因工作需要往来公文,可以使用函的有(　　)。

   A. 省财政厅与省经贸委　　B. ××大学与市劳动局

   C. 省教育厅与省人民政府　D. 县公安局与乡人民政府

8. 在函正文的结尾处,可以使用下列哪些用语(　　　)。

A. 请尽快函复为盼　　　　B. 敬请予以大力支持

C. 请即函复　　　　　　　D. 特此函告

9. 撰写函应符合以下哪些要求(　　　)。

A. 用语讲究礼节,语气尊重得体

B. 撰写函,必须使用正式公文用纸

C. 具备正式函的规范格式,结构完整,用语准确

D. 尊称与致意性的词语应经常使用

10. 以下哪些语句往往用于函结尾处以表示尊重对方(　　　)。

A. 不知贵方意见如何,请函告

B. 特此批复

C. 请予以接洽是荷

D. 请参照以上意见办理,不得有误

四、指出下列公文的错误并改正

关于联系教师进修的函

××大学教务处:

　　首先让我们以××市公关学校的名义,向贵处表示衷心的感谢,过去对我校办学给予了很大的帮助。目前我校又面临一个很难解决的问题。

　　原来事情是这样的:我校开办不久,师资力量很差,决定派年轻教师张三到贵校旁听进修一年。我校与有关部门多次商量,但张三进修期间的住宿问题,至今也没有得到解决。提高教学质量的关键是师资。为提高我校教育质量,恳请贵处设法在贵校给张三解决住宿问题。但不知贵处是否有什么困难。如果需要我校给贵处办什么事情,请尽管提出,我校会竭力去办。再说一句,贵处如能解决我校进修教师住宿问题,我们将以我校领导的名义向贵校领导表示深深的谢意。

××市公关学校

××年×月×日

五、请根据以下材料拟写一份函①

A 建筑公司因业务发展需要，拟从 B 大学挑选 5 名应届毕业生充实管理队伍。请以该公司名义，拟一份致 B 大学商洽此事的函，具体内容（如对毕业生的要求、办理办法等）可展开合理想象。

第十五节　纪　　要

一、纪要的适用范围

《党政机关公文处理工作条例》规定：纪要适用于"记载会议主要情况和议定事项"。纪要，又称会议纪要，"纪"意为记录，"要"就是要点，合起来就是记录要点之意。纪要是在归纳、整理会议记录及其他相关会议材料的基础上，按照会议的宗旨和要求，针对会议讨论研究的工作事项和问题综合整理而形成的公文。它不仅可以反映会议的基本情况、主要精神和中心内容，还可以用于解决实际问题、统一协调各方步调，要求与会单位共同遵守、执行，同时也能向上级机关汇报会议情况。

二、纪要的特点

（一）纪实性

会议纪要必须是会议宗旨、基本精神和所议定事项的概要纪实，不能随意增减和更改内容，任何不真实的材料都不得写进会议纪要。如果材料失真，将会给贯彻执行会议精神造成困难，并影响纪要的效力。纪要的纪实性特点使得它具有凭证作用和资料文献价值。

（二）概括性

纪要是对会议主要内容和精神的高度概括。撰文者要善于分析、综合会议讨论的各种意见，按照一定的逻辑顺序编排要点，提纲挈领

---

① 除了参考答案，本题还附有 AI 答题的答案和对该答案的点评。

地反映会议的基本精神和主要成果,提炼其精髓。

（三）指导性

纪要内容包括对某些重要问题进行讨论后形成的一致看法和解决问题的方案,是针对某些重大事项所作出的政策规定和提出的原则意见,与会单位和相关部门要以此为依据展开工作,落实会议的议定事项。

三、纪要的分类

按照会议的形式,纪要可以分为以下三类。

（一）办公例会纪要

办公例会是党政机关召开的办公会议和例行会议,目的是研究处理日常行政事务,常常有固定的时间和出席人。根据会议研究决定的问题形成的书面材料就是办公例会纪要。例如,《××公司××年第×次办公例会纪要》。

（二）专门工作会议纪要

专门工作会议纪要是在召开专门性工作会议后形成的会议材料。这类会议旨在总结过去一段时间的工作,分析当前形势,并研究提出今后一段时期的工作方向、原则、目标以及相关步骤和措施;或是在研究重大理论和实际问题时,汇总共同研讨形成的意见、办法。通过对会议内容的整理归纳,最终形成书面材料。例如,《道路交通安全专题形势分析会议纪要》。

（三）座谈会会议纪要

座谈会是根据实际需要为专门研究解决某一重要问题而临时决定召开的会议。座谈会会议纪要就是将讨论的问题经概括和整理所形成的书面材料,它如实反映会议的主要内容和精神,对相关工作具有重要的参考价值,在一定领域内具有权威性和影响力。例如,《全国文物拍卖管理工作座谈会会议纪要》。

四、纪要与相关文种辨析

纪要是会议的产物,它与会议记录、会议决议、会议简报和会议公报有着某些联系,但又有明显的不同。

(一)纪要与会议记录

纪要与会议记录虽然都是会议的产物,都能反映会议情况,具有存查的作用,但二者存在明显区别,见表2-4。

表2-4 纪要与会议记录的区别

区别	文种	
	纪要	会议记录
文种性质	法定公文	事务性文书
形成过程	在会议记录基础上提炼、归纳,须经主持人或领导审核签发,形成正式文件	现场实时记录,未经加工,通常是逐项记载,无须审核签发
内容详略	简明扼要,聚焦结论、决议、任务分工等核心内容,省略讨论细节	详细完整,有闻必录
格式	固定公文格式,分条列项,逻辑清晰	无严格格式要求,可采用表格、笔记等形式
意义作用	用于传达会议精神、落实工作任务,是执行和督查的依据;存档备查	作为会议原始凭证,供内部查阅或后续整理纪要时参考;一般不对外公开

(二)纪要与会议决议

会议纪要是会议过程的"总结报告",侧重全面性;会议决议是会议决策的"法律文件",侧重权威性。二者的具体区别见表2-5。

表2-5 纪要与会议决议的区别

区别	文种	
	纪要	会议决议
适用范围	记载各种类型的会议主要情况和议定事项	通常适用于重要的、正式的会议讨论通过的重大决策事项

(续表)

区别	文种	
	纪要	会议决议
所涉事项	涵盖会议讨论的各种事项，内容较为广泛	主要涉及会议对重大事项作出的决策，通常是经过充分讨论和审议后达成一致意见的关键事项
成文依据	基于会议记录整理提炼，须参会人员或主持人确认后签发	须严格遵循组织章程或议事规则，经表决程序（如投票）通过后生效
内容特点	概括性描述，语言简洁	条款式表述，直接明确"通过""批准""否决"等结论，无讨论细节
约束力	弱	强

（三）纪要与会议简报、会议公报

纪要与会议简报、会议公报也有明显区别，见表2-6。

表2-6 纪要与会议简报、会议公报的区别

区别	文种		
	纪要	会议简报	会议公报
文种性质	法定公文	事务性文书	一般用于党和国家高层会议，也具有公文性质，多用于公布重大事项
功能	兼有反映情况、沟通信息功能，还具有指导性，可指导相关工作开展	主要用于反映会议动态、沟通情况，所载内容只具参考性	报道会议核心内容，是对重要会议情况和成果的权威发布
内容特点	记载会议主要情况和议定事项，内容相对全面，涵盖会议讨论的重要内容和决策	侧重会议过程中的动态信息、新情况、新问题等的传递，内容更具及时性和动态性	聚焦会议核心要点，是纪要的"纪要"，突出重要成果、重大决策等

（续表）

区别	文种		
	纪要	会议简报	会议公报
适用范围	适用于各类会议，对会议内容进行总结记录并传达相关精神	适用于各类会议，用于内部交流会议信息	仅适用于党和国家的高层会议，向社会或特定范围公布会议重要信息

五、纪要的结构及写法

纪要的基本结构包括标题、正文两部分。

（一）标题

纪要的标题与一般公文略有不同。会议纪要主要是以会议名义制发，而不是以机关名义，其标题一般有两种形式。第一种是通常情况下使用的纪要标题，由会议名称加文种构成，如《全国农村工作会议纪要》。第二种是正、副标题式，这是一种借鉴新闻写作的标题形式，旨在突出重点、吸引读者。其中，正标题揭示会议核心精神，副标题由会议名称和文种组成，如《学习党的二十大精神 奋力开创工作新局面——××市政府第×次市长办公会议纪要》，此类标题常用于在报刊等媒体上发表的会议纪要。

（二）正文

纪要的正文通常按规范的结构布局，一般分为三部分：会议概况、会议事项和结尾。

1. 会议概况

会议概况主要包括会议召开的根据、目的、时间、地点、名称、主持人、与会人员、基本议程。这是对会议基本情况的介绍，要写得简明概括，详略得当。这部分表达完毕后，可用"会议纪要如下"或"会议确定了如下事项"作为过渡，自然转到下一部分。

2. 会议事项

这是纪要的核心部分。常务会、办公会、日常工作例会的纪要,一般包括会议讨论内容、议定事项,还可简要概述议定事项的意义等。工作会议、专业会议和座谈会的纪要,往往还要总结经验和做法,并阐述今后工作的意见、措施和要求。根据会议的性质、规模、议题等方面的差异,具体写作大致可以采用以下几种方法。(1)按孤立问题的先后顺序,一个问题接一个问题地去写。这种写法适用于内容相对简单的通知型会议纪要,以问题为单元依次排列,清晰阐述会议对每个问题的研究情况及对该问题作出的决策。(2)集中概述法,即把会议中心议题所涉及的问题和意见,按内容分类加以归纳,进行整体的阐述和说明。座谈会、讨论会等类型的会议纪要,通常采用这种写法。(3)按会议所研究和决定的内容分几个部分来写,一般包括对过去工作的总结、对当前形势的分析、对未来工作提出的总体要求,以及为达成该要求所制定的具体措施。

3. 结尾

纪要的结尾一般有三种写法。一是提出希望、号召,要求有关单位认真贯彻会议精神,努力完成上级提出的各项任务。二是根据会议内容和纪要要求,对贯彻落实会议精神的关键问题予以强调,或对会议作出评价,或交代会议的有关事项,或对为会议的召开作出贡献的单位和个人表示感谢。三是不另写结尾,正文的主体部分结束就是全文的结尾。

与其他公文不同,纪要须标注出席人员名单,一般用3号黑体字,在正文或附件说明下空一行左空二字编排"出席"二字,后标全角冒号,冒号后用3号仿宋体字标注出席人单位、姓名,回行时与冒号后的首字对齐。如有请假和列席人员,除依次另起一行并将"出席"二字改为"请假"或"列席"外,其名单的编排方法同出席人员名单。(见例文 2.15.1)

[例文2.15.1] 会议纪要

工 作 会 议 纪 要

英德市发展和改革局　　　　　　　　　　　2020年10月29日

英德市发展和改革局关于进一步清理规范转供电环节加价问题工作会议纪要

2020年10月29日上午，市清理规范转供电环节加价工作领导小组在英德供电局三楼会议室召开进一步清理规范转供电环节加价问题工作推进会议。现将会议内容纪要如下：

会议听取了市发改局、市市场监管局、英德供电局对前阶段各自分工负责的清理规范转供电环节加价问题相关工作情况汇报，并对下阶段清理工作进行了讨论研究。

会议认为，虽然我市清理规范转供电环节加价工作取得了阶段性成效，但目前还有部分转供电主体未按要求完成整改工作。我们要进一步提高政治站位，增强使命担当，强化组织领导，加强价格政策宣传，加大清理整改力度，确保政策红利及时传导到位。

会议要求，英德供电局要继续认真清查梳理转供电主体，按照"能改即改 应改尽改"的原则，对具备直供电改造条件的转供电项目简化手续，优化程序，主动服务，尽快实现直接供电，并按照目录销售电价结算，同时要督促、指导各转供电主体按照国家和省出台的工商业电价降价和优惠政策，认真开展收取电费行为的自查自纠，确保政策落地，及时足额传导降价红利。各转供电主体必须于2020年11月15日前完成自查自纠工作并将相关情况报市场监管局、发改局和供电部门。市场监管局要加强执法监管，对拒不填报的转供电主体要及时上门进行检查，对违规加价行为进行依法查处。

各有关部门要加强沟通协调，及时研究解决清理规范转供电环节加价工作中发现的问题,合力推动转供电加价问题的解决。

参会人员:市发改局××、××、××,市市场监管局××,英德供电局××、××、××。

公开方式:依申请公开

抄送:各有关单位

英德市发展和改革局价格与收费管理股　　2020年10月29日印发

六、纪要写作时应注意的问题

(一) 明确要旨,重点突出

一次工作会议涉及的问题很多,因此在撰写会议纪要时,必须明确会议宗旨,准确反映会议精神实质,不能既想"抱西瓜"又想"捡芝麻"。

(二) 材料真实,简洁有效

纪要必须如实反映会议实际内容,既不能随心所欲地增减或更改,也不能"添枝加叶"。同时,纪要是对会议材料的概括、综合和提炼,必须按照会议精神和领导意图对材料进行筛选和精心安排,以达到简洁有效的表达效果。

(三) 条理明晰,语言恰当

条理性、理论性是纪要的显著特点,也是纪要与会议记录的主要区别之一。会议记录通常是对每个人的发言进行客观、详细的记录,而纪要则需要对会议讨论的内容进行分析、整理和整合,这一过程体现了纪要的条理性。所谓理论性,是指要对会议讨论的意见从理论层面进行概括提炼,抓住核心要点,起到提纲挈领、画龙点睛的作用。在语言表达上,要根据纪要的不同用途选择恰当的用语:上报的会议纪要应使用谦敬、陈述性的语言,如"会议讨论了以下几个问题""会议考虑"等;下发的会议纪要则应使用明确、指令性的语言,如"会议决定""会议强调""会议号召"等。

练习题

一、判断题

1. 撰写纪要可以根据工作需要做各种调查,广泛选取材料。(   )

2. 会议纪要就是会议记录。(   )

3. 会议纪要的精髓在于"要",不能大量直接引用或列举与会人员的原始发言。(   )

4. 平行文包括"函"和"会议纪要"。(   )

5. 会议纪要一经下发,便对有关单位和人员产生一种指示作用和约束力。(   )

6. 会议纪要是具有纪实性和指导性的事务性文书。(   )

二、不定项选择题

1. 纪要与会议决议的不同表现在(   )。

A. 在程序上,纪要只需要征求与会者意见并经会议主持者审阅即可

B. 在内容上,纪要可以包含几个不相联系的事项

C. 纪要可以表达少数人的意见

D. 要旨明确,重点突出

2. 以下关于会议纪要的标题说法正确的是(   )。

A. 标题须写明会议名称与文种

B. 可采用双标题式

C. 标题必须包含召开时间、地点、会议名称等要素

D. 可以采用一般文章标题的形式在标题中简要明确地揭示中心思想

3. 纪要正文的开头部分,应写明(　　)。

A. 会议内容　　　　　　B. 会议概况

C. 会议议定事项　　　　D. 会议主要精神

4. 纪要的核心内容是(　　)。

A. 会议概况　　　　　　B. 会议事项

C. 结尾　　　　　　　　D. 会议正文

5. 以下关于会议纪要的说法正确的是(　　)。

A. 会议纪要是机关用以传达贯彻会议主要精神与议定事项,同时也据此检查会议议定事项执行情况的一种会议文件

B. 会议纪要有交流会议信息、介绍经验的作用,但没有约束执行的效用

C. 对于专题性大型会议,一般运用分项归纳叙述方法撰写会议基本情况

D. 对会议中出现的重大分歧,会议纪要中应如实加以记载

6. 在语言上,要根据纪要的不同用途恰当使用不同的用语。下列用语中,下发的会议纪要常用的是(　　)。

A. "会议认为"　　　　　B. "会议决定"

C. "会议强调"　　　　　D. "会议号召"

7. 会议纪要在开头部分要先写明会议的基本情况,包括(　　)。

A. 会议召开的根据、目的　B. 会议名称、基本议程

C. 时间、地点、与会人员　D. 会议议定事项

8. 下列各项正确反映会议纪要特点的是(　　)。

A. 纪实性　　　　　　　B. 鼓动性

C. 概括性　　　　　　　D. 指导性

9. 会议纪要区别于会议决议的方面是(　　)。

A. 行政机关只用会议纪要不用会议决议

B. 会议纪要的内容可重可轻,涉及的问题可大可小;会议决议的内容一定是原则性重大问题

C. 会议纪要可以反映会议上不同的观点或几种同时存在的意见;

而会议决议只能反映多数人通过的一致观点或意见

D. 会议纪要是把会议情况整理出要点，经机关领导人审核签发后即可定稿；而会议决议初稿写成后，必须经正式会议、按法定程序通过后才能生效

10. 以下关于纪要的说法不正确的是（　　　）。

A. 全面反映会议内容　　　B. 表现形式灵活多变

C. 行文方向不固定　　　　D. 写作快速及时

三、指出下列公文中的错误并改正

××市税务局关于市场征收工作经验交流会议的纪要

为总结农贸市场征税工作经验，部署下一阶段工作，我局于××年5月四日召开关于市场征收工作经验交流会议。××副局长对去年6月1日农贸市场实行征税以来的工作进行了回顾总结，部署了今后工作。

××副局长在总结中指出，在各级党政领导重视支持和有关部门的密切配合下，经过广大税务专管员的努力，一年来征收税款××万元，市场物价基本稳定，摊位、品种并未减少，有效贯彻了"规范管理，保障活力"的工作方针，在税收工作上取得了一些成绩：

一、运用税收经济杠杆，加强税收管理。在保护合法经营、打击和限制投机违法活动方面发挥了积极的作用，如××区税务分局第×税务所，从宣传着手，提高商贩遵纪守法的观念；从检查着手，促使商贩正确申报；从管理着手，做到足额征收。

二、初步摸索、积累了一些行之有效的征收管理办法。如××区税务分局与市场监督管理局密切配合，思想上统一认识，管理上统一步调，处理上统一行动。通过一年实践，证明这样的做法有利于加强市场征收工作。

三、在培养、锻炼新生力量方面迈出了可喜的一步。据统计，一年来拒腐蚀的事例共有289起，不少分局摸索、总结了一些培养干部的经验，××区税务分局第×税务所在大会上介绍了他们"晓之以理，导之以行，抓紧队伍"的做法，就是这些经验的代表。

××副局长还号召市场税务专管员向一年来立功受奖的同志学习，拒腐蚀，永不沾；只有筑牢思想防线，才能抵御各种利益诱惑。

最后，××副局长要求各单位进一步加强市场专管员的队伍建设，在政治思想、业务水平、工作经验上都有一个新提高，认真贯彻市委18号文件，密切与其他部门的配合，把整顿市场秩序的工作做好。

四、请根据下面提供的会议记录，撰写一份会议纪要

产学研讨论会会议记录

时间：2024年2月16日上午

主持人：毛大龙

出席人：黄立鹏、王梅珍、陈星达、陈运能、张福良、黄炜

列席人：林建萍、徐进、李克让、梁慧、朱国定、吕秀君、郑禄红、李滨、张剑锋、董珍时、夏朝丰、陆丽君、刘雪燕、任振成、冯盈之、范建波

一、院长毛大龙同志传达了全国第×次产学研工作会议精神和2024年全省教育工作要点。要求要结合上级指示精神，创造性地开展工作。

二、会议决定，王梅珍同志协助毛大龙同志主持学院行政日常工作。各单位、部门要及时向分管领导请示、汇报工作，分管领导要在职权范围内大胆工作，及时拍板。如有重要问题需要学院解决，则提交办公会议研究。

三、毛大龙同志重申了会议制度改革和加强管理问题。毛院长强调，院长办公会议是决策会议，要研究、解决学院办学过程中的重大问题。要形成例会制度，如无特殊情况，每周一上午召开，以确保及时研究问题、解决问题，提高工作效率。具体程序是，每周四前，在取得分管领导同意后，将需要解决的议题提交至办公室。会议研究决定的问题，即为学院决策，各单位、部门要认真执行，办公室负责督促检查。

毛院长就有关部门反映的教学管理中的若干具体问题，再次强调，一定要理顺工作关系，部门与部门之间、机关与分院之间、分院与分院之间一定要做好沟通、衔接工作，互相理解，互相支持。机关职能部门要注意通过努力工作来树立自己的形象。基层分院要提高工作

效率,对没有按时间控制点完成任务的要提出批评。要切实加强基础管理工作,查漏补缺,努力杜绝教学事故的发生。

四、会议决定,要进一步关心学生的生活问题。责成学生处结合教室管理等工作实际,落实好学生的勤工俭学任务安排。将教工餐厅移到二楼,一楼餐厅全部供学生使用,以解决学生就餐拥挤问题。针对校外施工单位晚上违规施工,影响学生休息问题,会议责成计划财务处立即向高教园区管委会反映,尽快妥善解决。

五、会议决定,要规范学生的技能鉴定工作。重申,学生毕业之前须取得中级以上技能证书,才能发给毕业证书。由产业园设计中心(考工站)具体组织学生的报名、培训和考核工作。

六、会议决定,要加强对外交流和学习。争取利用暑假时间,组织教工到境外考察学习。

七、针对今年的招生工作,会议决定,召开一次专题会议,统筹解决今年招生中的重大问题。

第三章 事务性公文写作

第一节 计 划

一、概述

计划是党政机关、企事业单位、社会团体或个人，为了实现一定的目标、完成一定的任务，对特定时期的工作，根据某种愿望预先作出安排时使用的一种事务性文书。计划主要用于对未来的工作任务预先拟定目标，设想步骤、方法等，做到事先心中有数。它是避免盲目性、保证各项任务顺利完成的一项重要措施。计划文书在工作中发挥着明确工作目标、指导行动方向、激励热情和斗志的积极作用。从党中央、国务院到村委会和个人，都需要制订计划。所以，在工作、学习和生活中，每个有一定文字表达能力的人都应该学会写作计划。

二、计划的分类

计划一般按性质、范围、时间来划分比较简明。按性质可分为生产计划、工作计划、科研计划、作战计划等；按范围可分为国家计划、地区计划、部门计划、个人计划等；按时间可分为五年计划、年度计划和季度计划等。

在公文写作中，规划、纲要、要点、方案、安排、设想、打算等都属于计划的范畴。这些文种在内容上均围绕未来设想，但在范围、时间、详略等方面存在差别。

计划的时间跨度差异显著,如三年计划、五年计划等长期规划,以及季度计划、月度计划等短期计划等,内容可综合可单项。其中,规划和纲要侧重三年以上的长期性、全局性战略部署,内容宏观,为发展指明方向;方案和安排都针对专项工作,方案适用于项目复杂、需详细规划各环节的情况,安排则适用于项目简单、工作步骤清晰的场景;狭义的计划多聚焦一年以内的具体任务,需要明确"做什么、怎么做"等可量化要素,通常将任务细化到时间节点与责任人;要点是计划的摘要形式,旨在突出计划的核心内容;设想和打算属于初步构想,设想时间较长、内容概括,打算时间较短、思考简略。因此,在实际应用中,可根据工作周期和内容需求选用文种:谋划三年以上的战略用规划、纲要;开展复杂专项工作用方案;处理简单专项工作用安排;明确短期内具体任务用狭义的计划;突出大型计划的核心用要点;有创新性初步构想用设想;对近期工作做简略构想用打算。

三、制订计划的基本原则

(一)明确计划的目的

在制订计划时,必须有明确的目的。以"全面建设社会主义现代化国家"这一宏伟目标为例,只有目标清晰,才能明确实现目标的具体方法和步骤,从而确保各项工作有的放矢、有序推进,最终实现制订计划的目的。

(二)开展充分的调查研究

制订计划时,需坚持科学的态度,充分了解客观条件,结合本单位或个人实际,研究国家方针政策、上级任务要求,收集资料,分析本单位或个人开展工作的具体条件,预测问题并研究解决措施,确保计划从实际出发。

坚持群众路线是制订计划的前提。要广泛听取群众意见,通过共同研究讨论,将合理建议融入计划并完善,使计划兼具科学性与可行性。

四、计划的写法

计划的内容需具体明确,清晰列出任务目标、时间节点、实施步骤等关键要素,杜绝假大空,只有这样才能确保计划具备良好的可操作性与指导性。基于这样的内容要求,在实际写作中,我们可以从计划常见的条文式、表格式、混合式等形式中进行选择,当然也可根据实际需求选用其他形式或组合。而在诸多形式中,以文字叙述为主的计划较为常见,这类计划一般包括标题、正文、落款三部分。

第一部分,标题。计划的标题由名称、时间范围和种类构成,居中排列,如《××大学××年××工作计划》。标题较长时,可设计为两行或三行。如果计划还不成熟或未经通过,则要在标题后注明"(初稿)"或"(草稿)"或"(供讨论用)"等字样。

第二部分,正文。这部分是计划的核心,要兼顾总体原则与具体要求、措施。文字叙述式计划的具体内容涵盖目的、任务、方法、步骤、组织安排、完成时间等。其中,目的和任务即明确"为什么做""做什么",表述要简洁精练;方法、步骤等属于措施部分,要写清"怎样做",需具体明确。此外,简要计划也可用表格呈现,计划项目和表格的形式应该根据需要来设计,不要把项目列得过于复杂,不利于执行,必要时可辅以文字说明。

第三部分,落款。这部分包含发文单位名称或个人姓名和日期,常位于正文结束后右下方。如果标题已体现发文单位名称,此处可省略。当计划作为文件下发时,发文单位名称处需加盖公章。

五、不同计划的特征和写作特点

(一)规划

规划是计划体系中最具宏观性与战略性的文种。从时间上说,规划的时间跨度通常在三年以上;从范围上说,多聚焦于全局性工作或涉及面较广的重要工作项目;从内容和写法上说,往往呈现出高度概括的特点,如《××市经济和社会发展十年规划》《××县工业结构调整规划》等。规划的核心作用是对全局或长远工作作出统筹部署,以便明确方向、激发干劲、鼓舞斗志。相较于其他计划类公文,规划具有方向性、战略性、指导性,因此在内容上更强调严肃性、科学性和可行性。这就要求写作者必须首先进行深入的调查和周密的测算,在掌握大量可靠资料的基础上,根据党和国家方针政策以及单位发展战略确定发展远景和总体目标,然后充分吸纳各方意见,秉持科学的态度,通过对多种方案的反复比较、研究和选择,确定各项指标和措施。

在公文处理与格式规范上,规划由于具有严肃性,通常以"指示性通知"形式转发。其格式主要由标题和正文两部分组成,一般无须落款发文单位和成文日期。规划的标题采用四要素式写法,即"发文单位名称+时间范围+内容范围+文种",如《××市国民经济和社会发展第十四个五年规划》。规划的正文一般都比较长,大致包含以下几方面内容:(1)前言。这是有关的背景材料,是制定规划的起因和缘由,是制定规划的依据所在。因此,此部分不能简单地罗列事实,而应对各类相关情况进行系统综合与深入分析,梳理出有利与不利因素,以增强后续规划目标的可信度与说服力。(2)指导方针和目标要求。这是规划的纲领和原则,是在前言的基础上提出的。要精练阐明政策方向、价值理念等方针,清晰界定规划周期内总体与阶段性目标,以鼓舞坚定的语言,展现行动热情与落实决心。(3)主要任务和措施。这是规划的主体和核心,着重解决"做什么"和"怎样做"的问题。任务应明确,措施要概括有力。这部分写作通常有两种结构:全面规划或任务项目较多的规划,由于各项任务比较独立,没有多少共同的完成措施,一般采用以任务为主线的"并列式结构"(措施都在各自的任务之后分别列出);专题规划或任务较单一的规划,由于任务项目较少且项目之间联系紧密,一般采用任务、措施分说的"分列式结构"。(4)结尾。结尾主要用于远景展望和发出号召。这部分要写得简短精悍、富有感染力与号召力。

(二)设想

设想是计划体系中最粗略的文种。设想在内容上,多为初步且不太成熟的想法;在写法上,以概括性、粗线条的勾勒为主。设想通常时间跨度较大、涉及范围较广,是对未来发展的前瞻性思考,虽不成熟但富有创新性,可为后续计划提供思路;构想同样强调范围的广泛性,但更侧重于对宏观框架或概念的构思;而思路和打算都是时间不太长、范围相对较小的初步想法,其中,思路更偏向于思考的方向与脉络,打算则更强调短期内的初步计划。作为规划、计划的前期准备,设想是一些初步的构思,由于主要用于给领导审阅或供群众讨论,在严肃性、科学性和可行性方面的要求相对宽松,只要具备基本框架即可。在提出任务或目标时,往往会附带一些简短的论述语句。与规划一样,设想强调内容的原则性和概括性,但由于设想只是初步构想,不必写得太细。

基于其超前性特点,设想的写作规范相对灵活,格式也呈现多样化。若呈报上级领导审阅,通常采用正式公文格式;若面向群众征求意见,或不以通知、报告形式转发、上报,标题与正文以简明扼要的语言阐述设想内容,重点突出征询群众意见的导向。

设想的标题形式多样:可采用"发文单位名称+时间范围+内容范围+文种"的四要素式写法;也可省略发文单位名称或时间范围,采用三要素式写法;甚至省略发文单位名称和时间范围,使用二要素式写法,如《关于学校机构改革的初步设想》。

设想的正文一般有两种写法:一是条项并列式,仅阐述目标、要求,适用于长远性设想或工作计划的最初构思;二是参照规划、计划等文种的格式结构,不过内容更为简略,常用于处于征求意见阶段的预备性计划。

(三)计划

狭义的计划是广义计划体系中范畴较为适中的一种。在时间维度上,通常以一年或半年为周期;从范围来看,多围绕一个单位的全面工作或某一项重要工作展开。狭义计划的内容和写法要比规划具体、深入,要比设想正规、细致,要比方案简明、集中,要比安排多样、概括。

由于狭义的计划多聚焦单位内部工作,执行范围相对固定,因此一般不以正式文件形式下发。为体现其严肃性,除必备的标题和正文外,常在标题下方或正文结尾处标明"××年×月×日制订"。计划标题采用四要素式写法,其中哪一个要素都不应省略。由于计划是对一个单位的全面工作或某一项重要工作的具体要求,因此写作正文时要比规划和设想具体、详细得多,一般包括以下几方面内容。(1)开头。开头或阐述依据,或概述情况,或直述目的,要写得简明扼要。(2)主体。主体是计划的核心内容,主要阐述"做什么"(任务目标)、"做到什么程度"(要求)和"怎样做"(措施办法)三项内容,既要写得全面周到,又要写得有条不紊、具体明白。针对全面工作计划,一般采用并列式结构,将任务和措施分项表述。(3)结尾。结尾可突出重点,或强调有关事项,或发出简短号召,也可根据实际情况不专设结尾,自然收束。

(四)要点

要点是计划的摘要形式,是将计划主要内容提炼整理后的呈现。以文件形式下发的计划性公文常采用要点这一文种。

要点大多是对上级机关某一项重要或大型工作计划的摘要,一般以文件形式下发,因而多用某个通知作为"文件头"。其格式较为简洁,通常仅包含标题和正文,无须落款。不过,涉及重大工作的要点,为郑重起见,往往会在标题下标明发文单位名称和制发时间。要点的标题可采用四要素式写法,也可采用三要素式写法。若采用三要素式写法,一般要在标题下标明被省略的发文单位名称。由于要点是对计划核心内容的摘录提炼,其正文通常采用概要性表述,以简明扼要的语言突出关键目标与重点工作。不必详述具体操作方法,也无须进行理论阐释,且一般不设过渡段。在结构安排上,要点多采用并列式,既可以将内容分为若干项一贯到底,也可先分几大项,再在大项下分若干小项,其中,小项既可在所属大项下单独排序,也可在全文范围内统一排序。

(五)方案

方案是计划体系中内容最为复杂的文种。当某项具体工作涉及多方面职能,需全面系统部署时,常采用方案形式。其行文结构通常包含指导思想、主要目标、工作重点、实施步骤、政策措施、具体要求等。

在公文格式方面,由于方案多用于上级对下级或跨部门间的重要工作部署,一般以带"文件头"的形式下发,因此不用专门落款,只有标题、成文日期和正文三部分内容。方案的标题有两种写法:一是三要素式写法,即由发文单位名称、计划内容和文种三部分组成,如《××大学五年发展规划总体方案》;二是二要素式写法,即省略发文单位名称,但这个发文单位名称必须在"批示性通知"(文件头)标题中体现。为体现严肃性,方案的成文日期一般不省略,标注在标题下方。

方案的正文一般有两种写法:一是常规写法,即按指导方针、主要目标、实施步骤、政策措施及工作要求固定框架展开,适用于常规性单项工作;二是变项写法,即根据实际需要增删内容,适用于特殊性工作。不管采用哪种写法,主要目标、实施步骤、政策措施这三项必不可少,实际写作时的称呼可以不同,如把"主要目标"称为"目标和任务"或"目标和对策"等,把"政策措施"称为"实施办法"或"组织措施"等。"主要目标"一般还要细分为总体目标和具体目标;"实施步骤"则包含基本阶段划分和关键步骤,关键步骤里还有重点工作项目;"政策措施"内容一般涵盖"政策保障""组织保障"和"具体措施"等。

(六)安排

安排是计划体系中最为具体细化的文种。因其针对的工作内容明确单一,若缺乏具体部署便难以达成目标,故而内容需翔实周全,确保执行方向清晰明确。

由于安排通常涉及较小范围或单位内部工作,因此有两种常见发文形式:一种是上级对下级部署工作,尽管涉及面较小,也要用带"文件头"的形式下发,此类安排仅包含标题和正文两部分内容;另一种是单位内部的工作安排,可直接下发文件,格式由标题、正文、落款三部分构成。需注意,无论何种形式,安排本身一般不标注收文单位,若确有必要,则需通过"文件头"下发,或采用"关于……安排的通知"形式发布。安排的标题可采用三要素式写法,也可省略发文单位名称,采用二要素式写法。

安排的正文通常由开头、主体和结尾三部分组成,不过部分安排也会省略结尾,随着主体内容结束,正文即告完成。安排的开头与计划开头类似,或是阐述制订依据,或是进行简明扼要的概述。主体作为正文的核心,一般涵盖任务、要求、步骤、措施四方面内容。在结构布局上,存在多种形式:可以将任务、要求、步骤、措施分项写作;也可以把任务与要求整合、步骤与措施整合分别叙述;还可以先明确总体任务,再按照时间先后顺序,逐项列出具体任务,并针对每项任务说明相应要求与措施。具体采用哪种结构,需根据工作性质与具体内容来确定。但无论何种结构,都需保证任务具体、要求明确、措施得当。

方案和安排有共同之处,即聚焦单项工作,对特定任务作出部署,这是二者区别于规划、设想、狭义的计划、要点的根本特征。但方案和安排在内容适用范围上有所区别:方案适用于上级对下级部署,或涉及面比较广的复杂工作;安排则侧重单位内部事务或涉及面较窄的工作。此外,"意见"是方案和安排更为概要的表达形式:方案常以"实施意见"命名,如《关于进一步支持大学生创新创业的实施意见》;安排多称作"安排意见",如《春节期间值班值守工作安排意见》。需要说明的是,部分机关将单位内部或涉及面窄、内容具体且操作明确的单项工作计划称作"方案",这是不合适的,此类工作用"安排"表述更为恰当;若内容偏原则性,使用"安排意见"更为合适。

六、计划写作的原则

不论写作哪种计划,都必须注意遵循以下五条原则。

第一,对上负责。要坚决贯彻执行党和国家有关方针政策和上级的指示精神,杜绝本位主义倾向。

第二,切实可行。要从实际情况出发制定目标、任务、标准,既要避免因循守旧,又要防止盲目冒进。无论是长期规划还是初步设想,都要确保目标明确、措施可行、要求可达,使计划具备切实的实践价值与可操作性。

第三,集思广益。要深入调查研究,广泛听取群众意见,博采众长,杜绝主观臆断。

第四,突出重点。要科学评估工作任务的重要程度与轻重缓急,明确核心要点,以点带面,不能"眉毛胡子一把抓"。

第五,防患于未然。要提前预判计划实施过程中可能出现的偏差与风险,制定必要的防范措施和补充方案。

下面是一篇规范的计划(见例文3.1.1)和一篇不规范的计划(见例文3.1.2)。读者可结合本节所学内容,体会二者的差异。

[例文3.1.1] 规范的计划

教育系统关于学习宣传贯彻落实《新时代爱国主义教育实施纲要》的工作方案

为推动《新时代爱国主义教育实施纲要》(以下简称《纲要》)学习宣传贯彻落实,在教育系统扎实开展深入、持久、生动的爱国主义教育,着力培养德智体美劳全面发展的社会主义建设者和接班人,特制定本方案。

一、总体要求

以习近平新时代中国特色社会主义思想为指导,紧紧围绕中国特色社会主义伟大实践、"两个一百年"奋斗目标和实现中华民族伟大复兴中国梦,深刻认识中国共产党团结带领全国各族人民进行的革命、建设、改革实践是爱国主义的伟大实践。完善立德树人体制机制,加快构建大中小学一体贯穿、循序渐进的教育体系,着力通过颂扬先进形象、打造有效载体、营造浓厚氛围、激发爱国情感、利用重要仪式、激励使命担当等途径砥砺爱国奋进。加强政府、学校、家庭、社会育人力量整体协同,教育引导广大师生从感性到理性、从自在到自为,激发爱党爱国爱社会主义的巨大热情,凝聚奋进新时代、实现民族复兴的磅礴伟力。

——坚持长短衔接,将传承民族精神与弘扬时代精神相结合。引导师生了解中华民族的悠久历史和灿烂文化,从历史中汲取营养和智慧，广泛开展党史、新中国史、改革开放史教育，将培养青年制度自信作为重要一环，引导广大师生牢记红色政权是从哪里来的、新中国是怎么建立起来的，不断增强"四个自信"。

——坚持由浅入深，将激发爱国之情与投身报国之行相结合。广泛开展理想信念教育，深化社会主义和共产主义宣传教育，深化中国特色社会主义和中国梦宣传教育，注重激发师生爱国情感，使爱国主义成为每个人心中的坚定信念和精神力量，引导师生把实现个人理想融入实现国家富强、民族振兴、人民幸福的伟大梦想之中，把爱国之情转化为报国之行。

——坚持内外联动，将挖掘校内资源与运用社会资源相结合。着力挖掘校园文化中蕴含的爱国主义教育元素和承载的丰厚道德资源，传承学校精神文脉，在爱校荣校教育中厚植师生家国情怀，让中华文化基因、传统美德观念植根于师生的思想意识和道德观念，积极统筹协调校外爱国主义教育资源，形成全社会共同推动爱国主义教育的良好氛围。

——坚持远近贯通，将久久为功与重点推进相结合。遵循教育教学规律和学生成长发展规律，坚持贯穿结合融入，研究制定中长期规划，久久为功、绵绵用力。把加强爱国主义教育作为教育系统2020年思想政治工作的主题，围绕关键节点、重点领域，细化具体方案和重点举措，推动落细落小落实，加快推进工作。

二、建立爱国主义教育工作体系

（一）在明理上下功夫，准确把握新时代爱国主义精神的丰富内涵

爱国主义是中华民族的民族心、民族魂，是中华民族最重要的精神财富，是中国人民和中华民族维护民族独立和民族尊严的强大精神动力。爱国主义的本质就是坚持爱国和爱党、爱社会主义高度统一。要深刻认识爱国主义精神实质和丰富内涵，切实加强理论研究与科学阐释，深入推进课程和教材内容体现爱国内涵，将爱国主义精神贯穿于学校教育教学全过程，成为全体师生的思想共识和自觉行动。

1. "立心铸魂"行动：加强爱国主义理论研究阐释。（略）
2. "笃志润德"行动：推动爱国主义教育进课堂、进教材。（略）

（二）在共情上下功夫，涵育爱党爱国爱社会主义的真挚情感

爱国是人世间最深层、最持久的情感。要增强主体体验，加大情感共鸣，强化师生对中国特色社会主义道路的思想认同、情感认同、理论认同，涵养积极进取、开放包容、理性平和的心态。

3. "青春告白"行动：全方位、立体式激发爱国主义情感。（略）
4. "共情共鸣"行动：多层次、全维度培育爱国主义情怀。（略）

（三）在弘文上下功夫，加强爱国主义教育的氛围营造和文化浸润

爱国主义是中国民族精神的核心，以爱国主义为核心的民族精神和以改革创新为核心的时代精神，是凝心聚力的兴国之魂、强国之魂。要坚持以文化人、以文育人，传承和弘扬中华优秀传统文化、革命文化、社会主义先进文化，充分发挥校园资源、社会资源、自然资源的育人功能，不断增强民族自尊心、自信心和自豪感。

5. "固本培元"行动：挖掘和运用校园文化爱国主义教育功能。（略）
6. "同频共振"行动：构建爱国主义文化育人共同体。（略）

（四）在力行上下功夫，推动爱国精神转化为强国报国的自觉行动

爱国要体现在行动上，要引导师生把自己的理想同祖国的理想、把自己的人生同民族的命运紧密联系在一起，扎根人民，奉献国家。要搭建实践平台，开展调研考察和咨询服务，引导师生将个人的"小我"融入到祖国的"大我"、人民的"大我"之中。

7. "激情追梦"行动：促进爱国行为养成。（略）
8. "奋斗圆梦"行动：融入国家发展大局。（略）

三、近期重点举措

（一）迅速掀起学习宣传贯彻热潮。开展全系统贯通式专题培训，将《纲要》作为有关干部培训班重要内容，对直属高校领导干部、各

类青年管理教学科研骨干、高校思想政治骨干等进行培训,依托"周末理论大讲堂"等平台对全国高校思政课教师进行培训。

(二)总结宣传推广首都教育系统国庆服务保障工作先进事迹。在深入总结首都教育系统服务保障国庆活动全国宣讲工作的基础上,汇集整理服务保障国庆活动工作中的先进事迹和典型经验并编印宣传读本,印发全体思政课教师和辅导员,进一步丰富形势政策教育资源库,使国庆活动中的精神财富转化为广大师生奋进新时代的强大动力。

(三)加大"青春告白祖国"优秀成果推广展示力度。在深入总结2019年"青春告白祖国"工作优秀成果的基础上,继续做好"小我融入大我、青春献给祖国"师生主题社会实践活动,并与有关媒体合作,制作推出专题展示节目,重点展示100个左右优秀成果。

(四)广泛开展"奋斗的我 最美的国"新时代先进人物进校园工作。在做好前期启动仪式和示范活动的基础上,会同中央宣传部、国资委、全国总工会、共青团中央、全国妇联、中国科协等部门持续做好新时代先进人物进校园工作,激励广大师生崇尚先进、学习先进、争做先进,整合社会资源服务高校育人,形成校内校外育人工作联动的长效机制。

(五)创作推送展示爱国主义网络文化作品。做好"全国大学生网络文化节"和"全国高校网络教育优秀作品推选展示活动",加大爱国主义教育、公民道德教育相关内容的网络文章、微视频、微电影等作品推选倾斜力度,积极推介体现中华文化精髓、富有爱国主义气息的网络文学、动漫、有声读物、网络游戏、手机游戏、短视频等。

(六)不断深化各类品牌活动爱国主义教育成效。继续组织好"开学第一课""我和祖国共成长""青年红色筑梦之旅""少年工匠心向党""强国一代""圆梦蒲公英""读懂中国""院士回母校""全国大中小学生艺术展演"等各级各类学生品牌活动,不断强化爱国主义教育鲜明主题,增强活动吸引力、号召力,调动学生参与的积极性、主动性。

四、组织保障

（一）加强组织领导。要强化主体责任，压紧压实意识形态工作责任制，加强宏观指导、统筹协调和督促落实。（略）

（二）提高队伍能力。要建设一支由思政课教师、宣传骨干、辅导员骨干等组成的爱国主义教育队伍，加强素质能力培训。（略）

（三）加强宣传推广。要深入挖掘报道爱国主义先进典型和优秀事迹，广泛宣传推广教育系统深入开展爱国主义教育的好经验、好做法、好成果。（略）

（四）完善评价机制。要进一步优化机制，切实完善科学评价和政策保障，形成科学合理的评价激励体系。（略）

有关落实情况，请及时报告教育部党组。

[例文 3.1.2] **不规范的计划**

外语教研室工作计划

1. 规范教学行为、备课组活动，提高现代化教育技术技能，确保英语教学工作达标。

2. 加强新课堂教学改革研究，切实开展有效教学的探索和研究。

3. 实施名师工程，充分发挥学科带头人、后备带头人及骨干教师的示范带头作用，为提高青年教师业务水平搭建平台。

4. 加强教学质量调查、检查常规工作，建立教学及教学改革评价小组，不断提高英语教学质量。

5. 观摩职业英语教育教学改革。

6. 探索课改新路，营造教研氛围。

7. 积极开展走进新课堂活动，进行以课改为主题的课堂教学实验。开发校本教材。

8. 组织英语备课组集体备课、教学设计、说课评课、教学反思等活动，并开展教材培训活动。

9. 全体教师分期分批到小学和学前幼儿园实习，以便促进教学改革。

10. 总结教学改革经验。

11. 培养良好习惯,提高学生素质。

12. 实施教学改革。

13. 教材分析。

14. 补考考卷评定和分析。

15. 毕业班论文大纲审核。

16. 全体教师互听课、互评。

17. 教学常规检查。

18. 网上观看职业教育教学改革专家授课,教学研讨并写出心得体会。

19. 多媒体教学。

20. 积极参加技能节的活动。

21. 毕业班学生毕业论文初稿修改。

22. 期末考试。

23. 评定考卷与卷面分析。

24. 教师教学工作考核。

25. 教学工作总结。

××师范大学外语教研室
2024 年 1 月 15 日

点评:这个计划缺乏目的性,没有提出计划的指导思想,即没有说明为什么要按照计划做。同时,这一计划缺乏具体措施,只是罗列了主要工作,没有具体做法,各项工作也未明确时间节点和责任人等,缺乏操作性,容易流于口头,而难以落实。此外,从格式上来说,这个计划的标题中缺少内容类别。

工作中,我们经常会看到类似的计划。这些计划之所以不规范,是因为制订者没有认真学习和掌握计划的基本写作要素,也不积极进行调查研究。这样的计划不仅不能指导我们的工作和学习,反而会给工作和学习带来困惑和混乱。由此可见,认真学习公文写作是十分必要的。

练习题

一、判断题

1. 纲要不是计划类文书。（　　）
2. 计划的目标不能留有余地,提出了就要坚决执行。（　　）
3. 计划的实质是对理想、目标的具体化。（　　）
4. 计划虽不属于法定公文范畴,但一经机关会议通过和批准,就具有正式文件的效能。在它所管辖的范围内,就具有了权威性和约束力。（　　）

二、单选题

1. 狭义的计划主体的三要素是（　　）。
   A. 任务目标、要求、措施办法　　B. 标题、正文、落款
   C. 前言、主体、结尾　　D. 时间、事由、文种
2. 全面的、长远的发展计划称作（　　）。
   A. 安排　　B. 要点
   C. 打算　　D. 规划
3. 计划类文书标题中不能省略的项目是（　　）。
   A. 发文单位名称　　B. 时间范围
   C. 内容类别　　D. 发文时间

三、写作分析题

为了促进新质生产力高质量发展,××地将"低空经济"作为推动高质量发展、培育新质生产力的重要着力点,提出打造该地区"低空经济"发展高地的新目标。下文是利用 DeepSeek 生成的《××地低空经济发展三年行动计划》初稿,请分析该文稿的优缺点。

××地低空经济发展三年行动计划（202×—202×年）

一、总体目标

围绕"产业升级、场景创新、安全监管"三位一体发展思路,力争通过三年努力,建成区域低空经济示范区,形成无人机物流、低空旅游、应急救援等特色产业集群,实现低空经济规模年均增长25%以上,带动相关产业产值突破××亿元。

二、重点任务

（一）基础设施建设工程

1. 建设"一网三平台"体系

低空通信网络：202×年实现辖区空域5G专网全覆盖。

起降平台：新建3个通用机场、50个无人机起降点。

数据平台：建成低空智能管控系统。

服务平台：打造集审批、监测、服务于一体的一站式平台。

（二）产业生态培育计划

1. 核心产业

无人机研发制造：引进3—5家整机制造企业，培育本地零部件配套链。

运营服务：发展10家以上持证运营企业。

2. 应用场景

物流配送：开通3条无人机医疗急救运输航线。

文旅体验：开发"低空观光+生态研学"特色产品。

农林作业：实现50%以上高标准农田无人机植保覆盖。

（三）政策制度创新

1. 争取空域改革试点，建立动态空域释放机制。

2. 出台《低空经济活动管理办法》地方性法规。

3. 设立专项扶持基金（首期规模××亿元）。

三、实施步骤

202×年（筑基年）：完成规划编制，启动基础设施建设，开展应用场景试点。

202×年（攻坚年）：形成2—3个成熟商业模式，建立监管体系。

202×年（提升年）：实现规模化运营，构建完整产业生态。

四、保障措施

1. 成立低空经济工作领导小组（市长/县长任组长）。

2. 组建专家咨询委员会（含民航、军方代表）。

3. 实施人才引育工程（每年培养200名专业飞手）。

4. 建立考核评估机制（纳入部门年度绩效考核）。

五、预期效益

1. 经济价值:新增就业岗位5000+,拉动GDP增长×个百分点。
2. 社会价值:提升应急响应速度30%,降低物流成本20%。
3. 示范价值:形成可复制的"××模式"。

第二节　总　　结

一、概述

总结,顾名思义,就是对某一时期的工作或是对某一项工作进行系统、全面的回顾和分析,通过肯定成绩、反思教训、提出改进办法,形成具有指导意义的文书。

总结从范围上可分为地区总结、部门总结、单位总结、个人总结,从时间上可分为年度总结、季度总结、月度总结,从性质上可分为综合性总结和专题性总结。在日常工作和学习中,学会总结经验、交流情况,对于加强工作和学习的计划性、避免盲目性具有十分积极的作用。

二、总结的特点

(一) 客观性

总结主要是对已完成工作的全面回顾、检查,这决定了总结具有客观性,即总结要尊重事实,以事实为依据。总结所选取的材料、数据都必须真实、无误,不得任意虚构,主观臆造。任何夸大、缩小事实,随意杜撰、歪曲事实的做法都会使总结丧失其应有的价值。

(二) 回顾性

计划是对未来将要开展的工作进行规划、安排,与计划不同,总结是对以往工作的回顾、反思,是对上一阶段工作的检查。所以,总结和计划相互关联,计划是总结的依据,总结则是制订下一步工作计划的重要参考。

（三）典型性

总结不是对事实的泛泛陈述，更不是工作事项的流水账记录。总结以完成工作计划为导向，对工作活动进行全面梳理和客观分析，提炼出具有普遍性和规律性的认识或结论。通过总结提炼的典型经验与深刻教训，对今后的工作具有指导意义。

（四）实证性

总结应用工作中真实、典型的材料来证明其客观性、指导性，即总结中的事实材料应与所得出的经验、教训、判断、评价相互印证，必须确保事实与结论的一致性、合理性，经得起理论和实践的检验。

三、总结的作用

总结是在工作中被广泛使用的文种，其主要作用有以下几个方面。

（一）指导未来工作

总结是对已经完成工作的回顾，需从中发现工作中的经验与不足，甚至是教训，如是否达到计划预期的工作目标，这些目标又是如何达到的。通过对已完成工作任务得失进行分析归纳，可以深入探究过去工作中的成绩与失误的原因。将总结出的经验用于指导以后的工作，有利于推动今后工作的开展，保障工作任务顺利完成，提高工作效率；而总结出的不足或教训，能帮助我们在未来的工作中避免重蹈覆辙，减少不必要的尝试，从而起到规避风险的作用。

（二）促进经验共享

总结旨在对已有工作分析评价，提炼成功经验，反思失败教训。不过，作为对某一单位或部门一定时期工作任务的梳理，总结具有针对性与局限性。正因如此，单位、部门之间通过总结可以实现经验共享、信息互通，减少工作中的盲目性，推动优秀经验的推广，增强工作的主动性，最终达到共同提高的目的。

(三) 具有史料价值

总结是对已有工作客观、真实的描述和记录,是各个单位、部门工作计划完成情况的历史记载,对单位、部门的发展规划具有查询参考的史料价值,是重要的存档文件。

四、总结的内容

由于工作情况各不相同,总结的具体内容也不同,但总的来说,总结的内容一般包括以下几个方面。

(一) 基本情况

这部分包括总结的时间范围,以及工作的背景、目标、整体完成情况等。

(二) 成果与问题

总结需要列举主要成绩、量化数据及典型案例,提炼成功经验,同时要分析工作中存在的不足、失误及原因。这是总结的核心、重点,总结的目的就是要肯定成绩,发现问题。

(三) 未来计划与改进措施

总结要基于归纳出的经验和教训,提出针对性改进方案和下一阶段目标。在此过程中,须注意发掘事物的本质及规律,使感性认识上升为理性认识,以指导未来的工作。

五、总结的格式和构成

(一) 总结的格式

总结的格式,也就是总结的结构,是组织和安排材料的表现形式,一般有以下几种。

1. 条文式

条文式也称条款式,是用序数词给每一自然段编号的文章格式。通过分条列项,总结被分为几个问题,按问题阐述工作情况和心得体会。这种格式具有灵活、一目了然的特点。

2. 两段式

两段式总结分为前后两部分：前一部分为"总"，主要写做了哪些工作，取得了什么成绩；后一部分是"结"，主要讲经验教训。这种格式具有结构简明、主旨明确的特点。

3. 贯通式

贯通式总结围绕主题，按时间顺序或工作发展进程，对各阶段情况、方法及结果进行连贯叙述，着重展现工作全貌与发展脉络。这种格式具有结构紧凑、内容连贯的特点。

4. 标题式

标题式总结将内容分成若干部分，每部分提炼出一个小标题，分别阐述。这种格式具有层次分明、重点突出的特点。

一篇总结采用何种格式来组织和安排材料，是由内容决定的；所选材料应反映事物的内在联系，服从全文中心。

（二）总结的构成

总结一般由标题、正文、落款几个部分构成。

1. 标题

标题，即总结的名称，通常包括撰文单位、时间范围和性质。

2. 正文

正文一般分为开头、主体和结尾三部分。

（1）开头。开头部分可交代总结的目的和核心内容，或介绍单位的基本情况，或简要概述所取得的成绩，或说明总结的指导思想及背景。不管以何种方式开头，都应简练，快速引出主体部分。

（2）主体。主体是总结的核心部分，需围绕工作成果、经验教训、问题分析等内容展开详细阐述。

（3）结尾。结尾需对全文进行归纳，或强调突出成绩，或指出工作中存在的问题，并就此提出未来的工作计划和努力方向。

3. 落款

除了特殊情况外，一般需要在正文结束后署上总结撰写人或部门名称,并用阿拉伯数字明确标注成文日期,年、月、日齐全。

六、总结的写法

总结的种类繁多,但写法上大多具有相似性。这里主要介绍综合性总结和专题性总结的写法,帮助大家掌握总结的写作要领,实现举一反三。

综合性总结旨在全面回顾某一时期内各项工作的整体情况,强调全面性和综合性。标题要写明单位名称、时间范围、内容范围;或者以核心观点或主题作为主标题,单位名称、时间范围、内容范围以副标题的形式呈现。正文开头简要概述总结的背景、时间范围和总体情况,主体部分按工作板块或职能部门分类阐述所开展的活动、取得的成绩、存在的问题,结尾提炼工作中的经验教训,提出下阶段的改进方向和工作计划。最后在文末注明撰文单位名称(或个人姓名)、成文日期。

专题性总结聚焦某项特定工作、活动或问题,深入剖析其成果、经验与不足,强调针对性和深入性。此类总结的写作框架和综合性总结的类似,区别在于正文主体部分要重点阐述专题工作的措施、过程和成效,深入分析成功经验或存在的问题。

此外,写好总结,撰写者需在前期对前一年或前一阶段工作进行全面了解,同时熟悉下一年或下一阶段工作任务,做好必要准备。总结时,需勤于思索、善于归纳,既要全面梳理成绩、提炼经验,也要正视失误、分析原因、主动担责,形成反思改进的工作习惯;同时立足工作实际,剖析真实案例与数据,养成调查研究的作风。这不仅有助于单位或个人复盘得失、积累经验,还能提升对工作规律的认知,为后续工作的开展打好基础。

总之,写好工作总结是非常重要的,但也存在一定难度,主要体现在两方面:一是难以确定对过去工作进行归纳的标准(总);二是不容易提炼出工作中的经验教训及内在规律(结)。因此,必须妥善处理"总"与"结"的关系:"总"是"结"的依据,"结"是"总"的升华。

七、总结写作的基本要求

不论何种格式的工作总结,其写作都应遵循以下基本要求。

(一)掌握客观事实,广泛占有材料

这是撰写总结的基础。总结,就是总括事实,得出结论。没有事实就无法得出结论。总结的材料要准确、典型、丰富,写总结的人首先需要花大量精力去搜集、积累丰富的材料,还需要对搜集到的材料进行筛选,确保材料的真实性和典型性。

(二)对占有的材料认真地进行分析研究

这是写好总结的关键。首先,需以正确的指导思想为引领。这要求撰写者深入学习中国共产党的指导思想,并将其作为评价工作得失的理论依据。其次,必须秉持实事求是的原则,杜绝夸大成绩、回避错误的写法。最后,要坚持运用辩证思维,全面审视过去的工作。既能看到得,又能看到失;既能看到现象,又能看到本质;既能看到主流,又能看到支流。

(三)反映特点、找出规律

这是撰写总结的重点。每个单位都有自己的特点,好的总结应提炼出具有典型意义、彰显自身特色且蕴含客观规律的经验教训,以此揭示工作发展的内在逻辑,为后续实践提供指导。

(四)坚持群众路线

一切为了群众,一切依靠群众,从群众中来,到群众中去,是我们党的生命线和根本工作路线。只有充分尊重群众的主体地位和作用,才能集中群众的智慧和经验,写出符合实际、具有指导意义的总结,为各项事业的发展提供有力的支持。

(五)具体要求

1. 科学编制写作提纲

在编制提纲的过程中,需清晰界定核心议题,明确主要问题与次要问题等。即便是撰写简短的总结,也需在脑海中形成初步思路(腹稿),避免写作过程中出现内容松散、重点偏移的问题。

2.精简内容,突显背景

总结中的情况叙述必须简明扼要,聚焦核心内容,避免冗长赘述。在阐述工作成果时,应采用比较法,通过横向(与其他单位、部门对比)或纵向(与历史数据对比)分析,直观展现工作成效、优势与不足,使背景信息鲜明突出,增强说服力。

3.合理布局,详略得当

根据总结的目标和主题,安排好详略、主次,避免使用"基本完成""将要完成""预计达到"等模糊表述,确保内容呈现客观、准确。在写成绩时,既要突出重点成果,又要避免夸大或过度渲染;对存在的主要问题要分析到位,不避重就轻,实事求是地描述。

总之,总结需全面、客观地评价工作,既要展现成绩,也要正视问题,避免将总结异化为单纯的"业绩汇报"或"成果展示"。唯有立足实际工作,以群众需求为导向,用"实绩"撰写总结,方能获得群众认可。

八、总结写作时应注意的问题

(一)标题要对

标题是文章的"眼睛":需概括核心内容,明确时间与范畴;要突出重点,点明主题;还应简洁规范,避免歧义。好的标题可以让总结主旨一目了然,提升阅读效率与专业性。

(二)引言要精

引言应短而精,提炼出总结的整体概况,让人一目了然。下面以机关部门总结和公司业务部门总结的引言为例。

机关部门总结的引言可以这样写:

尊敬的××局长:

2024年,在局领导的正确指导与大力支持下,我部门紧紧围绕年度工作目标,扎实推进各项任务。现将本年度工作开展情况、取得的成效、存在的问题及下一步计划进行总结汇报,具体内容如下,请您审阅、指正。

公司业务部门总结的引言可以这样写:

尊敬的营销部××主任:

  2024年,在公司各级领导的亲切关怀和正确指引下,在公司各部门的积极支持下,在营销部全体员工的共同努力下,我部门取得了三方面的成绩:第一,年度营销业绩突破5000万元,创历史新高;第二,成功开发了两家年销售收入超500万元的大客户,为明年销售收入上一个新台阶打下了良好的基础;第三,系统开展全员营销培训,团队基本素养得到了全面提升。下面将分四部分进行详细汇报,恳请审阅指正。

(三)兼顾全面性和独特性

撰写总结需兼顾全面性与独特性。总结要全面,要完整呈现各级领导的关心、兄弟部门的支持、员工们的努力和部门的主要工作,但需注意精简凝练,建议将以上内容分条列项进行归纳。

总结要提炼特点,特点是总结的点睛之笔,需着重凸显与过往工作的差异化成果,反映出本单位取得的重点成绩。特点提炼要严格控制数量,以增强记忆点,真正发挥总结对未来工作的指导与借鉴价值。

(四)不足要准

总结工作时,客观审视并精准提炼存在的问题、不足与短板至关重要。特别是要找准、找对领导认为组织内部存在的问题、员工反映需要解决的问题和阻碍组织发展的主要问题等,深入挖掘问题根源,明确问题对工作目标达成的具体影响。

(五)改进要实

针对总结中的成绩、特色经验以及现存不足与问题,需制订切实可行的改进方案,确保目标清晰、措施具体、步骤明确。在方案制订时,要事先征求上级战略指导意见和员工的实践反馈,组织内部开展专题研讨与意见征集活动。拟订的改进方案要有针对性和可行性,这样才能得到领导的肯定和员工的支持。

扎实的工作实践、深入的调查研究以及精准的分析研判,是撰写高质量总结报告的前提和基础。倘若缺乏这些实质性内容支撑,仅追求辞藻的华丽,则难以形成具有指导价值的总结。然而,若实际工作成效显著却未能通过总结材料恰当地得以体现,致使工作价值得不到应有的认可,这无疑会影响相关人员的工作积极性。因此,规范、准确地撰写工作总结,既是对工作成果的系统梳理,也是获得组织认可的重要途径,更是工作价值体现的有效载体。

九、怎样写好年终总结

年终工作总结是工作中常见的任务,无论是单位还是个人,每到年终都需要完成。因此,在日常工作中,我们不但要时时留意并记录所做的工作,还需掌握撰写年终工作总结的基本技能。

写总结往往令人心生畏惧。如果把每一天的工作简单视为时间的累加和重复,那么总结必然会失去其意义。如果真是这样,我们即便工作再久,也难以获得进步、吸取教训,更会忽视工作中的得失。实际上,并非没有工作内容可以总结,也不是撰写总结太难,而是我们缺乏主动总结的意识和写作技巧。

对写总结的恐惧,源于我们对反思和回顾工作的倦怠。试图用一两个小时去总结一年的工作,当然无从下手。可如果我们在时间轴上设置出阶段性节点,及时记录下每个阶段的收获和成绩,年终总结时就能有的放矢、明确目标,问题也会得到系统梳理。因此,养成每天、每月及阶段性小结的习惯,是写好年终总结的重要前提。

那么,如何进行小结呢?我们可以借鉴苏联数学家柳比歇夫的时间管理法。

(1)记录。

制作工作计时表,真实准确地记录每项工作所耗费的时长。这可以借助大量时间管理软件进行,用简短的语句来描述即可。记录要点如下：

① 确保记录的真实性、准确性。真实是指工作现场的即时记录，而不是事后补记。准确是要求记录的误差不超过 15 分钟，否则记录就会失去一部分参考价值。

② 由于时间具有抽象性，人的记忆对其估算极不可靠，因此记录需以实际发生为准。

③ 选择的时间记录区间要有代表性，应能充分反映工作常态与规律。

（2）统计。

每填完一个时间区间后，对时间耗费情况进行分类统计，看看用于开会、听汇报、检查工作、调查研究、走访用户、读书看报等项目的时间比例有多大，最好做成图表。

（3）分析。

单纯地罗列自己的工作，只能让总结沦为枯燥的流水账。我们不仅要发现问题，还要不流于问题的表象。这需要对照工作效果，从成本与产出、时间耗费情况等方面进行深入分析，找出导致工作低效的因素。

（4）反馈。

根据分析结果制订消除阻碍因素的计划，并反馈于下一阶段的工作。及时调整时间、精力的分配：通过对比计划时间与实际耗时的差异，有针对性地调整下一阶段的时间安排方案。

下面是一篇规范的总结（见例文 3.2.1）和一篇不规范的总结（见例文 3.2.2）。读者可结合本节所学内容，体会二者的差异。

［例文 3.2.1］ 规范的总结

××公司 2024 年反腐倡廉建设工作总结

2024 年，××公司把反腐败斗争摆到前所未有的新高度，作为"必须抓好的重大政治任务"，通过多维度的措施，深入推进反腐倡廉工作，从加强党风廉政教育到完善制度体系，再到对重点领域和关键环节的严格监督,每一过程都踏出了坚实的步伐。在严惩违法违纪行为的同时,公司还注重在物资采购、招投标管理、财务管理等具体领域实施反腐倡廉策略,确保每一项工作都在阳光下运行,为公司的可持续发展奠定了坚实基础。

一、反腐倡廉建设总体情况

在过去的一年中,××公司将反腐倡廉建设置于企业重要战略位置,全面加强了反腐倡廉建设,取得了一系列显著成效,为公司健康、稳定发展奠定了坚实基础。这得益于公司上下对反腐倡廉工作的重视和努力,以及国家政策的引导和支持。

(一)加强党风廉政教育和廉政文化建设

在党风廉政教育方面,公司注重从源头上预防和治理腐败。教育是预防腐败的基础。公司通过多种方式加强党风廉政教育,使员工深刻认识到廉洁从业的重要性。这些方式包括定期举办党风廉政专题讲座、组织观看警示教育片、开展廉政谈话等。(略)

(二)完善反腐倡廉制度体系

制度建设是反腐倡廉工作的基石。公司不断完善反腐倡廉制度体系,包括制定和完善廉洁从业规定、财务管理制度、招投标管理办法等,确保各项工作有章可循、有据可依。为了确保制度的执行和落实,公司还建立了反腐倡廉工作责任制,明确各级领导干部在反腐倡廉工作中的职责和任务,确保责任到人、落实到位。(略)

(三)加强对重点领域和关键环节的监督

针对物资采购、招投标管理、财务管理等重点领域和关键环节,公司加强了监督力度。这些环节往往是腐败问题的易发和多发地带,公司必须加强监督和管理。通过设立内部审计部门、开展专项检查等方式,对可能存在的腐败风险点进行排查和整改。(略)

(四)严肃查处违法违纪行为

对于发现的违法违纪行为,公司坚持"零容忍"态度,坚决予以查处。公司依法依规进行立案调查、严肃处理涉案人员等方式,起到了良好的警示作用。(略)

二、具体领域反腐倡廉工作成果

(一)物资采购领域反腐倡廉工作

在物资采购领域,公司通过实施一系列反腐倡廉措施,取得了显著的成果。第一,公司建立了完善的供应商库,对供应商进行严格的筛选和评估,确保供应商的质量和信誉。第二,公司实行了集中采购,通过大规模采购来降低采购成本,同时提高了采购效率。(略)

(二)招投标管理领域反腐倡廉工作

在招投标管理领域,公司通过严格执行招投标法律法规和规范招投标流程,有效防止了围标串标等违法违规行为的发生。同时,公司还建立了投标保证金制度,要求投标人缴纳一定的保证金,以确保其参与投标的真实性和诚信度。(略)

(三)财务管理领域反腐倡廉工作

在财务管理领域,公司通过加强预算管理、成本控制和资金管理等方面的工作,有效提高了财务管理水平。第一,公司建立健全了财务内控制度,明确了各项财务活动的规范和流程,确保了财务数据的真实性和准确性。第二,公司加强了财务审计和监督工作,对各项财务活动进行严格的审查和监督,防止了财务违规行为的发生。(略)

三、存在的问题与不足

尽管公司在反腐倡廉建设方面取得了显著成效,但仍存在一些问题和不足,制约了反腐工作的深入推进。

(一)部分员工认识不足

部分员工对反腐倡廉工作的认识还不够深入,缺乏廉洁从业的自觉性和主动性。他们对于反腐倡廉的重要性、必要性和紧迫性没有足够的认识,认为只要自己不犯错,就可以置身事外。这种心态的存在,给公司的反腐倡廉工作带来了一定的挑战。(略)

(二)制度执行力度有待加强

虽然公司建立了较为完善的反腐倡廉制度体系,但在实际执行过程中仍存在一些漏洞和不足。一些制度没有得到严格落实,甚至存在"走过场"的现象,影响了反腐倡廉工作的实际效果。(略)

（三）监督存在盲区

在监督方面，公司虽然加强了重点领域和关键环节的监督力度，但仍存在一些盲区。一些潜在的腐败风险点没有得到及时发现和整改，给公司的廉洁运营带来了一定的隐患。（略）

（四）缺乏创新和激励机制

公司在反腐倡廉工作中缺乏创新和激励机制，导致工作方式单一、效果不佳。随着社会的发展和公司的变革，腐败现象也在不断变化和升级，如果公司不能与时俱进，加强创新和激励机制的建设，将难以有效地打击腐败行为。（略）

四、改进措施与未来规划

面对当前存在的诸多问题和不足，公司已深刻认识到其严重性，并决心采取一系列切实可行的改进措施，以全面提升公司的运营效率、优化管理水平、强化党风廉政建设以及维护和谐健康的公司生态环境。（略）

（一）加强教育培训和思想引导

在教育培训方面，公司将持续强化党风廉政教育和廉政文化建设的力度，不仅定期举办专业知识的培训班，提升员工的专业技能和素质，而且积极开展以廉洁自律、遵纪守法为主题的专题教育，让每一位员工都能深刻理解廉洁从业的重要性，并切实提高自身的道德修养和法治观念。（略）

（二）深化作风建设和营造风清气正环境

在深化作风建设方面，公司将坚决纠正在工作中的形式主义、官僚主义等现象，通过实施严格的考核评价机制，激励员工脚踏实地、实事求是地开展工作，努力营造一个崇尚实干、注重实效的工作氛围。（略）

（三）完善廉政风险防控体系建设

为了完善廉政风险防控体系，公司将继续加强对重点领域和关键环节的监督和管理。具体而言，公司将建立健全风险预警机制，通过定期的风险排查和评估，及时发现并化解潜在的腐败风险。（略）

（四）强化组织领导和主体责任落实

在强化组织领导方面，公司将建立健全反腐倡廉工作领导小组和工作机制，明确各级领导的责任分工，确保反腐倡廉工作各项任务得到有效推进。同时，公司还将加强各部门之间的协调配合，形成反腐倡廉工作的强大合力。（略）

新的一年，××公司将继续通过强化不敢腐的震慑、筑牢不能腐的笼子、增强不想腐的自觉等举措，加大反腐倡廉建设力度，充分发挥国有公司中国特色社会主义经济"顶梁柱"的作用，为中国经济稳定发展提供必要的支撑，增强人民群众对党的信任和拥护。

××公司
2025 年 1 月 5 日

[例文 3.2.2] 不规范的总结

个人工作总结

一、工作成绩

1. 重视理论学习，坚定政治信念，明确服务宗旨。认真学习马克思列宁主义、毛泽东思想、邓小平理论、"三个代表"重要思想、科学发展观、习近平新时代中国特色社会主义思想，热爱党、热爱祖国、热爱社会主义。积极参加局机关组织的政治活动，挤出时间学习党的路线、方针和政策以及局机关所发的有关文件，进一步明确什么是立党之本、执政之基、力量之源，知道了这是推进建设中国特色社会主义的根本保证。深刻领会其精神实质，用以指导自己的工作。时刻牢记全心全意为人民服务的宗旨，公道正派，坚持原则，切实做好本职工作。

2. 重视学习业务知识，积极学习有关经济、政治、科技、法律等最新知识，自己的业务能力大大提高。

3. 勤奋干事，积极进取。圆满完成领导交办的各项任务。协助领导建立健全各项制度，使各项管理日趋正规化、规范化。成绩斐然，取得长足进步。

总之,几年来,工作踏实、任劳任怨、务实高效,不断自我激励、自我鞭策,时时处处严格要求自己,自觉维护办公室形象,高效、圆满、妥善地做好本职工作,没有出现任何纰漏,取得了一定成绩。

二、存在不足

至今为止还没发现自己有任何的不足。

××

××年×月×日

点评:第一,结构存在问题。这篇总结缺少引言部分,也没有谈到自身工作中存在的问题和经验教训,更没有改进方向。第二,内容存在问题。学习政治理论、业务知识的表述是口号式的,没有展开讲如何进行学习;取得的成绩部分也没有任何具体事例的支撑;"没发现自己有任何的不足"这不符合客观事实。第三,表述存在问题。"至今为止还没发现……"口语化严重,"成绩斐然""长足进步"等一般不用于自己评价自己。

这样的总结有"假大空"倾向,无法准确反映工作实际情况,更不可能用于指导今后的工作。应该通过具体事例和数据展现工作实际成效,同时保持谦虚严谨的写作态度。

练习题

一、判断题

1. "因果倒置"式的总结结构常用于撰写综合性工作总结。(   )
2. 总结是干部人事制度改革,引进竞争机制后兴起的一种新的应用文体。(   )
3. 写总结的目的是评估得失、总结经验,认识和掌握客观事物发展的规律,提出今后的努力方向。(   )

二、单选题

1. 按"情况—成绩—经验—问题—意见"形式安排总结的结构是(   )。

   A. 顺序式   B. 总分式

   C. 比较式   D. 贯通式

2. 把工作过程分成几个阶段,分别说明每个阶段的成绩、经验和教训的方法适用于(   )。

   A. 大型的综合性总结

   B. 周期较长,阶段性又很明显的工作总结

   C. 内容比较单一的总结

   D. 对比性总结

3. 写总结的主要目的是(   )。

   A. 回顾工作成绩,树立今后工作的信心

   B. 找出经验或教训,总结工作规律

   C. 找出工作存在的问题,进而解决问题

   D. 详细记载工作历程,存档备查

4. 评估得失、总结经验,更好地认识和掌握客观事物的发展规律,从而提出适合本单位或本部门今后工作的奋斗目标和努力方向。这体现了总结的(   )作用。

   A. 客观性   B. 指导性

   C. 理论性   D. 目的性

三、多选题

1. 写总结时需要注意(   )。

   A. 引言要精   B. 不足要准

   C. 改进要实   D. 数据要多

2. 以下关于总结与计划的描述,正确的有(   )。

   A. 计划是事前就完成某项任务所作出的安排

   B. 总结可以作为制订下一阶段计划的依据

   C. 总结和计划是一项工作的两个方面

D. 总结是事后对计划执行情况的总检查、总评价

3.《××公司2024年工作总结》属于（　　）。

　　A. 公文式标题　　　　　B. 非公文式标题

　　C. 双标题　　　　　　　D. 单标题

4. 总结的写作要领是（　　）。

　　A. 调查研究，掌握事实　　B. 反映特点，找出规律

　　C. 表达要叙述、议论相结合　D. 实事求是

5. 总结的公文式标题主要包括（　　）。

　　A. 概括主要内容　　　　B. 概括基本观点

　　C. 时间和内容　　　　　D. 撰文单位名称

四、写作分析题

××社区在养老服务、社区矫正、社区文化空间重构等方面取得了明显成绩。下文是利用DeepSeek生成的《××社区2023年度工作总结》，请分析该文稿的优缺点。

<h3 style="text-align:center">××社区2023年度工作总结</h3>

2023年，××社区在街道党工委、办事处的正确领导下，坚持以习近平新时代中国特色社会主义思想为指导，深入贯彻落实党的二十大精神，紧紧围绕"党建引领、服务民生、共建共享"的工作思路，扎实推进社区治理和服务创新，圆满完成了年度各项工作任务。现将全年工作总结如下：

一、2023年主要工作回顾

（一）强化党建引领，夯实基层治理

1. 深化理论学习：全年组织党员集中学习12次，开展党的二十大精神宣讲6场，覆盖党员群众500余人次。

2. 优化组织建设：完成社区党支部换届选举，吸纳3名年轻党员进入支委，提升班子活力。

3. 推进"红色物业"：联合辖区物业公司成立"红色物业联盟"，解决居民反映的停车难、楼道杂物堆积等问题30余件。

（二）聚焦民生服务，提升群众满意度

1. 优化便民服务

全年办理社保、医保等便民事项 1200 余件，群众满意度达 98%。

开展"帮办代办"服务，为老年人、残疾人等特殊群体上门办理业务 50 余次。

2. 关爱特殊群体

走访慰问困难家庭、独居老人、残障人士等 80 余户，发放慰问金及物资共计 5 万元。

组织健康义诊 4 次，惠及居民 300 余人。

3. 丰富文化生活

举办"我们的节日"（春节、端午、中秋等）系列活动 6 场，参与居民超 1000 人次。

成立社区舞蹈队、书法班等兴趣小组，常态化开展活动。

（三）深化社区治理，打造和谐家园

1. 环境整治提升

开展垃圾分类宣传 12 次，增设智能垃圾箱 5 处，小区垃圾分类准确率提升至 85%。

联合城管、物业清理楼道杂物、整治飞线充电等安全隐患 40 余处。

2. 平安社区建设

组建"平安巡逻队"，全年开展夜间巡逻 60 次，辖区刑事警情同比下降 20%。

调解邻里纠纷、家庭矛盾等 35 起，调解成功率 100%。

3. 智慧社区试点

推广"社区通"App，居民线上报事报修 200 余件，办结率 95%。

安装智能门禁系统 2 套，提升小区安全水平。

（四）凝聚共建合力，激发社区活力

1. 联动辖区单位：与学校、医院、企业等共建单位开展"送健康、送教育、送服务"活动 8 次。

2. 培育志愿服务:发展社区志愿者120人,累计服务时长超2000小时,2名志愿者获评街道"最美志愿者"。

3. 居民议事协商:召开"居民议事会"10次,推动加装电梯、健身器材更新等民生项目落地。

二、存在问题与不足

1. 资源整合不足:与辖区单位联动机制有待加强,部分共建项目推进缓慢。

2. 治理精细化不够:老旧小区基础设施老化问题仍较突出,需加大改造力度。

3. 居民参与度待提升:部分年轻群体对社区活动参与积极性不高。

三、2024年工作计划

1. 党建引领再强化:打造"党建+网格"模式,推动党员下沉网格服务。

2. 民生服务再升级:建设社区养老服务站,试点"社区食堂"助餐服务。

3. 治理效能再提升:推进老旧小区改造,争取加装电梯2部、新增充电桩10个。

4. 共建共享再深化:成立社区发展基金,鼓励企业、居民共同参与社区建设。

××社区居民委员会

第三节 简　　报

一、概述

简报是简明扼要地汇报工作、反映情况或交流信息的内部文书。这是党政机关、企事业单位、社会团体内部向上级反映情况、汇报工作,或与同级、下级单位进行沟通时经常使用的一种公文应用文体。

随着社会的不断发展和进步,简报的发送范围日渐扩大。许多党政机关,除了把简报作为向上级汇报工作的文字形式外,还将其发送给下级或同级机关,用以指导工作、揭示问题、交流经验、互通情报。

简报是一种有着悠久历史的文体,它的起源可以追溯到汉代。西汉初期,出现了名为"邸报"的手抄报,用于简明扼要地反映情况、交流信息。古代的邸报在信息传播功能上与现代简报有相似之处,但现代公开出版的报纸和内部传阅的简报,是在历史发展过程中基于不同需求和传播方式逐渐形成的,并非简单由邸报直接演变而来。

简报有多种名称,如"××简报""××动态""××简讯""情况反映""××交流""××工作""内部参考"等。

二、简报的作用

简报的作用主要体现在以下几个方面。

(一) 向上级汇报工作、反映情况

简报可以上行,通过迅速及时地向上级机关反映本单位、本系统的日常工作、业务活动、思想状况等,使上级及时了解情况,深入分析问题,科学作出决策,进而有效地指导工作。

(二) 同级机关之间交流经验、沟通情况

简报也可以平行,用于同级单位、部门之间交流经验、沟通情况,以便于相互学习借鉴、促进工作开展。

(三) 向下级通报情况,传达上级意图

简报还可以下行,用来向下级通报有关情况,推广先进经验,传达上级机关意图。

三、简报的分类

简报的种类繁多,按照不同的分类标准,可以划分为多种类型。按时间划分,可分为定期简报和不定期简报。按发送范围划分,可分为供领导阅读或特定范围人员阅读的内部简报和发送范围较广的普

发性简报。按内容划分，主要可分为工作简报、会议简报、科技简报、动态简报四大类，此外，也可分为情况简报、经验简报等类别。

（一）工作简报

工作简报是为推动日常工作而编写的简报，旨在反映工作开展情况、介绍工作经验、报告工作中出现的问题等。工作简报又可分为综合工作简报和专题工作简报两种。前者汇总多项工作情况，后者聚焦特定工作任务或项目。

（二）会议简报

会议简报是为反映会议进展情况、会议发言中的意见和建议、会议决议事项等内容而编写的简报。一些规模较大的重要会议参会人员众多，难以全面掌握会议整体情况，如分组讨论时的重要发言、有价值的提案等，都需要依靠简报来呈现会议的基本面貌。重要会议的简报往往具有连续性的特点，即通过多期简报将会议进程中的情况不断反映出来。会议简报一般由会议秘书处或主持单位编写。

（三）科技简报

科技简报用于反映最新科学技术研究成果，介绍推广新产品、新工艺、新技术、新理论、新动向。这类简报内容新、专业性强，部分属于经济情报或技术情报，有一定的机密性，必要时须加密级。

（四）动态简报

动态简报属于综合性简报，主要反映本单位、本系统在思想、政治、经济、文化等方面的情况和信息，着重关注与本单位、本系统工作有关的正反两方面的新情况、新动向、新问题，为领导和有关部门的研究工作提供鲜活的第一手资料，同时向公众报告工作、学习、生产、思想的最新动态。

（五）其他常见内容分类

按内容划分，简报还可分为情况简报和经验简报。

情况简报主要用于向上级及时反映工作或生产的情况、问题，供上级研究、参考。写这类简报时要注意:(1)迅速及时;(2)重点突出,有时可一事一报;(3)敢于揭露矛盾。

经验简报主要用于交流经验,介绍先进典型的事迹。写这类简报时应注意:(1)针对性要强;(2)要有普遍意义;(3)观点要鲜明;(4)事例要典型;(5)文字要简明扼要。

四、简报的特点

（一）新闻性

简报和新闻报道有类似之处,其特点主要体现在"真""新""快""简"四个方面。

1."真"

"真"是指内容要真实,这是新闻的第一要义。简报所反映的内容、涉及的情况,必须严格遵循真实性原则,时间、地点、人物、事件、原因、结果等要素都要真实,所有的数据都要确凿。虚构编造不行,移花接木、添枝加叶也不行。

2."新"

"新"是指内容要有新鲜感。简报如果只报道一些司空见惯的事情,就没有多大价值和参考意义了。简报要反映新事物、新动向、新思想、新趋势,要成为时代敏锐的晴雨表。

3."快"

"快"是指报道要迅速及时。撰写简报时,从构思成文到制作发送,每个环节都应注重效率,以简易快捷的流程,让读者在第一时间了解最新的现实情况。新闻界常说"抓活鱼",就是说一旦时间拖延,如同鱼儿离水久了,不仅失去鲜活灵动的状态,所蕴含信息的价值与吸引力也会大打折扣。

4."简"

"简"是指内容集中、篇幅短小、提纲挈领、不枝不蔓。从简报名目冠以"简"字便可看出,简洁对于简报而言至关重要,这是其区别于其他文种的显著特征之一。

（二）集束性

虽然一期简报中可以只有一篇报道，但更多情况下，一期简报要将若干篇报道集结在一起发表，成集束式形态。这样做的好处是有点有面、相辅相成，加大信息量，避免单薄感。

（三）规范性

从形式上看，简报有规范的格式。无论何种简报，其格式一般都包括报头、报核、报尾三部分。报头包括简报名称、期号、编发单位、印发日期等，有些简报还需标明密级和份号等；报核包括标题、目录、编者按、正文；报尾包括发送范围、印发份数等。报头和报尾有固定的格式要求：报头一般位于首页上方，报尾在简报末页下方。

报头、正文、报尾是简报的基本构成要素，不可或缺。而目录和编者按并非每份简报都必须具备，仅在特定需求和情况下才使用。

五、简报的格式

以下详细介绍简报的各构成部分。

（一）报头

简报的报头类似公文的"红头"，通常套红印刷，但二者存在不同之处。首页间隔横线以上为报头。简报名称除用"××简报""××动态""××情况反映"等常用表述外，还可加上发文单位名称、专项工作等内容，如《××局防汛抗旱工作动态（2024年6月）》。简报名称要用大号字套红印刷。

期号位于简报名称下方正中。如果是综合简报，一般以年度为单位，统一编排期号；如果是专题简报，则按本专题单独顺排期号。如果是增刊，需明确标注"增刊"字样。编发单位多为"××办公室（厅）"或"××秘书处"，位于期号下方、间隔横线上方左侧。印发日期位于编发单位右侧，与编发单位左右相对。

若简报涉及保密内容，应在首页报头左上角标明密级（如"秘密"

"机密""绝密")或"内部刊物"字样。根据实际需要,还可在首页报头右上角印上份号。间隔横线一般为红色,用以区分报头与报核部分。

（二）报核

报头以下、报尾以上的部分都是报核。报核通常包括以下项目：

1. 标题

标题的常见类型有陈述式、提问式、结论式等,无论哪种形式,都要简明扼要、精准具体。同时,要符合格式规范的要求:报核顶部居中,字体加粗或字号放大以示区分;若需副标题,用破折号或小字补充。

2. 目录

目录为可选项,集束式的简报可编排目录。若简报内容相对简单、篇幅较短,容易查找,目录中可不必标序码和页码,只需将编者按、各篇报道标题依次罗列即可。为使目录更清晰醒目、避免混淆,可在每项标题前添加特殊符号(如五角星)进行区分。

3. 编者按

根据简报内容和实际需求,可添加编者按。编者按主要用于阐明工作任务来源、强调本期重点稿件的意义和价值,或是发布征稿通知、向读者征求建议等。编者按不可过长,短者两三行,长者半页即可。

4. 正文

一期简报可以只有一篇报道,也可以有多篇报道。多篇报道同时存在时,一般按照重要程度、时间顺序或逻辑关系依次排列。每篇报道可根据内容特点设置独立标题,若内容较多,还可通过小标题划分层次。

（三）报尾

报尾位于简报末页,用间隔横线与报核分开。报尾内容比较简单,包含发送范围和印制份数两部分。

六、简报的写法

以下简要介绍简报标题和正文的写法。

（一）标题

简报的标题跟新闻的标题有些类似，可分为单标题和双标题两种基本类型。

1. 单标题

单标题是指将报道的核心事实或主要意义概括为一句话作为标题。例如，《后勤工作今年重点抓好五件事》《我校通过"211工程"专家审查验收》《守护碧水蓝天，绘就生态宜居新画卷》。标题中可以用空格的方式表示间隔，也可以加用标点符号。

2. 双标题

双标题有两种情况。

（1）正题后面加副题。例如，《绿色转型催生新动能——新能源汽车产业链在长三角地区加速集聚》。此类标题的正题概括事实的性质，副题补充叙述基本事实。

（2）正题前面加引题。例如，《深化校企合作，共育专业人才——××职业学校与××企业签订战略合作协议》。此类标题的前半部分是引题，指出作用和意义；后半部分是正题，概括主要报道内容。

（二）正文

1. 导语

导语就是简报的开头语，要用简短的文字，准确地概括简报的内容，说明简报的宗旨，引导读者把握全文要点。导语写作的总要求是"开门见山"，一开始就切入基本事实或核心问题，确保读者迅速获取关键信息。

根据不同的内容需求与表达目的，导语可以采用叙述式、描写式、提问式、结论式等几种形式。通过简明扼要的概述，直接呈现简报的核心事实与关键信息，称为叙述式；把简报中的主要事实或某个有意义的侧面加以形象的描写，以引起读者的阅读兴趣，称为描写式；把简报反映的主要问题用设问的形式提出来，以引起读者的思考，称为提问式；开篇用一两句话直接点明简报的核心结论或重要观点，然后在主体部分再展开必要的解释和说明,称为结论式。这几种导语形式各有所长,写作时可根据稿件特点选择运用。

2. 主体

主体是简报的核心部分,它的任务是用足够的、典型的、富有说服力的材料把导语的内容加以具体化,用材料来说明观点。写好主体是编好简报的关键。主体的内容,或是反映具体的情况,或是介绍具体的做法,或是叙述取得的成绩和经验,或是指出存在的问题,或是几项兼而有之,具体如何选择要视实际情况而定。

主体的层次安排主要有纵向结构和横向结构两种。纵向结构按事件发生、发展的时间顺序来安排材料;横向结构依据事理逻辑,将内容分类归纳,进而安排材料。如果内容比较丰富,可加小标题,增强条理性与可读性。

3. 结尾

简报要不要设置结尾,依据内容而定。若简报内容单一、篇幅简短,主体阐述完即可自然收束,保持行文简洁流畅;若内容复杂、信息量大,可通过设置结尾对全文进行总结,强化重点内容,加深读者印象;对于有些连续性的事件简报,可在结尾使用过渡性语句,如"后续进展情况将持续跟进报道""相关处理结果将于下期通报"。

七、怎样写好工作简报

撰写工作简报,需紧扣其"及时"和"真实"的核心特点。在政府、企业、学校等机构召开重大会议时,情况发展变化很迅速,往往需要每日一次甚至一日多次编制简报,以便上级机关特别是分管此项工作的负责人,及时全面地了解真实情况,科学部署工作。因此,简报撰写者必须高效收集全面信息,并迅速形成文字材料。

(一) 抓准问题,有的放矢

简报应该围绕本单位的实际情况,反映那些最重要、最典型、最新鲜、最为群众所关心、最需要引起注意的问题。具体可从以下方向切入:一是围绕领导决策,抓"超前型"问题。在领导部署某项工作或讨论决策前,收集相关信息,经过筛选加工、分析研究提出可供领导参考的建议和方案。二是紧跟决策执行,追踪"落实型"问题。密切关注决策贯彻执行的情况、各方面有什么反应、发生什么偏差,迅速反馈给领导,使领导能及时纠正偏差,推动决策优化完善。三是立足大局,以小见大。收集信息时,需要从全局考虑,从小处着手,抓住有代表性的具体问题,深入挖掘其背后蕴含的普遍意义和推广价值。四是捕捉新情况、新经验、新问题。在改革发展的过程中,许多新情况、新问题迫切需要领导去认真研究和解决,进而制定出符合现实的方针、政策和措施。所以,要及时捕捉、收集这类信息和问题,以供领导参考。五是关注倾向性、苗头性的问题。对这类问题若不及时发现并解决,而是任其发展,可能会酿成大问题,给工作造成损失。六是重视突发性问题。如校园盗窃等影响重大的紧急事件,是直接关系到学校治安管理和全体学生切身利益的问题。得到这类信息后,应第一时间上报,以便及时应对处理。

抓准问题须着重把握以下四点。

1. 立足全局

简报撰写者必须站在单位领导的高度、全局的高度去观察事情、分析问题。一定要跳出自己工作岗位的"小天地",放眼全局,做到"全局在胸"。

2. 把握发展趋势

所谓趋势性问题,既不是偶然发生的问题,也不是个别的问题,而是反映事物发展的动向性问题。这种动向有积极的,也有消极的,不论哪一种,只要及时捕捉,就能提炼出有针对性的简报主题。掌握了事物发展的趋势,了解了本单位工作和生产下一阶段需要朝哪个方向发展,再去观察问题,就能明辨是非。符合事物发展方向的先进经验、阻碍事物发展的不良倾向,以及发展过程中遇到的实际问题,都是撰写简报时应该抓准的问题。

3. 善于抓苗头

所谓苗头性问题,是新生事物的先声、新创造的火花、新经验的先导,具有强大的生命力。撰写简报时,需要对这类尚处于萌芽状态却代表事物发展方向的问题予以高度关注。不能只注意那些广为人知的典型事例,还必须特别留心尚未引起人们注意的细小之事,通过深入剖析、对比提炼,挖掘出"小中见大"且具有典型意义的问题,并在简报中及时宣传、反映。

4. 具备工作敏感度

所谓工作敏感度,是指简报撰写者对于单位内外各种客观事物具有敏锐的观察、判断和预见能力,以及及时、准确地反映事物状态的能力。要想抓准问题,从长远看,必须不断提高自己的工作敏感度。这并非一日之功,而是长期学习、观察和实践积累的结果。

(二)材料准确,内容真实

简报是辅助领导决策和推动工作开展的重要工具,其内容必须确保绝对真实、准确。任何失实都可能引发不良后果。具体而言,需从以下两方面严格把控。一是强调准确性。在简报中严禁对心理活动、环境氛围等无形事实搞"合理想象"。撰写者必须深入调查研究,保证所有材料真实可靠,杜绝走马观花、浮光掠影,甚至"听风就是雨"。也就是说,要做到简报所选用的所有材料,包括人名、地点、时间、情节、数字、引用等,都精准无误,杜绝虚构、夸张、缩小等情况。特别是在总结成绩和宣传先进时,更应秉持实事求是的态度,客观评估,避免夸大。二是保证真实性。撰写简报应坚守底线,做到不为迎合而弄虚作假,不追"浪头"赶时髦,不歪曲事实,不超前臆测事态发展;做到始终忠于事实,完整呈现事物的本来面貌,确保内容经得起推敲与核查。

(三)简明扼要,一目了然

简报作为高效传递信息的载体,需以简练文字精准阐明核心内容。具体可从以下三方面着力。第一,主题集中,一稿一事,不贪大求全。如果简报涉及多方面内容,可以把想说的问题进行归纳、提炼,抓住最能反映事物本质的东西作为主题和重点,舍弃次要信息;也可以分篇撰写,每篇简报聚焦一个重点问题,确保主题突出、论述透彻,防止多观点混杂导致逻辑松散。第二,精选材料,围绕主题精心挑选典型事例。简报所使用的材料和其他文章一样,总是以个别反映一般,无须面面俱到。因此,撰写简报之前,必须对材料进行分析研究、精心选择。写作前需对材料深入分析,保留契合主题的内容,剔除无关素材,避免冗余。此外,选择材料时还要注意选择典型材料,通过精练的事例凸显事物本质,以少胜多,在突出主题的同时精简篇幅。第三,既要求简,又要写清。简报求简,但要在清晰说明问题的前提下求简。"简"应服从内容的需要,避免因过度求简而影响信息完整性,防止走向以偏概全的极端。

(四)讲求时效,反应迅速

简报是辅助单位领导决策、推动工作开展的重要工具,其功能决定了简报必须讲求时效性。这就要求简报撰写者具备敏锐的洞察力与高效的执行力,对问题反应快,对材料分析快,写作构思快,动笔成稿快,同时,还要求编辑、签发、打印、发稿各环节紧密配合,共同把握发稿时机。

(五)用事实说话

简报的写作既不同于文学作品,也不同于评论文章。文学作品以形象塑造来表达主题,评论文章靠理论论证来阐述观点,而简报则和新闻报道相似,须以现实生活中的真实事例为依托,宣传党的路线、方针、政策。用事实说话,是简报的主要特征之一,也是撰写简报时必须遵循的重要原则。

八、简报的选稿要求

选稿是机关文字工作中常涉及的问题,而简报选稿最有代表性。必须围绕该简报所在单位的职能来确定主要的选稿原则,"有的放矢"地选稿。简报编辑要从大量来稿中挑出好的稿子,需要具备四种能力。

(一)反应要敏锐

简报编辑的反应敏锐度体现在以下三点。一是对党中央的方针政策、上级机关的工作部署和本单位领导的工作安排,反应要敏锐。既能迅速理解其精神实质,又要清醒敏捷地意识到简报在贯彻落实这些部署中应起的作用。二是对周围的事物、各方面工作的变化和发展,以及各式各样的信息,反应要敏锐。既能条理清楚地把这些情况纳入脑海,又能迅速明确简报工作应采取的处理思路。三是对来稿中反映的动向、闪光点、事物萌芽,反应要敏锐,既能意识、鉴别,又能牢牢抓住,不让有价值的线索从自己手中流失。

(二) 看问题要有预见性

工作不是一成不变的,而是在不断发展的。作为"机关报"的简报,要发挥对工作的指导作用,就必须对工作的进程具有预见性。也就是说,简报编辑看问题、审稿子,不能只看到眼前,还应考虑工作的后续发展,这样才能真正捕捉到符合事物发展规律的先进经验,发现阻碍事物发展的不良倾向,预判事物发展过程中可能遇到的实际问题,从而筛选出有指导意义的简报稿件。

(三) 判断要准确

简报编辑的水平,在很大程度上体现在对稿子的判断能力上。具体讲,做好稿子的筛选工作,应从以下三个方面进行判断。一是判断稿件的真伪和准确程度。这就是说通过审读稿件,对其真实程度以及在政治上、政策上、理论上和工作上的指导意义是否正确,做到心中有数。二是判断稿件的实际价值。有的来稿反映的问题精准,表述清晰;有的来稿反映的问题不突出,缺乏指导意义。简报编辑对这两类稿子是容易鉴别并迅速做出选择的。但有的稿件内容繁杂,有价值的内容往往被淹没在一大堆材料中。对这种稿件,编辑要独具慧眼,从繁杂内容中挖掘出有价值的信息。三是判断稿件刊发的利与弊。有些来稿所述事情是真实的,观点也是对的,但怎样刊发、什么时候刊发,应谨慎把握。特别是一些反映问题、对工作提出批评建议的稿件:在刊发时机上,是早发还是晚发?在刊发范围上,是发"情况简报"公开,还是发"情况反映"仅供领导参阅?在提法和措辞上,应掌握何种分寸、采用何种口径?……这些都需要简报编辑审慎思考,稳妥地做出判断。

（四）灵活把握稿件的写作质量

有些来稿虽然写作质量欠佳，但反映的问题重要，材料翔实，就应考虑编发。必要时，简报编辑可以亲自改写表达不佳的一些内容，绝不能因为文字不够出色，就舍弃了一些很有价值的稿件。

下面是一篇规范的简报（见例文3.3.1）和一篇不规范的简报（见例文3.3.2）。读者可结合本节所学内容，体会二者的差异。

[例文3.3.1]　规范的简报

陕西省推进政府职能转变

工作简报

第1期

陕西省人民政府办公厅　　　　　　　　　　　2024年5月28日

省政府办公厅在北京举办专题培训

5月13日至5月18日，省政府办公厅在北京中关村科技创新学院举办"陕西省推进政府职能转变和深化审批制度改革"培训，省政府办公厅副主任×××同志出席开班式并作动员讲话，省级有关部门及各市职转办、审批服务局负责同志共约50人参加培训。培训聚焦政府职能转变、行政审批制度改革、优化营商环境、数字政府建设、经济高质量发展等内容，邀请中央党校、国家发展改革委、商务部、清华大学等单位专家学者集中授课，组织赴北京市政务服务中心、北京市规划展览馆、中关村国家自主创新示范区、香山革命纪念馆等地进行现场教学，并合理安排讨论交流等教学环节。此次培训采取全脱产集中方式实施，课程设置科学、师资力量专业，内容丰富、形式活泼，通过接轨改革开放前沿，鼓励大家学习北京以改革促发展、改革发展融合联动的战略思路和实践精神。

组织省外专题培训是省职转办今年工作计划的重要内容,也是新一轮机构改革后全省政府职能转变和审批服务两个系统举办的第一次业务培训,得到参训部门和同志的充分肯定、一致认可。通过培训,参训人员的改革站位、思维眼界得以提升,推进改革的业务思路和具体路径更加清晰。大家普遍表示培训成效很好、学有所获,对进一步思考业务、开展工作启发很多:要持续转变政府职能,注重过程管理,提高工作质效,加快建设效能政府;要以数字政府建设为抓手转变政府职能,不断创新数字政府建设管理体系,以数字化转型赋能政府治理和高质量发展;要不断深化行政审批制度改革,打通数据壁垒强化共享集成,促进审批服务效率大幅提升,营造市场化法治化国际化一流营商环境,为全省经济高质量发展提供有力支撑。

下一步,省政府办公厅将按照国务院推进政府职能转变和数字政府建设领导小组工作要求,围绕全省"三个年"活动,督促指导市、县两级职转部门和审批服务部门认真做好《2024年陕西省推进政府职能转变工作要点》重点任务落实,聚力实施"高效办成一件事",深化相对集中行政许可权改革,动态调整行政许可事项清单及实施规范,以求真务实的态度、严谨扎实的作风、奋发有为的姿态,持续推进政府职能转变,加快效能政府建设,为在中国式现代化建设中谱写陕西新篇、争做西部示范作出新的更大贡献。

报送:国务院办公厅政务办公室。

分送:省委常委。

  省长,常务副省长、副省长,省政府秘书长,省政府副秘书长。

  省委办公厅,省人大常委会办公厅,省政协办公厅。

  各市、县、区人民政府,省人民政府各工作部门、各直属机构。

  中国(陕西)自由贸易试验区各管委会,国家自主创新示范区、国家高新技术产业开发区、国家级经济技术开发区、国家级新区。

陕西省人民政府办公厅   2024年5月29日印发

共印510份

[例文 3.3.2] 不规范的简报

关于学校两基工作简报

××区教育局：

  4月21日，××校长和中心学校"两基"迎国检工作领导小组办公室成员共三人参加了区"两基"迎国检工作推进会。会上，区督学××传达了省市"两基"有关会议精神，重点传达了市长××同志××年×月×日在全市"两基"迎国检会议上的讲话要点，要求强化责任，突出重点，采取有效措施开展工作，确保教育经费投入，改善办学条件，做好扫盲工作。通报了前一阶段全区教育系统"两基"迎国检工作进展情况，并对今后的工作作出安排部署。区长××同志作重要讲话，讲述了"两基"迎国检的历史，并强调：一要认清形势，做好"两基"迎国检工作；二要突出重点，全面落实"两基"迎国检工作，确保做到"七个到位"（教育经费的落实要到位、办学条件改善要到位、控辍保学要到位、师资力量配齐要到位、扫盲成果巩固要到位、学校安全管理要到位、档案资料的整理要到位）；三要强化措施，狠抓落实，确保"国检"顺利通过；四要全面启动义务教育检测系统，务必使采集的信息全面、准确。会议最后，区督导室主任××同志就"两基"迎国检的有关工作开展培训指导，并对在信息采集过程中出现的问题进行解答。会后，××校长及时和××乡政府领导进行了沟通，并就今后做好"两基"迎国检工作交换了意见。

××市××区××实验学校
××年×月×日

  点评：第一，格式不完整。缺少能概括核心内容的标题，简报标题不应该冠以"关于"字样；报头、报尾缺失；简报既不该用主送，也不应如文中那样落款单位名称和成文日期。第二，内容不规范。缺少本校贯彻落实的具体措施，也没有提炼本校参会后的工作部署，且缺少相关数据支撑。

练习题

一、判断题

1. 简报是公文,可以代替"报告""通知""通报"等。（　　）
2. 简报只能上送下达,不可以发送兄弟单位和相关单位。（　　）
3. 横隔线和编号不属于简报的报头。（　　）
4. 简报的报尾包括报、送、发、呈。（　　）

二、单选题

1. 对于简报的标题,应做到(　　)。
A. 写明发文机关名称、事由、文种
B. 写明主编单位与文种
C. 概括揭示简报主题
D. 用套红大字排印,反映简报类型
2. 撰写一篇简报,一般情况下要符合下列哪点要求(　　)。
A. 要有一定的理论深度
B. 一般用分条列项形式表述
C. 要求简明精练,突出重点,字数一般控制在千字左右
D. 要求首先讲清形势,说明意义

三、多选题

1. 简报的作用有(　　)。
A. 请示问题 B. 指导工作
C. 反映情况 D. 互通信息
2. 简报按照内容分为(　　)。
A. 动态简报 B. 会议简报
C. 综合简报 D. 工作简报
3. 简报的结尾部分包含(　　)。
A. 发展趋势 B. 会议简报
C. 发出号召 D. 今后的打算

四、写作题

以报道班级里的××同学通过自己兼职赚钱资助偏远山区孩子上学为内容,写一份简报。

第四节 调查报告

一、概述

调查报告是通过对典型问题、情况、事件的深入调查,经过分析、综合,揭示出事物客观规律的书面报告。调查报告是一种重要的公务文书,应用范围相当广泛,可为上级机关掌握情况、研究问题、进行科学决策提供依据,也可以引导人们正确看待社会的热点、焦点问题,为国家建设服务。

二、调查报告的特点

(一) 针对性

调查报告应社会的实际需要而产生。在党和国家的各项方针、政策的贯彻执行中,常常会出现新情况、新问题需要研究解决,也常常有好的经验需要推广。调查报告正是从这一客观需要出发,就现实工作中亟须解决的各种问题,有针对性地进行调查研究之后所作的书面回答。

(二) 真实性

调查报告是为解决实际问题撰写的,因此,客观事实是调查报告赖以存在的基础。写调查报告,从调查对象的确定到开展调查活动,从对问题的分析研究到提出解决问题的途径,都要以大量充分确凿的事实作为依据。真实是调查报告的生命线。

(三) 论理性

调查报告不同于一般文章之处就在于,它是通过对大量材料的分析与综合,揭示事物的客观规律。分析与综合的过程,即揭示事物客观规律的过程,就是论理过程。由事论理,寓理论事,最后得出结论。

(四) 典型性

调查报告的典型性表现在两个方面:一是调查对象典型;二是调

查报告所运用的材料典型。好的调查报告不仅对调查对象总结工作、提高认识具有指导意义,更重要的是对全局性工作具有现实意义和普遍指导意义。

(五) 时效性

调查报告具有很强的时效性,它回答的是所面临的工作中亟待解决的问题,因此,撰写调查报告,从调查研究到定稿的各个环节都要抓紧时间,不然,一旦"时过境迁",报告也就失去了指导意义。

三、调查报告的分类

调查报告的分类方法有很多,其中,按照内容性质和调查范围分类是常见方式,以下重点介绍这两类。

(一) 按照内容性质划分

根据内容性质的不同,调查报告分为基本情况调查报告、新生事物调查报告、典型经验调查报告、揭露问题调查报告等。

1. 基本情况调查报告

基本情况调查报告是关于某一领域、某一地区、某一单位或社会的某一方面的基本情况的调查报告。

2. 新生事物调查报告

新生事物调查报告是及时向社会比较全面地介绍某一新生事物的调查报告。通过揭示新生事物成长的规律及其意义,向人们展示新生事物的强大生命力,并通过预见性的判断指出它的发展趋势,达到指导工作的目的。

3. 典型经验调查报告

典型经验调查报告是对某一地区或单位贯彻执行党和国家的方针、政策的典型经验进行总结、推广的调查报告。它不仅可以起到表彰先进、树立典型的作用,而且可以推广典型经验,用于指导工作。

4. 揭露问题调查报告

揭露问题调查报告是针对工作中发生的重大事故、出现的严重失误所撰写的调查报告。这种调查报告通过全面、深入、细致的调查,用确凿的事实说明事故或问题发生的原因、情况和结果,分析其产生的背景及性质,以澄清是非、查明真相,达到解决问题、批评教育、告诫人们吸取教训的目的。

(二)按照调查范围划分

根据调查范围的不同,调查报告分为综合性调查报告和专题性调查报告。

1. 综合性调查报告

综合性调查报告所反映的内容比较广泛,涉及政治、经济、军事、文化、教育、卫生等各方面的状况,以及社会各阶层的状况。例如,《关于当前我国工人阶级状况的调查报告》《××市经济形势调查》等。这类调查报告的篇幅一般较长,内容比较详尽,能够较全面地反映某个地区、某一条战线、某一个阶层的全貌,对促进正确制定党和国家在某一时期或某一方面的方针政策有较大的参考价值。这类报告一般在高层决策中使用较多,在基层工作中,其作用往往被"统计材料"所代替。

2. 专题性调查报告

专题性调查报告是针对某一具体事物开展深入的调查研究,找出其形成、发展(或消失)的根本原因,科学阐明其运动规律,揭示这种规律的价值,目的在于宣传、推广研究成果或回答人们普遍存在的疑问。

根据内容所反映的对象,专题性调查报告又可以分为新事物调查、典型调查、揭露问题调查、案例调查等。其中,典型调查使用最多,它又可以细分为典型人物调查、典型经验调查、典型事件剖析等,常见于报纸杂志和机关内部资料、文件。

四、调查报告的撰写与格式规范

调查报告是基于调查研究,以特定格式撰写的应用型文书,兼具内容的翔实性与结构的规范性。其撰写与格式规范主要涵盖标题拟定、正文结构安排等关键部分,具体内容如下。

(一) 标题拟定

调查报告的标题形式比较灵活,通常有两种构成形式:一种是单行标题,另一种是双行标题。单行标题又分两种形式:一种是公文式标题,由事由和文种构成,如《关于××钢铁总厂管理经验的调查报告》;另一种是内容概括式标题,如《湖南农民运动考察报告》。双行标题又称主副式标题,由主标题和副标题构成,如《亏损企业的现状不容忽视——关于××市亏损企业的调查报告》。

无论采用哪种形式拟制标题,都要力求做到简洁、醒目、观点鲜明。

(二) 正文结构

调查报告的正文一般由前言、主体和结尾三个部分组成,各部分的基本内容和写作要求如下。

1. 前言

前言着重介绍基本情况并提出问题。一般概括说明三方面内容:一是调查工作的基本情况,二是调查对象的基本情况,三是提示调查研究结论。但不同调查报告前言中的基本事项不完全相同,也有调查报告没有前言部分,起笔直接进入主体部分。

2. 主体

主体是调查报告的核心内容,也是对调查研究结果的具体引证、说明部分。作者占有材料的多寡、观点的正确与否、层次是否清楚、理由是否充足等,都在这部分体现出来。这部分的内容决定调查报告的价值,因而是写作的重点所在。

主体结构安排主要有两种形式。一种是横向结构,即根据事物的内在联系,按问题或问题的不同侧面分几个部分来安排材料,各部分可以设小标题,也可用序号标出,各部分之间可以是并列关系,也可以是递进关系,综合性调查报告主体常采用此结构;另一种是纵向结构,即多以事物发展的时间先后或规律为顺序,专题性调查报告主体常采用此结构。横向结构的优点是条理清晰,能多角度展现内容,便于读者快速把握要点;缺点是各部分相对独立,若处理不当,易导致论述不够深入,整体连贯性不足。纵向结构的优点是脉络清楚,符合人们的思维规律,易于掌握;缺点是容易写成"流水账",失之平淡。所以,在实践中又产生了"以纵为经,以横为纬,纵横交错"的结构,即从纵的方面叙述事件、梳理过程,从横的方面分析矛盾、比较差异,并进行理论升华。

3. 结尾

调查报告结尾的写法有很多:或提出解决问题的方法、对策或者改进下一步工作的建议;或总结全文的主要观点,进一步深化主题;或提出问题,引发人们的进一步思考;或展望前景,进行鼓舞和号召。结尾是分析问题、解决问题的必然结果,要求简明扼要,意尽言止。

五、撰写调查报告时应注意的问题

(一)深入分析研究,揭示事物客观规律

分析研究贯穿调查报告写作的全过程。首先,要展开深入细致的调查,确定调查对象、内容、方法和提纲。其次,对调查获取的大量原始材料去粗取精、去伪存真,深入剖析。最后,基于分析,真实呈现从材料到观点、结论、建议的推导过程,提炼出具有理论价值的内容。

(二)用事实说话,统一观点和材料

用事实说话,要注意两点:一是要善于选择运用具体、典型的材料说明观点,其中包括典型事例、综合性材料、对比性材料和数据等;二是善于综合运用叙述、说明、议论等表达方式,把观点和材料紧密结合起来。

所谓调查报告,简单来说,就是根据调查的结果写出来的反映客观事物的书面报告。另一种说法是,要以正确的立场、理论和思想作为指导,对某一事件、经验、问题、情况或政策的贯彻执行情况进行深入细致的调查研究,并对通过调查得到的材料和情况进行认真、周密的分析,透过现象揭示本质,这样写成的报告,就是调查报告。

调查的目的不同,其作用也不一样。有的调查报告是用来向上级机关汇报工作的材料,作为上级机关确定路线、方针、政策和指导工作的依据;有的调查报告是在报纸、刊物上发表,用于扶植新生事物,推广先进经验,宣传党的路线和政策,指出现代化建设中某一条战线的发展方向;有的调查报告是为了揭露问题,进而为处理和解决问题提供材料;有的调查报告是为了还原历史事实的本来面目。

由此可知,调查报告是我们在实际工作中常用的一种文体,有助于我们了解情况、总结经验、树立典型、推动工作。不仅新闻记者、报刊编辑、宣传部门的干事应该掌握它,领导干部及一般干部也都应该熟练地掌握并运用它。在这方面,毛泽东同志为我们树立了榜样,他在中国新民主主义革命时期,先后撰写了《中国社会各阶级的分析》《湖南农民运动考察报告》等指导中国革命的著名文献。

六、调查报告的写作原则

撰写调查报告,除需注意立意新颖、观点鲜明、结构严谨、层次清楚、语言流畅、朴实生动等基本要求外,还必须遵循以下两条原则。

(一)实事求是是写好调查报告的前提

调查报告是在调查研究的基础上形成的,它来源于社会实践,又指导社会实践,同时接受社会实践的检验。因此,调查报告的内容必须坚持实事求是的原则,才能发挥应有的作用,否则将是一纸空文,毫无价值,甚至起到破坏性的作用。那么,怎样在撰写调查报告时遵循实事求是的原则呢?

一是尊重事实。有些人在撰写调查报告时习惯听命于领导,即使从实际调查中获取了真实材料,仍会按领导主观意图进行臆造。而某些领导决策时往往依据过往经验或上级指示,这就容易导致调查报告与实际情况不符。为此,调研人员必须强化责任意识,秉持科学态度,勇于坚持真理,确保调查报告内容的真实性和客观性。

二是面向实际。有些人养成了一个不好的习惯,写作时不是让理论服务于实际生活,而是让实际生活作为理论的图解和注脚。这种本末倒置的做法,导致有些调研报告"理论脱离实际",丧失了对工作的指导价值。为此,调研人员应当深入基层一线,占有丰富的第一手材料,遵循实际工作的发展规律,从中提炼出有价值的观点,并以此创新推动理论发展,避免教条主义的束缚。

三是出于公心。撰写调查报告时,撰写人员应当保持独立思考,避免人云亦云,没有创见。但同时也要防止固执己见、主观臆断,尤其不能从一己私利出发,或因受某人之托,写出违反原则、违反实际情况的调查报告。

总之,实事求是是撰写调查报告时必须遵循的根本原则,撰写调查报告时应坚持不唯上、不唯书、不唯己的基本原则,唯此,才能写出符合实际情况、经得起实践检验、具有较高参考价值的调查报告。

(二)科学分析研究材料

材料是调查报告的根基,而对材料进行科学、全面的分析研究,是提炼出有价值结论的关键所在。

第一,必须坚持定量分析与定性分析相结合。在调查报告中分析事物时,数量是直观具体的重要依据,量的变化往往会引发质的改变。但仅关注数量是不够的,还需从本质层面深入剖析,才能真正揭示事物的价值。因此,必须将定量分析与定性分析有机结合、交替推进。在综合分析过程中,务必确保统计数据精准无误,避免模糊估算;保证数据对比科学合理;对事物性质的界定要做到恰如其分,防止因草率下结论而产生偏差。

第二,要从宏观和微观两个维度剖析事物。任何事物都有宏观和微观属性。在撰写调查报告时,要善于把调查对象放到整个宏观背景中去认识,同时要深入探究其内部运行规律。只有这样,才能全面、透彻地认识事物本质。

第三,要把对现实的分析和对历史的分析结合起来。事物的发展具有延续性,现实是历史传承与发展的结果。在分析的过程中,不能孤立看待当下情况,需追溯事物的历史脉络,通过历史与现实的对照,明晰其发展轨迹与演变逻辑,从而更准确地把握事物现状并预判其未来走向。

第四，要综合考量调查对象及其外部环境。"有比较才有鉴别"，判断事物的优劣是非，除了进行历史的纵向比较，还需将调查对象放在同类事物中展开横向比较。例如，在撰写某企业产品质量提高状况的调查报告时，不仅要对比该产品自身不同时期的质量状况，还应将其与其他企业、地区乃至国际同类产品进行对比。这样，对该产品质量的评价才更客观、中肯、准确、可信，既能展现产品质量提高的一面，也能揭示其与同类产品的差距，实现对事物的全面认知。

第五，要精准抓住事物的主要矛盾。唯物辩证法告诉我们，矛盾具有普遍性，是客观世界存在的基本形式。从这个意义上说，撰写调查报告也是揭示矛盾、分析矛盾的过程。复杂事物往往包含多种矛盾，在一定阶段、一定范围内，必然有一个主要矛盾起决定性作用；一个矛盾也存在主次两个方面，事物的性质主要是由取得支配地位的矛盾的主要方面所决定。因此，我们在分析事物的过程中，必须善于抓住主要矛盾或矛盾的主要方面，这样才能将事物的性质界定准确，进而得出合乎实际的结论。抓住了主要矛盾，调查报告的政策水平和理论高度就能得到明显提升，其结论的科学性和说服力也就随之增强了。

下面是一篇规范的调查报告（见例文 3.4.1）和一篇不规范的调查报告（见例文 3.4.2）。读者可结合本节所学内容，体会二者的差异。

[例文 3.4.1]　　规范的调查报告

"推动农文旅融合发展，激发乡村振兴活力"
专题调研报告

百色市政协专题调研组

2023 年 8 月 14 日

根据 2022 年协商计划安排，为贯彻落实习近平总书记视察广西"4·27"重要讲话和市第五次党代会精神，市政协以"推动农文旅融合发展，激发乡村振兴活力"为内容开展专题协商，并由市政协副主席、党组副书记黄建宁率调研组,先后深入我市乐业县、凌云县,赴区内的来宾市、贺州市以及区外的安徽省芜湖市、铜陵市等地开展课题调研和考察,学习借鉴兄弟省市的先进经验和成功做法,现将调研情况报告如下。

一、我市农文旅融合发展具有较好优势

(一)农业特色优势显著。百色气候属亚热带季风气候,农业特色优势鲜明,拥有良好的生态环境,优美的山水田园景观,丰富的长寿养生资源,是"中国芒果之乡""茶叶之乡""八渡笋之乡""茴油之乡""灵芝之乡""砂糖橘之乡""兰花之乡",有机农产品面积居全区第一位,全市已发展形成了13个国家级、7个自治区级、56个市级"一村一品示范村镇",品牌农业和特色完全具备了农文旅融合发展的独特优势。目前,全市已经初步打造了以右江河谷休闲农业集聚区、百色芒果产业(核心)示范区、凌云茶山金字塔为核心,辐射带动右江区福禄河国家湿地公园、靖西市鹅泉景区、凌云浩坤湖景区等涵盖12个县(市、区)的特色农业旅游项目。

(二)人文资源底蕴深厚。百色人文历史资源内涵丰富,以骆越文化为代表的历史文化,以百色起义纪念园为代表的红色文化,以句町古乐、布洛陀文化为代表的民族民俗文化底蕴深厚、独具品位,具有鲜明地域特色和民俗风情,特别是我市各少数民族节庆文化活动众多,集会盛大,极具打造潜力。目前,全市已打造了布洛陀文化旅游节、壮族"三月三"、瑶族盘王节、苗族跳坡节、彝族火把节、仡佬族尝新节等节庆品牌;打造了靖西鹅泉、旧州、浩坤湖等景区及周边地区一批田园风情的农家乐和绣球、壮锦、麦编花篮等一批创意农业文化品牌。同时,我市非物质文化遗产形态完整,现有国家级非遗项目9项、自治区级非遗项目147项、市级非遗项目215项、县级非遗项目1724项,数量居于全区各市前茅,非遗旅游、乡村振兴结合发展成效明显。

(三)旅游配套日臻完善。近年来,我市多措并举推动文旅产业发展,深入挖掘了百色文旅"红色高地、壮族圣地、南国边地、天坑绝地、长寿福地、文化园地"六张闪亮的名片,精心打造了"右江区—凌云县—乐业县"长寿养生之旅、"平果市—田东县—田阳区"右江河谷休闲农业观光之旅、"德保县—靖西市—那坡县"边关风情之旅、"田林县—隆林县—西林县"少数民族风情之旅、"右江区—田阳区—靖西市—乐业县—隆林县"非遗体验之旅等五条主题鲜明、风格各异的乡村旅游线路;同时,围绕旅游"吃住行游购娱"六大要素,新建(改扩建)了一批游客集散中心、村级公共服务中心、旅游厕所、广西旅游直通车项目服务网点等,发展住宿餐馆企业 20 148 余家(其中星级宾馆 30 家),旅游各项配套设施日臻完善,为我市农文旅加快融合发展的创造了有利条件,发展前景广阔。

(四)政策扶持优势叠加。我市享受新一轮西部大开发、左右江革命老区振兴、广西百色重点开发开放试验区等叠加政策扶持优势,旅游市场广阔,粤港澳大湾区、广西壮族自治区内外,甚至东盟国家旺盛的乡村旅游需求,都将成为有力助推我市农文旅发展的潜在优势。2020 年,市委、市政府提出,要大力推进文化旅游融合发展,提出文化强市,高质量发展旅游的理念,出台了《百色市乡村旅游发展规划》,制定了《百色市提振旅游消费促进旅游业恢复发展若干政策措施》,市级财政还设立了旅游发展专项资金,这些都为百色农文旅融合发展营造了较好的政策环境。

(五)综合区位优势凸显。百色已形成高铁、高速、水运、航空、口岸相配套的互联互通网络,成为国家推进西部陆海新通道和"一带一路"建设的重要节点城市之一,处于中国与东盟双向开放的前沿。全市高速公路通车里程达 840 公里,居全区各市第一,年内将实现县县通高速;100%的建制村通沥青(水泥)路,14 790 公里农村公路如玉带环绕山间,现代化立体交通体系日渐完善。未来,随着黄桶—百色、云南文山—靖西—防城港铁路,南百高速"四改八"、右江航道"三改二"等重大交通基础设施建设逐步建成,百色的区位交通优势将会越来越明显,必将成为具有吸引力的休闲旅游度假目的地。

二、我市农文旅融合发展现状及存在问题

(一) 发展现状

近年来,我市注重发挥历史文化、民族资源和生态资源等优势,积极围绕"壮美红城·千姿百色"形象定位,按照"选好点、做好面、连成片"的工作思路,以"文旅+"融合发展为抓手,积极调动乡村物产、土地等资源,开发旅游产品,增强乡村旅游吸引力,培育打造乡村旅游新业态,有力推进了全市农文旅融合发展工作,取得了一定成效。"十三五"期间,全市乡村旅游累计接待游客 12.99 亿人次,实现旅游消费 8620.74 亿元,乡村旅游成为百色旅游发展的一大亮点、助力脱贫攻坚的有力抓手。截至目前,我市共有广西特色旅游名县 3 个(靖西、乐业、凌云);国家 3A 级以上景区 45 家,广西星级乡村旅游区 24 处,自治区级生态旅游示范区 8 个,星级农家乐 44 家,广西休闲农业与乡村旅游示范点 26 家、全国特色景观旅游名村 1 家、广西特色旅游名村 3 家、广西巴马长寿养生国际旅游区名村名屯 2 家、全国农业旅游示范点 3 家、广西农业旅游示范点 14 家。

一是以文旅融合为抓手助推乡村振兴。编制了《百色市乡村旅游发展规划(2021—2030)》和《广西百色市红色旅游发展规划(2021—2030)》等乡村旅游顶层规划。成功争取到中央预算内文化旅游提升工程项目 9 项,总投资 12 918 万元。凌云"泗水缤纷"田园综合体、古榕江生态农业休闲旅游度假区等一批乡村旅游重点项目建设取得新进展,右江河谷休闲农业集聚区、芒果产业(核心)示范区等一批休闲农业集聚区逐步形成。二是重点实施"红红"组合打造旅游线路。利用高铁逐步与滇黔桂接合部城市进行互相链接机遇,精心打造右江缅怀红七军之旅、左江追寻红八军足迹之旅两条红色旅游精品线路,合力建设好"左右江红色旅游区"。同时,坚持"红绿""红土""红彩"结合,将百色丰富的红色资源与自然生态、民俗、民族文化等资源相结合,长寿养生体验之旅、奇山秀水休闲之旅等旅游线路日渐走俏。三是实施"旅游+""+旅游"发展战略,创新产业融合模式。积极推动乡村旅游与特色小镇、少数民族特色村寨、田园综合体等协同建设,与农

业、林业等行业融合发展，不断完善乡村旅游的配套设施，丰富乡村旅游的产品内涵。如，凌云县浩坤村依托浩坤湖旅游景区开发建设，聚集人才、资金、资源等要素，推动浩坤村由大石山区的"穷山沟"蜕变成现在的"桃花源"，吸引全国各地游客纷纷前来旅游观光。四是通过扶持传统工艺促进非遗发展。创新非遗传承模式，扶持传统工艺，畅通生产、流通、销售等渠道，推动非遗生产性保护。目前，全市重点建设非遗企业8个，其中：国家文化产业示范基地1个、自治区文化产业示范基地4个、自治区文化产业示范基地创建单位2个，覆盖脱贫人口2500人，实现脱贫户年人均增收2000余元，成为推进乡村振兴重要抓手。

（二）存在问题

我市农文旅融合发展具有独特的地方优势，也取得了一定的发展成效。但从总体上看，我市农文旅融合发展起步较晚，尚欠火候，目前还处于初级阶段，与乡村振兴及人们对美好生活的向往还不相适应，还有许多突出问题亟待解决。

1. 缺乏高层次规划和引领，档次品位不高。我市农文旅融合发展还缺少高层次规划引领，资源开发未形成有效合力。目前已建成的乡村旅游区（农家乐），发展规划主要由当地旅游部门指导，业主自己规划设计，开发重规模缺质量，档次品位低，发展规模和定位不清晰，品牌意识淡薄。此外，部分乡村旅游开发存在盲目性，注重眼前利益，缺乏长远打算；部分乡村旅游开发人工痕迹明显，缺乏文化底蕴，城市化倾向严重影响乡村旅游特色。

2. 乡村旅游与开发模式单一，知名品牌不多。我市大部分星级乡村旅游区（农家乐）主要由农民自主开发再由政府引导和增加投入建成，多为"公司+农户""农民合作社+农户"等开发模式，功能不完善，产业规模小，产品单一。此外，乡村文化传统和民俗资源开发不足，项目缺乏深度开发设计，休闲度假、保健养生、户外运动、精品民宿等旅游新业态发展缓慢，研学旅游、红色旅游等"商养学闲情奇"等新业态拓展不够，旅游产品同质化严重，缺少知名旅游品牌，客源市场主要为城市周边,外地客源稀少。

3.农文旅发展资金投入不足,基础设施不强。我市旅游发展专项资金每年配套安排1500万元(其中市本级经费仅600万元),在全区设区市中属于较低水平,无法充分满足文化旅游发展及宣传推广工作的需要。此外,通往景点的道路等级不高,旅游舒适性不够;交通集散体系还不完善,部分景区及周边区域拥堵不畅;公共服务设施滞后,一些景区景点、道路、住宿、餐饮、停车位、卫生设施、旅游标识系统等公共配套设施还不能满足要求;运用现代科技的能力还不足,智慧服务水平、农产品展销、地方文化特色展示等配套功能尚待进一步提升。

4.农文旅项目宣传力度不够,文旅氛围不浓。我市在农文旅项目包装策划上还不够,专业的推介宣传和营销不足。特别是针对不同消费群体的"农文旅"项目开发设计不深,市场发掘不够,推介宣传不精准,推介宣传环节缺乏整体筹划等,导致市场回报率不高。其次,激励扶持力度还不够,企业和从业者拓展"农文旅"市场的积极性和主动性不高,农文旅文化氛围不浓。

5.农文旅专业人才缺乏,人员素质不优。目前,我市乡村旅游从业人员均为当地留守农民,受文化知识水平限制,整体素质不高,加之缺少系统培训,总体上服务意识和服务能力较低。此外,全市相对固定从事导游工作人员只有30人左右,且人均收入偏低,高校培养的旅游专业人才存在"引不进、留不住"等问题,导致在农文旅项目服务体系建设上,如环境整洁、居住洁净、餐饮卫生、安全方便、设施保障、接待人员礼仪和素质等方面,缺乏专业人员指导,档次难以提升。

6.农文旅市场监管乏力,管理标准不一。我市农文旅市场监管存在多头管理、权责不清现象,乡村民宿、餐饮等行业标准执行和监管有待完善。一方面,旅游市场监管涉及多部门,各级文旅部门对相关要素市场的监管手段有限,致使文旅部门"大市场职责"和"小市场权限"的矛盾日益突出。另一方面,新业态监管权责不清,如建设运营玻璃栈道、漂流等高风险旅游项目面临着监管职责不明、建设标准缺乏、经营资质管理滞后等问题。

7. 缺少龙头企业示范带动,精品打造不力。特色旅游产业要实现真正全产业提质、升级,有必要引进有条件的龙头企业进来带动引领,在全域旅游的概念下打造几个精品景区,只要市场还在,就一样可以实现更好的经济效益和社会效益。但目前,我市的特色旅游项目(包括农文旅融合发展项目)开发,还缺少有实力的龙头企业示范带动,没有建立专业的农文旅研究机构和研发团队,精品景区打造乏力,行业整体品位难以提升。

三、加快推进我市农文旅融合发展的对策建议

农文旅融合发展是当前我国旅游产业发展的必然趋势,也是适应市场的必然选择,对于乡村振兴战略的全面实施具有重要作用,不仅提升了乡村地区经济效益,还对乡村生态环境的改善起到了不小的助力。为此,针对当前我市农文旅融合发展存在的突出问题,提出如下对策建议:

(一)坚持高起点规划,强化全市农文旅融合发展整体规划。一是注重全景式规划。坚持全域旅游理念,发挥好规划引领作用,专门聘请农文旅融合发展研究领域的专家学者和自然资源、水利、农业、文旅、科技、交通、市场、工信等部门的专家及"农文旅"业界的精英人士组成规划编制组,在深入调研、全面科学分析论证的基础上,编制完善全市农文旅融合发展总体规划,使规划更具前瞻性、周密性、创新性和可操作性。二是注重特色化发展。深度挖掘百色资源特色和文化遗产,依托区位、资源、环境、产业等各方面优势,积极引导乡村旅游特色化竞争、差异化发展,保持乡土本色,突出田园特色,避免城市化倾向和不合理开发,形成山水田林湖一体化保护和高效利用的科学布局。如,借鉴铜陵市义安区西联镇犁桥村"艺术振兴乡村"工程模式,邀请艺术家、建筑师、设计师在百色周边打造1—2个艺术村落示范点,用艺术氛围吸引人,打造特色民宿留住人,形成了独一无二的艺术风景和体验,吸引了市民及外地游客慕名"打卡"。三是注重合理化推进。根据当地"家底"情况,设定合理发展目标,突出重点、做好布局、划好片区,避免盲目求全,一哄而上、全面开花。建议市级层面重点推进

2—3个精品乡村旅游示范景区,各县(市、区)重点打造1个精品旅游示范景点,确保出精品见效益。同时,建立健全相关协调机制,由文旅部门牵头对重点示范景区建设开展经常性会商,确保资金、人才、用地等各项资源都集中向示范点倾斜,齐心协力打磨出百色精品特色旅游品牌,推动我市建成国家全域乡村旅游示范市。

(二)坚持精品化塑造,全力打造特色农文旅体验精品项目。一是深挖农业旅游资源,打造"旅游+农业"精品项目。发挥百色农业特色先天优势,大力发展创意农业、休闲农庄,着力打造高品质的生态休闲农业示范区、乡村旅游标杆示范项目、田园综合体项目等,实现从农业观光型向休闲度假、体验娱乐、参与教育综合型转变。如,借鉴推广乐业县甘田镇高山蔬菜基地建设经验,抓住深百对口帮扶合作机遇,引进深圳龙头企业到我市与当地政府、企业合作,对凌云茶山金字塔、右江区芒果产业(核心)示范区、乐业万亩猕猴桃基地等农业旅游项目进行提级改造,延伸农业产业链条。二是依托百色深厚的人文资源,打造"文化+旅游"精品项目。充分挖掘百色文化潜力,将红色文化、边关文化、历史文化、民俗节庆文化、非遗等多种资源优化整合起来,剔除糟粕,传承精华,加以适当的设计包装,着重推出一批较为成熟、具有浓郁百色特色的乡村文化旅游精品项目。如,将乡村旅游与"左右江红色旅游区"建设结合,打造好田东县百谷村、真良村、凌云县彩架村等红色文化村;将乡村旅游与非遗传承相结合,打造"非遗村"等主题品牌村;将乡村旅游与特色民族节庆文化相结合,打造周期性节庆文化旅游"爆点"。三是用好百色丰富康养资源,打造"旅游+康养"精品项目。充分利用百色丰富长寿康养资源,打造生态体验、生态康养、生态旅游、森林养生、田园养生、文旅养生等综合康养精品项目,促成以观光休闲为主体的乡村旅游市场向以度假居住结合观光、休闲、体验、养生为核心的度假市场转变。如,借鉴安徽芜湖市繁昌区慢谷旅游度假区经验,在百色市县区周边风景秀丽的乡村打造1—2个康养旅游度假区,遵循"慢调生活、健身休闲、农耕体验、美食养生"的理念,规划设立高品质房车露营地、星空帐篷、乡村民宿等新兴业态,满足游客沉淀心灵、享受生活、体验"闲情逸致"的需要,打造"候鸟式养老"旅居地。

（三）坚持规范化建设,完善旅游基础设施和提升服务水平。一是释放政策红利,加大投入力度。充分利用左右江革命老区振兴、广西百色重点开发开放试验区等政策扶持优势,把握好乡村振兴各类政策向乡村旅游集聚区倾斜叠加的机遇,借鉴云南、贵州等省份经验,有针对性地制定务实管用措施来提高争取中央转移支付的主动性和精准性。坚持政府引导和市场运作双重机制,加大旅游招商引资力度,拓宽融资渠道,引进战略投资者,强化民间、企业、海外等多元投资主体,形成多元化资金投入格局。二是完善配套设施,提高旅游舒适性。加快推进A级景区、乡村旅游重点区域与高速公路、国省干道的连线道路建设,重点改善通往目前运营较好的乡村旅游景点、景区的交通条件,提升出行的舒适性,吸引更多的游客。在旅游强镇、特色镇和重点旅游景区建设游客服务中心,着重加强对乡村旅游景区景点的住宿、餐饮、停车位、卫生设施、驿站、观景台、旅游标识系统等公共配套设施建设和维护,尽快形成"食、住、游、购、娱"一条龙服务的产业服务体系。三是健全工作机制,提升服务水平。按照乡村旅游发展规划总体部署,加快制定行业服务质量标准,完善智慧服务、农产品展销、地方文化特色展示等配套功能设施和信息化装备水平。加快智慧旅游建设,开发运用乡村旅游App等,为游客提供便利服务。进一步理顺旅游工作的体制机制,完善旅游综合执法体系,解决好农文旅市场监管多头管理、权责不清问题。推动组建百色农文旅产业联盟,设立旅游发展基金,加强对旅游从业人员的培训,更好推动旅游产业规范化、市场化发展。

（四）坚持市场化运作,塑造多元化的农文旅特色经济业态。一是开发精品线路,发展"线路"经济。结合农业三产融合示范园区、人居环境整治和美丽乡村建设,依托我市已打造的五条特色乡村旅游线路和知名旅游景区、景点,对沿线休闲农业项目完善设备、提升品位、丰富内涵,开发2—3日行程的精品线路,积极打造适宜游客物质和精神需求的休闲农庄、农家小品、乡情活动,引导周边农户参与接待和服务,有效推动"农文旅"产业融合发展。二是开发文创产品,发展"小镇"经济。借助特色小镇建设的契机,规划打造文旅产业,挖掘开发生态自然型旅游产品和度假产品多样组合,深挖延伸融合产业功能、文化功能、旅游功能和社区功能,促进叠加效应,推进融合发展,以丰富集镇化建设内涵,壮大"农文旅"经济。三是开发游乐项目,发展乡村"夜经济"。将推进农文旅融合发展与地方传统习俗结合起来,与当地民族美食结合起来,大力开发民间娱乐活动,发展乡村"夜经济"。依托优良的自然环境和优美的山水风光,在已建成的星级乡村旅游区(农家乐),开发戏曲、舞台表演等娱乐项目。四是开发休闲食品,发展"后备箱经济"。加快休闲食品分拣、加工、包装、销售,充分利用百色芒果、砂糖橘、猕猴桃等传统特色农产品资源优势,努力推出一批具有地域文化特色的名优特农产品。发展"后备箱经济",谋划"农产品托运经济",让游客在百色观光游览的同时,带走本地更多质优价廉的农副产品,实现全市"农文旅"资源的转化增值。

(五)坚持品牌化打造,做好农文旅项目的营销推介活动。树立乡村旅游品牌意识,创新营销推介方式方法,不断拓宽乡村旅游的客源市场。一是拓展旅游营销渠道。充分发挥抖音、快手等新媒体营销优势,开发利用"百色文旅云"等新平台宣传百色乡村文化旅游工作,宣传各景区景点和优惠政策、推送旅游攻略等;充分发挥旅游专业协会的作用,摸清家底,整合信息,引入"农业+"理念,积极与各类电商平台接洽合作,完善市场对接渠道,帮助农文旅的农产品和农业园区更好地走向市场。二是办好特色节庆活动。依托百色丰富民族特色节庆活动,将节庆活动与"农文旅"深度融合,办好节庆活动和主题采摘休闲体验活动,通过"旅游+"的模式打造周期性旅游爆点,形成贯穿全年的宣传声势。三是加大媒体宣传。拍摄旅游形象宣传片,积极通过电视、网络、微博、微信、抖音等各类媒体,开展长效宣传推介。以"吃、住、行、游、购、娱"为切入点,挖掘百色本土人文特色和乡土风情,深度介绍全市各地风景名胜、旅游景点、文化饮食、民风民俗、地方历史。四是举办主题文旅活动。依托中国—东盟现代农业展示交易会、布洛陀文化旅游节、壮族"三月三"、百色·田东芒果文化节等各类展会活动,策划举办百色农文旅旅游产品推介活动等,全面展示和树立百色优质农特产品和特色农文旅旅游产品的品牌形象。

(六)坚持人才引领驱动,提升全市农文旅融合发展软实力。专业人才是推进农文旅融合发展的软实力,是文旅产业真正的中坚力量,必须大力进行挖掘和培育。一是积极寻求专家团队的帮助。聘请农文旅融合发展领域专家学者到我市授课和指导,高起点、高水平、高标准协调各区域农业、旅游和文化产业融合发展,制定和完善各类农文旅融合发展示范园区规划建设。二是引导高层次专业人才下乡。探索"乡村旅游合伙人"招募和"乡创特派员"等制度,通过完善高层次专业人才下乡的激励政策及产业扶持机制,吸引一批优秀的专家学者、党政干部、投资者下乡创业、开展培训,提升从业人员服务水平。三是培养一大批本土人才。由政府牵头统筹组织我市农业、旅游业、文化产业相关企业选派人员参加文旅产业培训,并与广西大学、百色学院等高校合作建立培训实习基地,加大培训量,为本地从业者提供更多学习技术、行业规范和经营管理方法的机会。四是引进一批"留得住"的复合型创新型人才。通过建立合理的用人留才机制,引进一批"留得住"的懂农文旅产品设计、运营管理和具有营销思维的复合型创新型人才。同时,以百色高速发展的经济和良好的行业前景吸引人才、留住人才,发挥他们的引领带动作用,不断促进人才返乡、进乡,形成良性的人才机制。

[例文3.4.2] 不规范的调查报告

经济调查报告

近年来,××市委、市政府把发展国民经济作为拉动全市经济的切入点,已经取得明显成效。根据市委领导关于"要注意总结园区建设的成功经验"的指示精神,最近我们对××园区经济发展情况进行了调查研究。现将有关情况整理如下,供有关方面参考。

一、园区经济发展情况

目前,我市的园区建设主要有两种模式:一种是由政府组织管理的园区,如××工业园区、中国××民营工业园、××华侨投资区;另一种是由企业自主开发的园区,如高新科技产业园区、北生药业科技园、银河软件科技园、国发海洋生物产业科技园等。

园区管委会作为市政府的派出机构,全权负责工业园区的规划、招商、开发、管理事务,实行一站式服务,为投资者免费代办项目所需全部手续。工业园良好的投资环境和高效的办事作风吸引了大批客商前来投资创业。

园区第一期工程拟投资 4 亿元左右。据市场分析,相关产品需求旺盛,以上项目达产后,预计年产值达 3.6 亿元,创利税 8000 万元,发展前景亦十分看好。

二、发展园区经济的作用

我市发展××园区经济虽然时间不长,但园区经济已经对全市经济和社会发展显示出积极作用。××园区具有显著的区位优势,丰富的资源依托,完善的基础设施等发展经济的利好条件,但××园区目前工业化程度较低,没有形成完整的工业体系,三产结构由于工业发展不足而失衡。因此,推动工业化进程成为今后几年的工作重点,园区经济通过良好的投资环境,吸引众多企业前来投资创业,对扩大我市工业规模,增加工业产值具有不可估量的作用,如果园区经济走上良性循环将会极大推动我市工业化进程。

高新技术产业是 21 世纪的主导产业,是经济领域的制高点,××园区欲在新时代实现跨越式发展,就必须占领这个制高点。园区作为资金、技术、人才的集聚平台,高新技术产业园区的建设将促进本地高新产业发展,并吸引知名企业落户。

三、存在问题与建议

在调研过程中,我们看到了园区经济蓬勃发展的同时,也发现了一些值得重视的问题,主要存在管理体制混乱、优惠政策落实不到位等问题。这将影响整个园区的形象和格局、性质。

事实证明，市委、市政府作出关于发展园区经济的决策是正确的，对如何解决和避免园区经济发展中出现的问题提出如下建议：

一是理顺管理体制。应建立统一的园区管理机构，负责决策协调，具体承担"调研、策划、协调、督办"职能，避免多头管理。

二是营造投资环境。在调研过程中，虽然市主要领导高度重视，但需通过业务培训提升基层执行能力和公务员素质，还应建立严格的奖罚制度，对"害群之马"给予经济上的以及其他处罚，对情节严重者予以公开通报批评。

三是建设特色园区。在园区建设的策略方面，要充分体现特色，打造园区亮点。

四是加大宣传力度。宣传重点面向国际 500 强企业以及国内的优秀企业。

点评：该经济调查报告虽结构框架完整，但整体质量欠佳。在内容呈现上，基础信息严重缺失，对园区地理位置、面积、基础设施等关键信息未做介绍，数据来源及测算依据不明，难以让人信服。逻辑论证层面，因果关系阐述模糊，问题与建议缺乏紧密关联，未能形成有效解决问题的逻辑链条。在格式上，标题没有指明是关于哪里的经济调查报告，全文大标题下未细分小标题，规范性不足。总体而言，此报告未能充分发挥调查报告应有的信息传递与决策参考价值，在客观性、逻辑性、专业性等方面均需改进提升。

练习题

一、判断题

1. 客观事实是调查报告赖以存在的基础。（　　）

2. 调查报告的典型性表现在实施调查的主体具有典型性，以及文章所使用的材料典型。（　　）

3. 调查报告主要是为了向上级机关提交建议以及向主管部门请求批准。（　　）

4. 从内容涉及的范围看,《关于当前我国工人阶级状况的调查报告》是一份新生事物调查报告。（　　）

5. 报告和请示都是上行公文,主送机关都是直接上级领导机关。因此,为了节约时间、精力、提高工作效率,可以把请示事项写在调查报告中,一并呈送上去。（　　）

二、多选题

1. 调查报告的特点主要有（　　）。

A. 针对性　　　　　　　B. 真实性

C. 理论性　　　　　　　D. 典型性

2. 根据内容的不同,调查报告可分为（　　）。

A. 基本情况调查报告　　B. 新生事物调查报告

C. 典型经验调查报告　　D. 揭露问题调查报告

3. 撰写调查报告要把握以下几个环节（　　）。

A. 深入调查,获取材料　　B. 比较分析,筛选归纳

C. 揭示客观规律,确定主旨　D. 精心谋篇布局,完成撰写工作

4. 调查报告一般包括哪几个部分（　　）。

A. 前言　　　　　　　　B. 标题

C. 正文　　　　　　　　D. 结语

5. 怎样在撰写调查报告时遵循实事求是的原则（　　）。

A. 尊重事实,不唯上　　B. 面向实际,不唯书

C. 出以公心,不唯己　　D. 尊重经验,不唯书

三、写作分析题

下文是用 DeepSeek 生成的《××市银发经济发展调查报告大纲》,请分析该文稿的优缺点。

××市银发经济发展调查报告大纲

一、摘要

1. 调查背景与目的

2. 主要发现概述

3. 政策建议摘要

二、调查背景与意义

1. 银发经济定义与范畴

涵盖养老、医疗、文娱、旅游、金融等产业。

2. ××市老龄化现状

60岁以上人口占比、增长速度、区域分布。

3. 发展银发经济的必要性

应对老龄化挑战、培育新经济增长点。

三、调查方法与数据来源

1. 调查对象

老年群体(年龄分层、收入水平、消费习惯)。

养老服务企业、医疗机构、文娱机构等市场主体。

2. 调查方式

问卷调查(样本量、覆盖区域)。

实地访谈(养老院、社区服务中心、企业代表)。

政府统计数据与行业报告分析。

四、××市银发经济发展现状

1. 市场需求分析

老年消费结构(医疗保健、养老护理、休闲旅游、智能产品等)。

消费特征(价格敏感度、品牌偏好、线上/线下消费比例)。

2. 市场供给分析

养老服务(机构养老、社区养老、居家养老覆盖率)。

医疗健康(老年专科医院、康复护理机构数量)。

文娱旅游(老年大学、适老化旅游产品供给)。

金融保险(养老保险、老年理财产品)。

3. 政策支持现状

现有养老补贴、产业扶持政策。

土地、税收、融资等方面的优惠措施。

五、主要问题与挑战

1. 供给不足与结构失衡

优质养老机构短缺,社区养老设施不完善。

适老化产品和服务种类单一。

2. 消费潜力未充分释放

老年人消费观念保守，市场培育不足。

支付能力受限（养老金水平、医疗保障覆盖率）。

3. 行业标准与监管缺失

部分养老机构服务质量参差不齐。

老年消费市场存在欺诈、虚假宣传等问题。

4. 科技应用滞后

智慧养老产品普及率低，适老化科技产品供给不足。

六、典型案例分析

1. 成功企业/模式（如××连锁养老机构、老年健康管理平台）。

2. 创新实践（如社区嵌入式养老、老年电商平台）。

3. 外地经验借鉴（如上海、成都等地银发经济政策）。

七、发展建议

1. 优化政策支持

加大财政补贴，鼓励社会资本进入。

完善行业标准，加强市场监管。

2. 推动产业升级

发展"养老+医疗+保险"融合模式。

支持智慧养老、老年健康科技研发。

3. 培育消费市场

加强老年消费教育，推广适老化产品。

开发老年旅游、文化娱乐等新业态。

4. 完善基础设施

推进适老化改造（社区、交通、公共设施）。

建设老年友好型城市。

八、结论与展望

1. 银发经济市场潜力巨大，但需系统性推进。

2. 未来发展趋势（智能化、个性化、社区化）。

第五节　领导讲话稿

一、概述

所谓领导讲话,是领导为实施领导权,在会议或仪式上所作的指示性发言。领导讲话一般都是通过讲话稿来实现的。领导讲话稿是指各级领导在重要会议上所作的带有指示或指导性讲话所用的文稿,是领导开展领导管理活动的重要载体和手段。广义上说,部分具有指示或指导性质的开幕词、闭幕词、大会工作报告,也可视为领导讲话稿。因此,领导讲话稿是一种常用的会议文书。

领导讲话稿提倡由领导自己撰写,也可由领导授意,秘书代写,最终由领导审定使用。领导讲话稿不像大会工作报告那样体现鲜明的集体意志,可融入领导个人观点。有些领导在胸有成竹的情况下,也可以不用文稿,直接在大会上演说,由别人记录下来形成文稿。

二、领导讲话稿的基本分类

领导讲话是领导现场口头表达的实践活动,而领导讲话稿是支撑这一活动的文字载体,二者相辅相成。领导讲话稿正是依据领导讲话的核心功能需求创作而成,具体分类如下。

（一）开幕引导类

开幕引导类讲话稿主要用于在会议开始时阐述会议背景、缘由、目的、议程安排及期望效果等内容。这类讲话稿通常供会议主持人或主办方领导使用,旨在明确会议基调,引导参会者快速聚焦核心议题,为后续议程奠定基础。

（二）工作指导类

工作指导类讲话稿通常用于在大会报告之后,聚焦会议中心议题展开重点阐发。讲话稿内容紧密结合当前形势和本地区、本单位实际,为与会者分析具体问题、提供思路方法,并明确实质性问题的处理原则,此类讲话稿具有鲜明的工作指导属性。

（三）总结部署类

总结部署类讲话稿对应领导在会议中的两种讲话场景。在会议进行中,阶段性总结讲话稿被用于按会议议程于转入下一议程前,对已讨论问题及发言情况作客观评价,肯定成绩、指出不足;在会议结束时,会议总结讲话稿被用于全面总结会议内容,并提出贯彻会议精神的意见和要求。

（四）动员激励类

在誓师会、动员会、庆祝大会、成立大会、运动会开幕式等场合,领导使用动员激励类讲话稿进行发言。动员激励类讲话稿重视思想宣传和精神鼓舞,虽然这类讲话稿一般不作具体指示和工作部署,但凭借其中富有感染力的内容,能够有效感染听众精神面貌,唤起听众投身工作或事业的热情。

（五）专题研讨类

专题研讨类讲话稿用于领导在布置中心工作、研究具体问题或统一思想的会议上发表讲话。讲话稿针对某项工作或问题进行深刻理性分析,以深入浅出、循循善诱的表述,增强讲话稿自身的逻辑性和说服力。

（六）点评总结类

点评总结类讲话稿用于领导在总结会、表彰会、大会闭幕式等活动中发言。这类讲话稿围绕前段工作、大会成果或各方意见建议进行点评总结,直接体现出其肯定成绩、指出问题、明确努力方向的功能。

按照会议的性质划分,领导讲话稿也可以分为行政会议讲话稿、专业专题会议讲话稿、代表大会讲话稿、座谈交流会讲话稿、学术研讨会讲话稿等。

三、领导讲话稿的主要特点

领导讲话是领导传递信息、实施领导的重要方式,而领导讲话稿则是保障领导讲话顺利开展、精准传达意图的文字载体,二者紧密关联且相互作用。领导讲话稿的主要特点正在于满足领导讲话的需求,具体表现如下:

一是权威性。讲话历来是政治家和各级领导宣传政见、安排部署工作的有效形式。领导讲话稿不同于一般的演讲和发言稿件,其目的是通过权威性表述传达政策导向、部署工作任务、凝聚团队共识,以推动组织目标的实现。因此,领导讲话稿具有一定的权威性、全局性、综合性、指导性和有效性。领导的职务不同,讲话稿所承载的内容和产生的效果也不同。

二是思想性。领导讲话稿要有一定的思想性、理论性、教育性。起草时只有注重高起点、深层次,才能使讲话稿内容经得起推敲,引人思考,让人信服、知其所以然,从而打动听众,实现讲话目的。

三是鼓动性。当领导者想要达到某种政治目的、部署某项任务,或针对形势、问题、思想动态发表讲话时,讲话稿可作为载体,供领导者通过富有启发性、示范性的议论提出目标、发出号召。因此,优质的讲话稿能够助力领导在讲话中充分发挥激励、鼓动作用。

四、领导讲话稿的结构及写法

领导讲话稿的结构设计需兼顾规范性与实用性,各组成部分有其特定的撰写要求与作用。从标题、日期、称谓到正文,都需精准把握写作要点,确保讲话稿能有效服务于领导的表达与会议目标的实现。

(一)标题

领导讲话稿的标题是展现核心内容与主题的关键要素,对吸引听众注意力、传达讲话主旨起着重要作用。领导讲话稿的标题有两种写法。

一是单标题。由讲话人姓名、会议名称、文种组成,如《××同志在××会议上的讲话》;也可以省略讲话人姓名,如《在职工大会上的讲话》。

二是双标题。写法是将主要内容或中心思想概括为一句话作主标题,再由讲话人姓名、会议名称、文种等组成副标题,如《凝心聚力谋发展 砥砺奋进谱新篇——××同志在××市 2024 年度经济工作会议上的讲话》。

（二）日期

将讲话当天的日期外加小括号置于标题下方中央。

（三）称谓

根据会议的性质、与会者的身份,分别使用"同志们"(党的会议常用)、"各位代表"(代表大会常用)、"各位专家学者"(学术会议常用)、"女士们,先生们"(国际性会议常用)等。称谓的恰当选择能够拉近讲话人与听众的距离,营造良好的交流氛围。

（四）正文

1. 引言

领导讲话稿的引言旨在快速切入主题、吸引听众,其有多种写法,归纳起来有以下主要类型。

（1）强调时间、空间,概略描述场面。

在庆祝大会上的讲话,多采用这种引言。例如,《习近平在"一带一路"国际合作高峰论坛欢迎宴会上的祝酒辞》(2017 年 5 月 14 日)。

大家晚上好！我谨代表中国政府和人民,代表我夫人,并以我个人名义,对大家出席"一带一路"国际合作高峰论坛表示热烈欢迎！

在座的很多朋友对北京并不陌生,也在这里留下了许多回忆。北京是千年古都,见证了历史的沧桑变迁。北京也是一座现代新城,随着中国发展不断展现新的风貌。北京更是一座国际化大都市,东西方不同文明时时刻刻在这里相遇和交融。

在北京,你可以游览古老的故宫、长城、天坛,也可以参观现代派的鸟巢、水立方、国家大剧院。你能听到中国传统的京剧和相声,也能欣赏来自西方的芭蕾舞和交响乐。你会碰到衣着新潮、穿行在世界名品商店里的中国青年,也能遇见操着流利汉语、在老胡同里徜徉的外国友人。

（2）表示慰问和祝贺。

领导出席下属某部门或系统会议时发表讲话，多采用这种引言。例如，《把教育工作认真抓起来——邓小平在全国教育工作会议上的讲话》(1985年5月19日)。

> 今天，我来参加这个会议，主要是表示对教育工作的支持，并且向你们，向全国教育工作者表示慰问。

（3）开门见山，提出中心话题。

在传达精神、布置工作会议上的讲话，多采用这种引言。例如，《习近平在二十届中央机构编制委员会第一次会议上的讲话》(2023年7月3日)。

> 今天我们召开二十届中央机构编制委员会第一次会议。下面，我讲两点意见。

2. 主体

作为讲话稿的核心部分，主体部分需确保主题明确、内容充实、层次清楚、表达通畅、文字准确。关于内容与文字方面，需结合具体讲话场景与目标精心打磨，这里重点强调结构的安排。

主体部分的层次安排主要有并列式和递进式两种结构。

并列式结构就是将几个方面的问题并置排列，说完一个，再说一个，各个层次之间如果相互交换位置，一般不影响意思传达。这种写法常见于针对部署工作的会议或总结性会议上的讲话稿。

递进式结构是由现象到本质、由表层到深层的层次安排方法，各层意思之间呈现逐层深入的关系。这种写法常见于统一思想的会议讲话稿。

需注意的是，讲话稿的主体因会议类型、讲话人身份、内容侧重点、领导讲话次序不同，其写法也会有较大的差异。以上两种结构仅为粗略概括，实际写作时需根据具体需求做灵活处理。

3. 结尾

与许多实用文体不同，讲话稿必须有结尾，以明确宣告讲话结束。

若没有结尾,易使听众产生讲话未完成的错觉。撰写领导讲话稿的结尾要注意两点。

第一,结尾应在内容表达完毕、主体结构完整时自然收束。当主要内容阐述完毕、主体结构完整时,即应自然收束。如果这时还不结束,听众就可能产生不耐烦的情绪。反过来,如果内容还没表达完,主体部分还不完整,即便有一个专门的结束语,讲话稿也不完整。

第二,可采取自然收束和专门交代两种结尾方式。自然收束无须有专门的结束语,但听众都能听得出来,讲话到这里该结束了;专门交代则使用如"谢谢大家"等模式化结束语,表明讲话结束。

五、领导讲话稿的写作要求

领导讲话稿的撰写质量直接关系到工作部署传达、思想动员成效等实际作用的发挥。要完成一篇高质量的领导讲话稿,从素材收集、框架搭建到内容雕琢,每个环节都至关重要。具体而言,其写作要求主要体现在以下几个方面。

(一)广泛收集素材

常言道:"巧妇难为无米之炊。"素材是写作的基础,如同建筑必须有水泥钢筋、木石砖瓦等建筑材料。起草讲话稿绝不可凭主观想象,必须建立在掌握充分素材的基础上,其起草过程实际上是对素材的消化、归纳、加工和升华。收集素材包含两方面:一是积累大量文本材料;二是通过日常勤思考形成有独特见解的观点群。

收集材料有三种途径。

一是开展调查研究,取得第一手材料。写讲话稿时尤其需要这样的依据。这类材料具体生动、真实可靠,是撰写讲话稿的重要依据。常言道"涉浅水者得鱼虾,涉深水者得蛟龙",调查必须深入实际、深入群众、深入现场,秉持实事求是的原则,不唯书只唯实,不见风使舵,不随风倒,更不能带着各种预设结论的框框去找材料,削足适履,歪曲事实。

二是广开"材"源,积累第二手材料。收集与讲话稿主题相关的事物变革信息，用于分析其发展变化、辅助作出正确的判断、提出独到观点。报纸、文件、会议材料等工作相关材料，都应及时分类储备，以便随时调用。

三是有备无患，储备基础材料。积累法规、政策文件、讲话材料、会议纪要等相关资料，以及古今中外的精辟议论，作为综合分析和形成观点的依据或直接用于引证。

调查、收集、积累材料有"三忌"：一忌凭个人兴趣，应从工作需要、贯彻执行党的方针政策的需要出发；二忌"听风就是雨"，道听途说，一知半解；三忌实用主义态度，只挑选对现有观点有利的材料，刻意回避或隐瞒相悖的信息。积累材料要做到勤看、勤问、勤想，确保内容广泛、真实可靠。要养成勤奋阅读各种材料、记笔记和思考的好习惯，充实材料库与思想库，以保证写作时信手拈来。此外，好的讲话稿若要有真知灼见，撰写者需在思想认识上达到一定高度，形成逻辑清晰的观点群，并避免堆砌材料，做到虚实结合、理论联系实际。

（二）认真细致地构思谋篇

构思谋篇对于撰写讲话稿至关重要。这好比做衣服，没有衣料不行，但有了衣料，剪裁不好也不行，不仅会造成衣料浪费甚至会把整件衣服给毁了。起草讲话稿也一样，即便材料充分，若结构安排不当也难以成文。构思谋篇要注意两点，即设计好文章结构和深化讲话稿主题。

1. 设计好文章结构

结构就是文章内容的组织和排列形式。安排结构的基本原则是"不板不乱"，即不死板、不杂乱。具体要求有四：一是纲目清楚，思路贯通；二是层次清晰，段落完整；三是衔接紧密，符合逻辑；四是开头明快，结尾有力。

安排结构需考虑四点：第一，围绕阐述问题、分析问题、解决问题的需要；第二，层次段落紧扣主旨，体现事物本质和特征；第三，条理清楚，符合认知规律，便于理解；第四，各部分、各层次之间逻辑严密、相互照应，形成整体。

布局的方式一般有两种：一是列书面提纲，重要讲话的提纲宜详细，需涵盖层次、观点及精彩表述，后续扩充润色即可成文；二是打腹稿，适用于篇幅较短、时间紧急的文稿。

2. 深化讲话稿主题

深化讲话稿主题需把握以下重点。

一是细化领导要求。领导意图的初始形态多样，或明确，或模糊，或零碎，需提炼深化，以形成领导班子的统一工作部署。这个深化过程，首先是补充完善。当领导提出新观点时，基于认识和实践的阶段性特点，其内容往往存在进一步优化的空间，因此需要运用多种方法，整合多领域知识，从实际出发，将其系统化为完整、严谨的工作思路。其次是凝练提高。通过集体讨论、深入研究，对领导新观点进行梳理、整合与深化，推动其有机融入整体工作框架。最后是延伸挖掘。要善于把握领导工作思路的发展趋势，以此为方向拓展思路、延伸思维。这种延伸不是主观臆断，而是从工作需要出发，从客观事物发展变化的实际出发，实现突破和创新，确保相关思路始终对工作具有最佳导向作用。这要求讲话稿起草者不断学习，提升自己的分析、判断、推理和综合能力。

二是对客观事物的再认识。讲话稿主题的深化离不开具体材料的支撑与完善，而对客观事物的再认识是其中的关键。在收集和运用材料的过程中，不能仅停留在表面现象，而应深入剖析事物的本质、发展规律及其与其他事物的联系。通过对客观事物进行全面、系统的分析，进一步完善对主题的把握，使讲话稿更贴合实际情况，增强说服力。

三是政策策略的具体完善。党和国家的路线、方针、政策，一般通过会议文件或纲领性文件下发，各地区和各组织须贯彻落实。路线方针政策的贯彻离不开对具体问题的解决和对具体事务的处理。深化主题，必须紧紧围绕党和国家的路线、方针、政策，与当地实际相结合，创造性地阐释路线方针政策在具体问题、具体事务中的实践意义，将党和国家的政治意图在讲话稿中准确体现出来。

四是要量体裁衣。同样一项工作、一件事情,在不同的场合有不同的讲法。有些话私下讲可以,但在正式场合讲就不行;有些事口头讲可以,书面讲就不行。起草领导讲话稿需站在全局高度,把握尺度,既要克服本位意识、部门色彩,又要防止"出格""越位"。

(三)精益求精地反复修改

初稿完成后,须一丝不苟、字斟句酌地做好修改工作。初稿因撰写时间有限,往往难以做到仔细推敲,难免存在瑕疵,而许多问题是在修改中发现和订正的,不少内容是在修改中充实和完善的。即便起草时已仔细斟酌,仍需反复修改。"好文章是改出来的",精雕细琢才能成就精品。修改一遍,就会有一次提高。完成修改工作之后,要提前把讲话稿送到领导手中,以便于领导查漏补缺、熟悉内容,做好讲话准备,确保达到预期效果。

(四)注意三个方面

第一,避免雷同。领导在会议中若使用与其他发言人内容重复的讲话稿,易使听众失去兴趣。需通过明确领导角色定位、挖掘个性化素材、创新文稿结构、贴合实际场景需求,提炼独特观点,规避内容同质化问题。

第二,独树风格。讲话稿应避免千篇一律,需结合会议主题与领导表达特点,在内容组织与语言风格上体现针对性,通过差异化表述增强文稿的感染力与传播效果。

第三,控制篇幅。会议讲话时长需适配议程安排,冗长的讲话稿易导致听众疲劳。应根据实际情况精简文稿内容、控制篇幅,避免因篇幅过长引发听众不能领会讲稿要义的问题。

(五)处理好三种关系

1. 权威性与平易性的关系

一篇好的讲话稿,是权威性与平易性相结合的产物。它既要体现领导的身份地位,以坚定的立场、鲜明的原则性,严肃有力地表达观点,发挥引领与号召作用;又要坦率诚挚,缩短与听众的心理距离。起草批评教育类讲话稿时,需换位思考,把握语言分寸,既要点到痛处又尊重对方,以善意贯穿始终,让受批评者易于接受。将道理融入亲切的语言表达,使批评观点自然渗透,消除受批评者逆反心理,使其真心信服。

2. 庄重与幽默的关系

领导讲话无疑要庄重,这是起草领导讲话稿必须把握的原则。庄重要求讲话稿行文沉稳、观点明确、原则性强,确保讲话的权威性与严肃性。无论何种场合,讲话者都需以严肃认真的态度表达观点。然而,若讲话稿一味追求庄重而照本宣科或堆砌空话,就会因缺乏灵活性而削弱讲话效果。事实上,庄重与幽默是辩证统一的关系:庄重是讲话的基调,幽默是必要的补充。幽默需以庄重为前提,在不突破庄重框架的基础上,通过生动表达增强感染力,这样既能保持议题的严肃性,又能提升听众接受度。

3. 深入与浅出的关系

领导讲话时往往需要通过阐明道理来说服人、教育人,所以,"以理服人"是起草领导讲话稿必须遵循的一条原则。然而,如果通篇都是名词、定义、理论,一味进行简单的"满堂灌",会使人觉得讲话内容深奥难懂、枯燥乏味。起草领导讲话稿时,要将说理性与通俗性有机结合,让所阐述的道理生动明晰,便于听众接受,把高深的道理讲得通俗易懂、简单透彻。因此,掌握表达技巧至关重要。起草讲话稿可以运用多种表达技巧,如借题发挥法、引经据典法、数字说明法等。在起草讲话稿的过程中灵活运用这些技巧,能够使讲话稿既有理有据,又生动有趣,从而增强吸引力。

读者可从网上找到习近平《在庆祝全国人民代表大会成立70周年大会上的讲话》(2024年9月14日)这篇讲话稿进行学习,仔细揣摩该讲话稿的遣词用句和谋篇布局等。这篇讲话将权威性与平易性巧妙融合,既庄重严谨地阐释国家制度的重大意义,又以通俗生动的语言引发共鸣;在谋篇布局与内容表达上,精准把握会议主旨,展现出领导讲话稿应有的思想高度与实践指导性。

练习题

一、判断题

1. 领导讲话是领导为实施领导权,在各种会议或仪式上所作的权威性发言。(　　)
2. 领导讲话稿必须有鲜明的集体意识性,不能有领导个人的观点。(　　)
3. 领导讲话不同于一般的演讲和发言,其目的是通过权威性表述传达政策导向、部署工作任务、凝聚团队共识,以推动组织目标的实现。(　　)
4. 领导讲话稿一定要有结尾。(　　)
5. 起草领导讲话稿既要避免雷同,又要独树风格。(　　)

二、单选题

1. 领导讲话稿是领导开展领导管理活动的(　　)。

   A. 重要载体　　　　　B. 主要措施

   C. 基本方法　　　　　D. 唯一手段

2. 领导讲话稿的特点不包括(　　)。

   A. 权威性　　　　　　B. 思想性

   C. 煽动性　　　　　　D. 鼓动性

3. 领导讲话稿需要重点研究的是(　　)部分。

   A. 标题　　　　　　　B. 开头

   C. 主体　　　　　　　D. 结尾

4. 起草领导讲话稿要处理好的关系不包括(　　)。

   A. 权威性与平易性的关系　B. 庄重与幽默的关系

   C. 深入与浅出的关系　　　D. 指导与教育的关系

三、多选题

1. 以下哪些领导讲话稿是按照会议的性质划分的(　　)。

   A. 行政会议讲话稿　　　B. 代表大会讲话稿

   C. 座谈交流会讲话稿　　D. 开幕引导讲话稿

2. 深化领导讲话稿主题时,要注意把握( )。
A. 细化领导要求　　　　B. 对客观事物的再认识
C. 量体裁衣　　　　　　D. 政策策略的具体完善
3. 在构思谋篇领导讲话稿时,要注意( )。
A. 设计好文章结构　　　B. 善于运用修辞手法
C. 深化讲话稿主题　　　D. 广泛借用已有经验
4. 调查、收集、积累材料不能( )。
A. 凭个人兴趣　　　　　B. 从工作需要出发
C. 道听途说　　　　　　D. 实用主义地调查收集资料

四、写作题

为加强学风建设,提高学生专业素养,××大学计划召开学风建设动员大会。请为该校主管教学的副校长撰写一篇动员激励类讲话稿,内容要结合学校学风现状、学风建设的重要性、对学生的具体要求和倡议等。

第四章 申论基础知识

第一节 申论概述

一、申论的含义

申论考试首次出现在2000年中央机关公务员考试中。经过专家学者们的改进与完善，以及二十几年的实践，申论现已成为国家公务员录用考试的一门基本科目。

在汉语里，"申"字主要有两个意思：一是说明、申述，二是申请。申论中的"申"字用前者来解释似乎更为合理。"论"即论证。所以，申论是针对特定议题进行说明、申述并加以论证的意思。从字面上理解，申论考试的基本考查目标是要求考生通过对给定材料的分析提出自己的观点并进行论证。

二、申论考试题的设计原理

一般认为，申论考试的原型是古代科举考试中的策论形式。"策论"是我国古代官吏选拔考试中的一种考试模式，一般由皇帝提出一个问题，要求参试者就这个问题提出自己的解决方法、对策。的确，申论考试也适当地借鉴了"策论"的一些经验与做法，如比较注重提出解决问题的对策，比较注重对问题的分析和论证等。但实际上，申论还借鉴了一些发达国家的先进经验，对比西方国家的公务员考试招录，我们不难发现，申论考试明显借鉴了"文件筐测试"（in-basket test）、阅读理解测试、文件起草等考试测评方式。

申论在考题设计上运用"模拟测评"的现代测评理念,其基本特征是"情景假设"——通过文字材料描述社会生活中的某个问题,要求考生假想自己是政府工作人员等特定角色,对问题进行分析研究并提出解决方案。

我们不难发现,申论的设计原理是对公务员工作中的重要环节——行政决策进行模拟,将其以书面化考题的形式呈现,用于选拔公务员并检测考生是否具备应对未来工作的能力。下面我们把政策科学中的行政决策基本程序和申论考题来做一个对比。(见表 4-1)

表 4-1　行政决策基本程序和申论考题的对比

行政决策基本程序	申论基本题型
发现问题与问题诊断	概括材料反映的问题
政策目标确定	—
政策方案设计	提出解决问题的措施
方案评估优选	
政策说服	根据材料的问题写议论文
决策追踪与政策修正	

申论的题型就是要求考生模拟完成行政决策的基本程序:概括材料反映的问题就是对问题进行表述,也就是模拟"发现问题与问题诊断"的过程;提出解决问题的措施就是模拟"政策方案设计、方案评估优选"的过程;写议论文就是模拟"政策说服"的过程。

实际上,申论并非单纯考查公务员实际工作中的公文写作能力,申论与传统公文写作考试有明显不同。第一,申论更看重考生理解、分析和解决问题的能力,并非单纯的文字表达能力,测试目标具有综合性;而传统公文写作考试偏重考查文字表达能力,测试目标较单一。第二,申论更注重考查文章中作者的思想、观点,重内在;而传统公文写作考试偏重考查形式规范,偏外在。

可以说,申论在科目设置、考试形式上都是按国际标准设计的,但在内容上明显具有中国特色。它注重对考生能力和素质的考查,按现代人力资源测评要求,将能力细分成阅读理解能力、综合分析能力、提出和解决问题能力、文字表达能力等,分别设计答题要求进行测评,提升了考试测评的科学性。

三、申论的试卷结构

申论的试卷结构比较规范,一般包括三个部分:注意事项、给定资料、作答要求。

(一)注意事项

注意事项一般是介绍考试内容、时间安排、作答规范等。例如,2024年中央机关及其省级直属机构综合管理类职位申论试卷的注意事项为:

1. 本题本由给定资料与作答要求两部分构成。考试时限为180分钟。其中,阅读给定资料参考时限为50分钟,作答参考时限为130分钟。

2. 请在题本、答题卡指定位置上用黑色字迹的钢笔或签字笔填写自己的姓名和准考证号,并用2B铅笔在准考证号对应的数字上填涂。

3. 请用黑色字迹的钢笔或签字笔在答题卡指定的区域内作答,超出答题区域的作答无效!

4. 待监考人员宣布考试开始后,方可开始答题。

5. 所有题目一律使用现代汉语作答。未按要求作答的,不得分。

6. 监考人员宣布考试结束时,应立即停止作答,将题本、答题卡和草稿纸都翻过来留在桌上,待监考人员确认数量无误、允许离开后,方可离开。

严禁折叠答题卡!

(二)给定资料

给定资料是要求考生阅读的文字材料,字数一般为3000—10 000字,近年来的考试中以 5000—8000 字的材料居多。给定资料是经命题者整理、加工过的文字材料，它反映了命题者的考查意图。认真研读给定资料是答好申论的第一步，也是最关键的一步。

最常见的给定资料反映的是一个社会问题，但也有反映两个甚至多个关联问题的。例如，2023 年重庆市公务员考试申论（卷二）试题涉及碳汇城市、乡村发展、城市基层治理三个相互关联的问题。

（三）作答要求

作答要求是考生要完成的题目。作答要求一般给出了答题的内容要求、答题标准、字数要求和本题分数。下面是 2023 年度国家公务员录用考试市（地）级申论试卷的作答要求：

1. GEP 反映了生态系统产生的直接、间接或潜在的经济效益。请你根据"给定资料 1"，谈谈 A 市是如何利用 GEP 核算实现生态产品价值的。（10 分）

要求：全面、准确、有条理。不超过 200 字。

2. 有关部门正在征集知识产权服务优秀案例，计划编印《知识产权服务案例汇编》。假如 L 市知识产权信息服务中心的相关实践入选为优秀案例，请你根据"给定资料 2"，撰写一篇案例摘要。（15 分）

要求：（1）紧扣资料，内容全面，突出做法和意义；（2）表述准确，条理清晰；（3）不超过 300 字。

3. 假如你是 S 市新能源办公室调研组成员，请根据"给定资料 3"，梳理 S 市在推进整县屋顶分布式光伏开发试点过程中存在的问题，并提出解决问题的建议。（20 分）

要求：（1）问题梳理全面、准确、有条理；（2）所提建议具体明确，切实可行；（3）不超过 400 字。

4.《金融报》"金融向善"专栏拟报道 M 市 F 银行的相关事例。假如你是该专栏的编辑，请根据"给定资料 4"，为该报道撰写一则短评。（20 分）

要求：(1)观点明确，简明深刻；(2)紧扣资料，重点突出；(3)语言流畅,有逻辑性;(4)不超过500字。

5. 请你深入思考"给定资料5"中这位学者文章的有关内容,参考给定资料,联系实际,自选角度,自拟题目,写一篇文章。(35分)

要求:(1)观点明确,见解深刻;(2)参考给定资料,但不拘泥于给定资料;(3)思路清晰,语言流畅;(4)字数1000—1200字。

四、申论的答题要求

(一)题型

申论考试的具体题型千变万化,往往让考生们非常头疼。其实,归纳起来,申论考试的题型主要是概括题、判断分析题、理解分析题、对策题、阐述题、应用文和议论文七个题型。

(二)答题要求

1. 剖析题干信息

(1)确定材料阅读范围。

每个小题都会告诉我们所用的材料,此时说明本题的答案就源于这份给定材料。普遍来说,历年的国考和联考大部分都是针对性阅读,阅读难度相对较低。例如:

"给定资料4"反映了转型期青年人在心理方面存在的问题,请指出这些问题具体表现在哪些方面。(10分)

要求:全面、准确。不超过150字。

(2)确定材料与答题的关系。

申论的题干中一般都给出了"针对""根据""依据""按照""结合""参考"等字样。不同的用语实际传递出不同信息,考生应注意辨别。

例1:

加拿大女作家门罗曾经说过:"幸福始终充满着缺陷。"请结

合你对给定资料的思考和对这句话的领悟，自拟题目，写一篇文章。(40分)

要求：(1)自选角度，立意明确；(2)联系实际，不拘泥于"给定资料"；(3)思路清晰，语言流畅；(4)总字数 1000—1200 字。

例2：

给定资料9中提到，"<u>文化不是化石，化石可以凭借其古老而价值不衰。文化是活的生命，只有发展才有持久的生命力，只有传播才有影响力。只有有影响力，国之强大才有持续的力量。</u>"请**根据**你对这句话的思考，参考给定资料，自拟题目，写一篇文章。(50分)

要求：(1)中心明确，思想深刻；(2)内容充实，有说服力；(3)语言流畅，1200字左右。

例2中的"根据"一词，语义上表示关联度更高，表明作文的中心内容必须符合画线句子的意思，因此画线句子是作文的主题句；而例1中的"结合"一词只要求作文中的某些内容涉及画线句子，画线句子不一定是作文的主题思想。

2. 解读要求信息

申论答题要求会明确列出若干要点，这是考生答题的指针，考生应注意分析其中包含的信息。(见表4-2)

表4-2 申论答题要求

要求	说明
全面/完整	涵盖全部核心信息，通常有多个逻辑要素或多个主体
准确/得体	用词恰当规范
简明/简洁/扼要	用规范词句，不用长句子，忌口语化
逻辑性强/条理清楚	分门别类(同类合并、异类罗列)，分点分条
分析透彻/深刻	透过现象看本质
观点鲜明	先表明观点，再分析说明

(续表)

要求	说明
层次分明	有总分关系/有两个以上层次
有针对性	针对存在问题或原因
建议具体/合理可行	对策符合实际、法律法规、伦理道德,对策具有实际操作的可能性
字数	给出字数上限;答题时以 250 字为界,以下可以不分段,以上可以考虑分段答题

有些要求是通行要求,有些是特定要求,考生应特别注意特定要求。例如:

为推进休闲生活旅游城市建设,A 市政府准备召开市民代表、专家学者参加的座谈会,市长将在会上作开篇讲话,请你结合资料 2—3,为市长草拟一份会议讲话提纲。(30 分)

要求:(1)切合主题,内容具体;(2)条理清楚,层次分明;(3)不超过 300 字。

答题要求中的"条理清楚,层次分明"是特定要求,表明评判时会非常看重条理和层次。其中,"层次分明"表明应当有两个以上的层次,如果考生答题只有一个层次,那得分就会很低了。

五、申论的测评内容

申论考试的题型变化多样,但其基本测评内容是确定的。我们可以看到历年中央机关及其省级直属机构的申论考试大纲都没有大的变化。

我们可以把申论的基本测评内容概括为下面几项:

(1)能够准确理解和归纳总结材料反映的社会问题;

(2)能够准确分析社会问题形成的原因,提出解决问题的对策措施;

(3)能够阐述对社会问题的认识和理解。

当然，由于不同职位选拔的标准有所不同，所以在申论科目中，不同职位的考试大纲的具体测评要求有一定的差别。我们以国考中央机关及其省级直属机构2024年度申论考试大纲来分析：

（一）中央机关及其省级直属机构综合管理类职位。主要测查报考者的阅读理解能力、综合分析能力、提出和解决问题能力、文字表达能力。

阅读理解能力——全面把握给定资料的相关内容，准确理解给定资料的含义，准确提炼事实所包含的观点，并揭示所反映的本质问题。

综合分析能力——对给定资料的全部或部分的内容、观点或问题进行分析和归纳，多角度地思考资料内容，作出合理的推断或评价。

提出和解决问题能力——准确理解把握给定资料所反映的问题，提出解决问题的措施或办法。

文字表达能力——熟练使用指定的语种，运用说明、陈述、议论等方式，准确规范、简明畅达地表述思想观点。

（二）市（地）级及以下直属机构综合管理类职位。主要测查报考者的阅读理解能力、贯彻执行能力、解决问题能力和文字表达能力。

阅读理解能力——能够理解给定资料的主要内容，把握给定资料各部分之间的关系，对给定资料所涉及的观点、事实作出恰当的解释。

贯彻执行能力——能够准确理解工作目标和组织意图，遵循依法行政的原则，根据客观实际情况，及时有效地完成任务。

解决问题能力——对给定资料所反映的问题进行分析，并提出解决的措施或办法。

文字表达能力——熟练使用指定的语种，对事件、观点进行准确合理的说明、陈述或阐释。

（三）行政执法类职位。主要测查报考者的阅读理解能力、依法办事能力、公共服务能力和文字表达能力。

阅读理解能力——准确理解归纳给定资料的主要内容，对所涉及的观点和事实进行恰当的解释，并作出合理的推断。

依法办事能力——遵循依法行政的原则，综合运用恰当有效的方法完成任务、解决问题、实现目标。

公共服务能力——能够全面准确了解公众需求和愿望，灵活运用各种措施和办法为公众提供优质、高效、便捷的服务。

文字表达能力——熟练使用指定的语种，对事件、观点进行准确合理的说明、陈述或阐释。

比较起来，三者的不同要求是：
（1）阅读理解能力方面。

中央机关及其省级直属机构综合管理类职位要求看得透、深。要求考生揭示材料所反映的本质问题，对考生抽象理解能力要求高。

市（地）级及以下直属机构综合管理类职位和行政执法类职位要求看得准、清。一般对抽象理解能力要求比较低，而对准确理解材料要求比较高。

（2）综合分析能力方面。

中央机关及其省级直属机构综合管理类职位要求能多角度思考问题，并进行判断和评价。这反映在题型上，比较容易出分析和阐述题。

市（地）级及以下直属机构综合管理类职位和行政执法类职位侧重考查贯彻执行能力和公共服务能力，即准确理解目标和找到达成目标的合理途径。这反映在题型上，比较容易出操作类的分析题。

（3）文字表达能力方面。

中央机关及其省级直属机构综合管理类职位侧重考查表达思想观点的能力，要求考生能够把问题剖析得透，重论证。写作上比较倾向于出议论文，重分析、论证。

市（地）级及以下直属机构综合管理类职位和行政执法类职位要

求考生能够把问题说清楚,重说明、阐释。写作上比较倾向于出策论文和公文。

需要说明的是,自2022年起,国考中新增了行政执法类职位,使得考试试卷增加为三类。其中,市(地)级及以下直属机构综合管理类职位和行政执法类职位试卷给定的材料类型较为相似,以基层管理案例居多。在测评要求上,市(地)级及以下综合管理类职位考试考查较为全面,理论性相对强一些;而行政执法类更偏重考查实际操作能力,如要求写作工作安排、工作流程等。一般地方公务员招考的测评要求也比照国考分为申论卷一、申论卷二和申论卷三。

六、申论考查的思维方式

注重思维能力的检测是申论考试的重要特征,也是申论区别于传统知识型考试的根本所在。但这种表述过于宽泛,未能揭示申论的典型思维特征。其实,申论考查的思维方式是一种典型的问题思维方式。

问题思维是一种以问题为导向的实践主义、实用主义思维方式,以发现问题为起点,以解决问题为终点。这种思维方式如同医生诊断:首先根据各种症状判断问题是什么,然后分析产生问题的原因,寻找解决问题的合理方法,最终达到解决问题的目的。因此,申论答题就如良医治病,不过治的是社会的"病"。

简单地说,可以把申论的逻辑归纳为以下几点:

(1)发现问题——能够看清楚问题的具体表现;

(2)分析问题——能够分析问题产生的原因、造成的后果;

(3)总结问题——能够总结问题的本质以及现象背后的规律、事理;

(4)解决问题——能够找到解决问题的有效方法。

简言之,所有申论材料都有一条内在的逻辑线索:问题(表现)—本质—原因—结果—解决方法。

掌握了申论材料的逻辑线索,我们就可以按此剖析所有申论材料，也可以按此完成申论的主要题型。

问题思维要求人发挥主观能动性，能够独立思考问题、分析问题、妥善处理现实问题。因此，申论考试要选拔的人才不是那种只会背死书、照本宣科、高谈阔论的人。考生必须培养自己善于发现、思考和分析问题的能力。

七、申论的试卷评阅

作为一种能力测评考试，申论在设计考题时明显有测评标准开放的特点。不过，考虑到我国参加公务员考试的人数众多，为确保考试的公平和客观，申论的评阅标准已经基本实现严格标准化。

为了保证评阅的公正性，申论每一题都是由两人分别评阅，最终成绩取两人评阅分数的平均值。当两个评阅成绩的误差不超过本题分数的10%时，评阅结果方为有效。误差超过本题分数10%的，则该答卷将交由第三人评阅。

第二节　申论能力培养

申论考试与我们现行教育中的知识型考试有很大区别。最让考生犯难的是完全不知道申论怎么复习、怎么准备。把握申论考试的内在规律和特点，是提高考试成绩的重要方式。

一、提高综合素质

申论是一种综合性能力测试，要取得好成绩就必须分析这种考试的特点，熟悉这种考试的内容，摸索这种考试的答题要领，总结这种考试的高分经验。申论考试对考生的综合素质要求很高，而这种要求又恰恰是大部分考生的薄弱之处，因此考生会感到申论很难。考生要从根本上提高自己的综合素质，才能以实力应对申论题型和题材的千变万化。如何提高综合素质呢？可以从以下两方面入手。

（一）广泛涉猎社科知识，夯实知识储备

政府工作人员是社会的管理者、服务者，要与社会各阶层、各行业

打交道。在政府工作不能"两耳不闻窗外事",而要"事事关心"。公务员最需要的是广博的综合知识。因此,申论考查的重点之一是考生对综合知识的掌握状况。

因此,答好申论绝非一日之功,突击性训练或许能让成绩得到短暂提升,但如果缺乏良好的综合素质,成绩依然难以得到持续稳定的提高。因此,考生应注意自己平时知识的积累,博览群书,广泛涉猎,关注时政。这才是保证申论获得高分的根本之道。知识的综合性既是申论测试的科学性所在,也是申论准备的难点。

公共管理学、法学、政治学、社会学、经济学等学科应用范围广泛,了解这些学科的基本知识是提高综合素质的重要方法。我们建议考生多阅读这些学科的普及读物,其中的内容与申论联系特别紧密。多年的考试结果也显示,这些学科的考生申论成绩普遍较高。

(二) 多看新闻,积累社会经验

综合素质的提高更需要积累丰富的社会经验。社会经验源于人们在社会生活中的积累与总结,它是知识的另一种形态。一般考生最缺乏的就是社会经验。

其实,在信息化时代,社会经验的积累可以通过报刊、电视、网络等新闻媒介完成。社会新闻的信息量非常大,而且涉及面非常广,因此多看新闻、多关心社会生活,是提高综合素质的根本路径。例如,关于物价上涨问题,新闻媒体的各种文章丰富多彩,有分析物价上涨原因的,有提出控制物价建议的,有介绍外国稳定物价经验的……民众、专家、官员都有自己的视角,考生看了这些文章后会从中学到很多知识,也积累了相关经验。在申论考试中,若遇到类似主题的材料,考生便更容易找到解题思路。

申论考试的材料几乎全部来源于当下的现实生活,考生多看新闻势必事半功倍。

二、培养问题思维能力

申论考试要选拔的人才不是那种只会背死书、照本宣科、高谈阔论的人,它要求考生要善于动脑,能够思考问题,分析问题,妥善处理现实问题。申论考试注重考查考生对知识的掌握和运用。死记硬背绝不是备考申论的好方法。

(一)培养思考、分析问题的习惯,不教条化、机械化

善于思考、具备运用知识的能力是申论作答的"灵魂"。正所谓"病万变,药亦万变",申论考试题型灵活多变,作答时不能机械照搬或死记硬背。当前,大部分考生在学习过程中接受的独立思考训练较少,更习惯抄笔记、背固定答案。考生必须纠正这种学习习惯,培养自己发现问题、思考并分析问题的能力。

申论的核心思维逻辑是问题思维,这种思维紧紧围绕问题的表现、原因和解决方法展开。每份申论材料涉及的具体问题不同,其表现、原因和解决方法也不同,因此既不能照搬以往的经验,也不可能有一种解决所有问题的"万能良方"。基于此,考生不能完全依赖别人的经验总结,否则很难在考试中取得理想成绩。若想真正提升申论应试能力,就必须养成独立思考的习惯,不断提升独立思考的能力。

(二)审问、慎思、明辨

如何才能培养独立思考的能力呢?其实古人早已给我们提供了学习方法。儒家认为正确的学习方法是:博学、审问、慎思、明辨、笃行。博学是获取知识的过程,审问、慎思、明辨对应独立思考知识的过程,笃行则指向实践的阶段。知识只有经过独立思考的过程才能转化为实践能力。审问、慎思、明辨过程的要点就是质疑、反思、鉴别,其根本要求在于学会自我思考。学习不能人云亦云,接受知识时一定要经过自我思考,保持问题意识。

在面对具体的申论材料时,更是如此。例如,一则关于物价上涨的材料中,有人认为政府应该降低农副产品价格,才能从源头上抑制物价,保障民生。考生不能简单地一看就接受这种观点,必须质疑、反思、鉴别这种观点,如思考:农副产品价格低了,农民利益又如何保障?

（三）围绕问题训练思维能力

申论的逻辑思维方式是问题思维，旨在医治社会的"病"，所以，结合社会问题思考、分析是取得申论高分的重要途径。申论考试的材料都源于当下的现实生活，绝大多数还是社会生活中的热点问题，平时注意通过新闻媒体了解这些问题并且思考这些问题，对培养和锻炼考生的问题思维能力很有好处。

因此，考生关注社会问题不能单纯停留在积累知识和社会经验的层面。考生对社会新闻不仅要"看"，还要"思"。"看"是获取信息，"思"是对获得的信息进行自己的判断和分析。

一般说来，考生可以用以下思维路径去思考社会热点问题：

（1）分析社会问题产生的背景、形成的原因。例如，高油价形成的国际、国内背景及原因是什么？再如，我国新能源汽车产业发展迅猛的原因是什么？带着这些问题去看社会热点。

（2）归纳社会问题的具体表现。例如，梳理我国乳品行业质量安全存在的具体问题以及突出表现。

（3）分析社会问题产生的正面和负面的后果。例如，分析我国提高个人所得税免征额产生的社会积极效应和消极效应。

（4）了解政府和社会各方面已经采取了哪些措施。例如，梳理我国政府为控制物价稳定采取的办法，评估各种办法的成效，以及了解政府、专家等社会各界提出的建议。

（5）提出自己对解决这个社会问题的建议。

三、提高写作能力

尽管不能把申论考试简单等同于写作考试，但考生的观点、看法均需通过文字呈现，写作能力对申论成绩的影响还是非常大的。因此，注重训练写作能力、培养好的写作习惯是取得申论高分的重要途径之一。

语言表达能力的提高非一朝一夕之功，需要长期积累。提升语言表达能力主要有两种方式：一是多读，二是多写。

(一) 多读

多读的意义在于可以通过模仿提高语言能力。申论具有独特的语言风格,强调深刻、准确、简练、朴实,"质"(思想内涵)胜于"文"(语言技巧)。申论在内容上要求言之有物,重理性分析和逻辑条理;在形式上追求表达清晰准确、言简意赅,不崇尚辞藻华丽。

因此,考生平时可以多读一些和申论语体风格比较接近的文章,重点关注以下几类:

一是报纸杂志的评论文章。例如,新华社以及《人民日报》《半月谈》《求是》《瞭望》的评论文章等。这类文章和申论语言最为接近。

二是优秀的申论范文。许多有关申论的教材、网站上都有一些申论的优秀范文。多看这些文章可以借鉴别人的长处,汲取申论写作的经验。

三是中外著名思想家、作家的经典随笔。这样有利于拓宽思维深度和提升语言能力。

(二) 多写

写作是一种实践性活动,多写才能下笔有神、得心应手,才能切实提高自己的语言表达能力。考生日常可以有感即写,不论长短,逐步养成写作习惯。考试前,更应该有针对性地习作几篇模拟作文,检测自己限时完成作文的能力。

在申论考试中,有许多考生因为不良写作习惯严重影响了自己的成绩,这种情况非常可惜。概括起来,常见的不良写作习惯主要表现为:

(1) 写作不规范,如不能正确划分段落,标点符号使用不规范,有错别字、语病等;

(2) 书写不工整,字迹潦草,涂改太多;

(3) 不按格式要求写作;

(4) 结构混乱,逻辑不清;

(5) 内容空洞,缺乏例证;

（6）生搬硬套，缺乏创新；

（7）滥用英文单词或缩写，使用网络热词或口语化表述等；

（8）缺乏时间管理能力，规定时间内完不成写作。

第三节 申论复习与应试方法

一、申论复习备考方法

（一）找薄弱环节，点面结合，重点突出

每个考生的能力素质不同，各有优势和短板。考生在复习准备过程中要能迅速找到自己的薄弱环节和主要问题。复习时注意点面结合，突出重点，在全面复习的同时，针对薄弱环节重点强化。

（二）平时训练和模拟实战结合

提高申论水平的关键在于科学练习。日常练习应注重夯实基础、提升能力，形式可相对灵活，不必严格限定答题时间和作答规范，以便考生能深入思考、充分吸收知识；而考前则需进行限时模拟训练，通过全真模拟考试场景，提前预判实际考试中可能出现的时间分配、答题节奏把控等问题，并及时制定应对策略。

（三）不迷信教材

考生往往容易迷信教材、参考资料，认为教材、参考资料的答案就是标准答案，范文就是模板。现在申论的教材很多，良莠不齐的现象很突出。有些教材编写得非常粗糙，参考答案甚至严重偏离答题要求和答题规范。对所谓的"权威"教材也不能迷信，有许多所谓的"权威"教材的真题答案也是不可信的。在平时练习中，考生一定不能迷信教材，否则很可能会误入歧途。考生要学会思考和鉴别，当自己的答案和教材参考答案不同时，要仔细分析各自的合理性，取长补短。

（四）精研真题和巧用模拟题

复习申论的核心技巧在于精研真题和巧用模拟题。真题作为命题规律与考试标准的直接体现，不仅题目设计规范严谨，其参考答案

也更能直观展现评分要点与答题逻辑,通过系统练习真题,考生能够精准把握申论的命题思路、答题规范与核心考点。而模拟题虽在命题严谨性上稍逊一筹,但其时效性与创新性更强,往往聚焦当下热点、探索新题型,且材料多选取未涉及的社会议题,有助于考生拓宽视野、积累多元素材,增强对复杂社会问题的敏锐度与分析能力。

(五)形成命题者和阅卷者思维

在申论练习中培养两种思维至关重要:

一是命题者思维。所谓命题者思维,即思考"题目要求我答什么"。命题者的意图通过作答要求得以体现,把握这一思维有助于精准理解答题指向。

二是阅卷者思维。所谓阅卷者思维,即思考"评分标准是什么"。唯有探究评分要点,才能为答题提供理性指引。

二、树立正确的考试心态

(一)考生要有正确的面对问题的心态

这里说的心态是指人的主观情感倾向态度。心态往往决定了人的认识角度和认识结论,以不同的心态看待同一问题会产生不同的看法和结论。要答好申论必须有一个正确的主观情感倾向态度。

申论材料往往反映我国社会生活中的各类问题,而如何看待我国在经济社会发展过程中存在的不足与消极面,体现了社会公民的心理成熟度。面对问题的心态差异,会直接影响考生的观点立场与思维逻辑。例如,面对一则食品安全问题的材料,有的考生表现出愤怒和悲观;有的考生持司空见惯、麻木不仁的态度;有的考生则盲目乐观。这些不当的心态都会干扰考生得出正确的观点和结论。

一般而言,对待问题有三种典型心态:积极心态、回避心态和悲观心态。具体来说,积极心态是指面对问题时不回避、不否认矛盾,既重视问题本身,又着眼于解决问题、消除矛盾,同时具备面对问题、解决问题的责任心。

回避心态是不敢正视矛盾、掩盖问题、粉饰太平,不深入剖析问题,喜欢高唱赞歌、空泛议论、套话连篇、言之无物。

悲观心态是面对问题和矛盾时悲观绝望,一味发泄对现实的不满,缺乏积极解决问题的信念和责任心。这类申论文章往往牢骚满腹、偏激幼稚、非白即黑,甚至辱骂政府,把申论写作当成了情绪的发泄。

我们认为,成熟的社会公民应以积极心态面对问题。考生在申论答题中,也应秉持这种积极心态。养成这一应考心态,对精准把握申论答题尺度至关重要。

(二) 克服不良的备考心态

复习备考时的良好心态很重要,它会直接影响考生的复习效果。这几年的公务员考试竞争越来越激烈,许多考生因此产生了一些不良的心态。概括起来,以下几种心态较为典型。

1. 畏难情绪和自卑心理

有的考生认为公务员考试竞争太激烈,竞争对手太多,自己不够优秀,由此产生了紧张、自卑和恐惧等情绪,甚至形成畏难心理。

考生要树立自信心才能克服复习和考试中的各种困难。其实,对考生来说,最重要的是自己复习准备得怎么样,而不是竞争有多激烈,要有"狭路相逢勇者胜"的信念。另外,考生也可以多参加几次考试,这样对积累经验和消除恐惧心理都有好处。

2. 厌倦、烦躁情绪

许多考生开始复习准备时很积极、很认真,但时间一长就产生了厌倦、烦躁情绪,不想看书、不愿做题。这其实是缺乏毅力和坚强意志的表现。考生要有克服困难的信心和毅力,才能将备考坚持到底。

3. 侥幸心理

许多考生参加公务员考试都抱有侥幸心理,认为参加公务员考试就是凭运气:不积极准备、不认真复习,抱着碰运气、试一试的想法去复习和应考。这种心理导致考生难以踏实备考,在考试中可能会因知识储备不足、答题技巧欠缺,无法考出好的成绩,还可能因多次失利打击备考积极性,陷入恶性循环。

4. 过分乐观的心态

一些考生在考试中存在过分乐观的心态,盲目自信,不认真思考、分析就答题,考完后自我感觉良好,结果成绩并不理想。从以往考试的情况来看,这种心态在考题难度较低时表现尤为明显。常言道"水涨船高",考试竞争激烈程度与题目难度并非简单正相关,考生若因题目简单就沾沾自喜,显然是错误的,务必保持头脑清醒。

第五章　申论答题的技巧与方法

第一节　阅读理解的技巧与方法

阅读和理解材料是申论答题的基础。考生必须通过阅读材料,领会命题者的意图,从而得出正确的观点。对材料包含的意思理解错误或未能理解,就可能导致考生得出错误结论或遗漏关键答题点,这样考试成绩肯定不高。因此,阅读理解是申论极为重要的环节,理解材料的深度与全面性很大程度上决定了得分高低。

由于申论考试时间较紧张,因此考生容易忽视阅读与理解环节,许多考生会在阅读理解上节省时间,一些考生花10—20分钟就完成了阅读理解,这种做法是极其错误的。建议阅读理解的时间控制在40分钟左右。

一、申论材料的构成

一般来说,申论材料的内容包含以下部分:

(1) 取得的成绩;
(2) 存在的问题,包括问题的表现、相关事件以及问题概述;
(3) 问题引发的危害、后果;
(4) 问题产生的原因、背景;
(5) 解决问题的意义、重要性;
(6) 措施,包括有关人士的建议,其他国家和地区的做法、经验;

（7）各方对问题和措施的观点、看法；
（8）对问题本质（主题）的理论阐述。

二、阅读理解的任务

阅读理解的任务就是要把材料读懂。读懂就是要准确、完整地理解材料要表达的意思。一般来说，理解包括对材料具体层次的理解和抽象层次的理解两个方面。

具体层次的理解，是对材料局部内容的逐一理解，其主要内容包括每则材料的具体观点，材料反映的问题的具体表现、原因、结果和解决方法。

抽象层次的理解，是对材料整体观点、主题的理解，其主要内容包括材料隐含的总体观点（作者或编者的基本观点），问题的本质，反映的事理，以及存在的观点和矛盾。这个过程就是界定问题—评价问题—总结问题。

具体层次的理解和抽象层次的理解之间是局部和整体的关系，具体层次的理解是抽象层次的理解之基础，抽象层次的理解则是具体层次的理解之升华。

（一）具体层次的理解

以下将从基本要求、基本手段以及技巧与方法三个方面介绍具体层次的理解。

1. 基本要求

为确保阅读理解的有效性与针对性，具体层次的理解需要遵循以下基本要求：

（1）带着问题思维阅读：在材料中找出问题、原因、结果（意义）、对策、本质等关键要点。

（2）高度关注材料中的议论性语句，分析作者的观点、主张。

（3）对关键词（句）保持高度敏感。

（4）勾画、批注出关键词（句）。

2. 基本手段

具体层次的理解的基本手段是找到关键词（句）并进行勾画、批注。

（1）勾画。

考生需勾画材料中直接表明观点、问题具体表现、原因、结果和措施的词语和句子，但切忌乱勾画，以免造成理解混乱。

关键词可以在其下方画圆圈，关键句可以用下划线勾画。

同时，应在勾画处注明问题、原因、结果和措施等内容词，方便归纳总结。

（2）批注。

批注是把材料没有直接点明的关键词（句）提炼并写出来。许多时候，材料的概括程度不高，考生所需的关键词（句）没有直接出现，此时就需要考生自己总结出关键词（句），并将其批注出来。

我们以下面这则材料为例，简要说明如何做批注：

> 有着上千年历史的传统佳节和这些"洋节"最大的不同就在于各自承载着不同的文化内涵。尽管喜欢圣诞节的年轻人绝大多数并非出于宗教信仰，但他们表示，一提起圣诞节，就有种欢快放松的感觉，认为这是一个可以和朋友尽情"happy"的日子，而传统节日往往给人以团圆、聚餐的印象。

不难看出，由于这段材料讲的是"洋节"和传统节日有不同的文化内涵，因此"不同的文化内涵"应是关键词。那么，"洋节"和传统节日各自的文化内涵是什么呢？材料采用描述性表述，如形容"洋节"是"有种欢快放松的感觉""和朋友尽情'happy'的日子"，传统节日则是"往往给人以团圆、聚餐的印象"。考生需运用总结性语言归纳出两者不同的文化内涵，可以把"有种欢快放松的感觉"总结为侧重精神体验，把"聚餐"总结为侧重物质满足，把"和朋友尽情'happy'的日子"总结为以个人为中心，把"团圆"总结为以家庭为中心的情感互动。由此，我们可以批注："洋节"的文化内涵多以个人为中心，侧重精神体验；传统节日的文化内涵则以家庭为中心，侧重物质与情感的双重联结。

需要注意的是,考生不能仅仅根据材料中有限的描述就轻易得出结论。对于材料呈现的信息,要深入思考,不仅要看到表面的现象,还要思考现象背后的原因和意义。这段材料仅从表面的感受和印象来总结文化内涵,没有深入挖掘其背后的文化根源和社会意义。考生在论述时,要考虑到文化内涵的复杂性,不能简单地进行二元对立的划分。

3. 技巧与方法

(1) 根据首句、尾句找答案。

一般来说,写文章讲究起承转合,因此 60% 左右的材料都能从首句或尾句中找到段落大意或中心思想。考生要特别注意每段材料的首句和尾句。

例如:

据中国汽车工业协会统计,去年 1—7 月,汽车全行业完成工业总产值 3723.32 亿元,同比增长 29.44%;产品销售收入 3598.88 亿元,同比增长 31.05%;利润总额 221.90 亿元,同比增长 51.14%。主要经济指标增长幅度都比较大,实现了增产增收。1—7 月,16 家重点汽车企业(集团)完成工业总产值 2036.4 亿元,同比增长 33.66%;产品销售收入 284.31 亿元,同比增长 29.36%;利润总额 113.71 亿元,同比增长 46.38%,利润总额的增长超过产值和销售收入的增长,均取得了良好的经济效益。汽车产业作为国民经济支柱产业的地位也越来越突出。据悉,去年 8 月交通运输设备制造行业对工业增长的贡献率首次跃升至 40 个工业行业之首。以汽车制造为主的交通运输设备制造业取代电子信息通信业,已成为名副其实的领头羊。

显然,这段材料的关键句是尾句。

(2) 根据关联词找答案。

人们在表达观点时,常常使用逻辑性很强的论述语言,突出表现为经常使用表示转折、因果、递进等关系的关联词语,因而关联词所在之处往往蕴含关键信息。考生在阅读材料时,要对关联词保持高度敏感。

一是转折关系关联词,如"但是""然而""不过"等。在材料中只要出现转折关联词的地方,往往有重要的信息点出现。转折关联词后的内容通常为强调的重点。

二是因果关系关联词,如"因为……所以……""由于……因此……"等。申论材料的内在逻辑就是表现、原因和对策,其中,阐述原因的部分往往是关键内容,而呈现结果的部分通常用于得出结论。

三是递进和并列关系关联词,如"不仅……而且……""同时""此外""还"等,一般用于罗列现象和结果。

例如:

> 一直以来国家都很重视科学,科学几乎成了最终的价值判断标准。如果说某事科学,就意味着绝对正确而且是合理的,反之,就是经不起推敲、缺乏价值,但奇怪的是,到今天,一些民众不仅不具备起码的日常科学理性,连常识都没有。科学常识,早就被丢在十万八千里之外,不信科学,信邪说,越邪越信,一些缺乏科学修养和理性判断的媒体工作者热衷于用"神秘现象""一夜成名"等传奇性、娱乐性的"新闻"吸引公众眼球。

显然,这段话的关键句是:"一些民众不仅不具备起码的日常科学理性,连常识都没有。"

(3) 根据观点表述找答案。

阅读申论材料时,应着力把握其基本观点,因为观点往往体现材料主旨。申论材料中常包含有关人员对问题的见解和看法,这些内容通常是理解材料的关键。

阅读时,需留意那些与表达观点密切相关的词语,如"经调查""资料显示""反映出""看出""告诉""据报道""据分析""强调""指出""认为"等。这些词语后面的内容往往就是关键词(句)。

需要注意的是,申论材料可能同时呈现正确的和错误的两种观点,考生需要加以鉴别。

材料中表达的观点通常可以分为三类：隐形身份者（第一人称）的观点、集体身份者的观点、个体身份者的观点。

隐形身份者（第一人称）的观点，实际就是材料的编写、整理者的观点。申论材料从编写到整理均蕴含特定意图与思想观点，而这些内容往往体现材料主题，非常重要，通常表述为"据报道""据分析""经调查""反映出"，或者"记者认为""笔者认为"。

集体身份者的观点，通常指特定群体的观点。多数情况下，这类观点也比较重要，通常表述为"专家认为""有关人士指出""业内人士指出"。

个体身份者的观点一般可以分为三类：政府部门及其官员的观点、学者的观点和老百姓的观点。政府部门及其官员的观点尤为重要，通常级别越高，观点重要程度越高，基层政府及其官员的观点有时会有偏颇。学者的观点需辩证看待，虽然其专业性较强，但可能脱离实际、过于理想化。老百姓的观点两面性较强：一种是部分群众的短识浅见，可能会暴露出一些不是问题的"问题"，需要通过宣传、教育等方法加以引导；另一种是合理利益诉求，需要通过制定政策予以回应。

当使用"强调""指出"这些肯定性很强的词时，考生一定要高度重视相关观点。

例如：

"低水价是造成水的超消费和浪费的重要原因。"该专家指出，水价提高10%，将使家庭用水降低3%—7%。他介绍了某大城市用水量价格弹性系数研究。该研究表明，水价每增加10%，需水量将下降3.8%；居民年收入每增加10%，除去水价影响，用水量需求将增加2.2%。据分析，水费支出占家庭收入1%时对心理影响不大；占2%时开始关注用水量；占2.5%时注意节水；占5%时认真节水；占10%时考虑水的重复利用。

这段话有两个中心意思：一是低水价是造成水的超消费和浪费的重要原因；二是适当提高水价有利于节约用水。

（4）根据政策文件、名人名言找答案。

申论材料中常常出现法律、文件、会议报告等政策文件,它们往往是关键内容,体现了政府态度、工作目标、政策措施。申论材料中还会出现一些名人名言,这些名人名言多是对材料问题的总结分析,同样是关键内容。

例1：

> 习近平总书记明确提出,"在知识分子和广大人才中大力弘扬爱国奉献精神,激励他们的爱国之情、报国之志。要加强对人才的政治引领,做好各类人才教育培训、国情研修等工作,增强他们的政治认同感和向心力,实现增人数和得人心有机统一"①。

习近平总书记这段讲话阐述了人才工作的目标和两个重要举措。

例2：

> 保护动物福利,还体现了动物对于人类的精神价值,达尔文就认为：关心动物是一个人真正有教养的标志,一个社会的文明程度越高,其道德关怀的范围就越广。提倡保护动物福利和善待动物,正是创造一个和谐文明的社会的需要。在现代社会的公共评价尺度内,人们所要建立的社会主义和谐社会,应该是民主法治、公平正义、诚信友爱、充满活力、安定有序、人与自然和谐相处的社会。用法律来保障人与动物和谐相处是构建和谐社会的一个重要内容。

达尔文的观点阐述了关爱动物和人类文明之间的关系,是把握全篇材料的关键,也是准确理解材料主题的关键。

（5）根据标点找答案。

材料的关键词和关键句常伴随一些重要的标点符号,具体用法如下：

① 双引号(" ")。当双引号中的词语是专有名词、专业术语或不

---

① 中共中央党史和文献研究院编：《十九大以来重要文献选编(上)》,中央文献出版社2019年版,第568页。

常见的词语时,答题时需引用该词语并进行解释说明。

② 省略号(……)。若材料呈"分—总"结构,关键信息通常位于省略号之后。

③ 问号(?)。设问后的回答往往是答案要点。

④ 破折号(——)和冒号(:)。一般用于解释说明,相关内容多为考点。

例1:

> 网站设置了"你会配合普查员进行入户登记吗"的问卷调查,选择"会"的只有43%,选择"不会"的占14.9%,选择"看情况而定"的占42.1%。其实,民众有这样的担心不是没有理由的。某先生曾在一家中介机构留下个人信息,但是客户个人信息等私密性极强的这类信息,在网络上被公开出售……有专家指出,人口普查受阻的背后是一种不容低估的信任危机。

显然,这段话中省略号后边的"有专家指出,人口普查受阻的背后是一种不容低估的信任危机"是这段话的关键句。

例2:

> 长假期间,与堵车相关的各种"尬"态、"囧"事遭遇频现。比较典型的事例包括:电动汽车耗空电量后在高速上找不到充电桩,只能等待救援;多地高速服务区上演女性冲入男厕抢"坑"位现象等。"应对节假日人流、车流双高峰,各类服务主体在管理疏导和诉求回应方面科学性较差、前瞻性不够、灵活性不足,导致消费者出行时囧事不断、尬态百出。"市场监督执法总队朱副队长认为,其中既有公共服务设施硬件的短板,也有统筹调配"软件"的缺失。

假日旅游中的问题是什么?材料里双引号中的词语往往暗含关键信息,"软件"一词为解题的核心线索。我们头脑中第一时间反应出来的回答可能是:既有公共服务设施硬件的短板,也有统筹调配"软件"的缺失。但考生答题时不能直接写"软件"缺失,因为这是一个比喻，应把它解释为"机制"。建议答为：公共服务统筹调配的机制缺失。

（二）抽象层次的理解

对材料抽象层次的理解，是从宏观、整体层面进行把握，涵盖对材料逻辑关系的认识和对材料背后的本质、事理的洞察。在申论考试中，准确完成对每个材料抽象层次的理解至关重要，它直接影响概括题答案的准确度和精练度，以及议论文的论证深度。

1. 抓主题：明确材料主题

申论材料看似凌乱，实则每篇材料都蕴含着一个基本主题或观点，即材料作者对社会现象的认知与理解。考生需透过材料的具体内容，深入挖掘其内核，此过程可概括为"抓主题"。

申论材料通常围绕一个或多个关联主题展开，精准定位主题是深度理解的基础。2020 年以前，整个申论材料多为一个主题；2020 年以后，申论材料的主题呈现出多元化趋势，更多表现为每道题对应一个主题。以 2024 年国考市（地）级试题为例，材料 1 是乡村文化问题，材料 2 是企业改革与发展问题，材料 3 是基层医疗问题，材料 4 是公共文化空间运营问题，材料 5 是在平凡岗位上创造成绩的问题。

2. 挖本质：挖掘问题背后的本质、事理

明确了材料的主题实际上只完成了对材料的表面认识。若要深刻理解材料反映的问题，必须把材料"吃透"，即认识到问题背后反映出的事物的本质、事理和规律。只有深刻理解了问题背后的本质，才能深刻剖析问题，才能有针对性地论证问题。例如，2021 年国考市（地）级材料 1 的主题是"物无妄然，必由其理"。这是说万事万物的发展变化都有其内在规律。只有认识到事物发展的内在规律，制定出符合事物发展规律的政策，才能推动社会发展。只有理解了"物无妄然，必由其理"的意思，才能真正做到"吃透"材料。

对本质、事理的认识是主观抽象、判断、推理的结果，从认识论上讲，它是认识的飞跃。挖本质是超越事物的具体表现，对其根本属性的判断，以及对事理规律的总结。

综上，挖本质的思维要点包括：

（1）从现象到本质；

（2）由结果探寻根源；

（3）从表象提炼事理。

3. 抓主干：梳理材料的逻辑关系

申论命题者常将材料打散，把材料反映的问题、作者的观点等关键信息隐藏起来。考生需梳理材料主线以准确把握主题和观点，此过程可概括为"抓主干"。

尽管申论材料常以零散形式呈现，但其内在遵循问题思维逻辑，包含问题表现、原因（背景）、结果（积极的、消极的）、措施（做法）等核心要素。考生需通过梳理这些要素，找到材料的逻辑主线，这是阅读理解的最终目标。

三、申论材料的阅读步骤

由于考生的能力存在差异，因此申论阅读的步骤和时间分配也因人而异。这里推荐一个适用于大多数考生的阅读步骤。

（一）快速浏览材料并审题

此步骤为第一步，应在 5 分钟内完成。考生需快速浏览材料，大致了解材料涉及的内容，同时仔细分析答题要求，明确各部分材料和答题要求之间的联系，为带着问题阅读做好准备。例如，答题要求是概括材料第 2—8 自然段，那么在阅读第 2—8 自然段时，就应该按概述的要求阅读。

（二）细读材料，完成具体层次的理解

此步骤为第二步，一般需要 15—25 分钟。这是阅读材料最重要的环节，其基本任务有两个：一是初步明确材料主题，理清材料间的逻辑关系；二是完成对材料具体层次的理解，勾画和批注出各段的关键词（句）。

这一步需要对材料进行解剖式阅读，可采用两种解剖式方法：

一是根据答题要求解剖材料。这种方法特别适用于答题要求有指定段落的,一般长的材料会采用此类考查方式。

二是按照问题逻辑结构解剖材料。这种方法就是按问题表现、原因、结果、措施等解剖文章。

(三) 思考、分析材料主题和逻辑主线

此步骤为第三步,一般需要 5—10 分钟。这一步旨在完成对材料抽象层次的理解,从整体上把握材料。第二步阅读是对材料的拆分细读,思维是局限在具体文字中的。而要真正理解材料,还需从整体角度分析材料间的逻辑关系,梳理出材料的逻辑框架,深入思考材料的主题和反映的事理。

四、粗读与细读策略

阅读申论材料不是逐字逐句地读,而应该根据内容特点选择粗读或细读。一般而言,叙述性的语言可粗读,说明性、议论性的语言则需细读。具体可参考以下方法:

(1) 事例、事件、情况描述,以及其他国家或地区的解决方法等可粗读;

(2) 出现的问题、问题的原因、各方的观点等需细读。

五、阅读中易犯的错误

(一) 阅读不仔细,断章取义

许多考生阅读时不仔细,没有认真分析作者的意图,对材料断章取义,从而导致错误理解材料的意思。

下面列举一段较多考生容易产生错误理解的材料:

劳动和社会保障部的一位官员介绍说,为了培养我国的技能人才,国家在全国设有 3790 多所技术学校。但是,许多家长和学生认为,当工人收入低,社会地位低,因此学生不愿上职业技术类学校。每年招生时大多数这类院校门庭冷落,有的竟然无人报考。其实按国家规定,技术工人应享受同级工程技术人员待遇。据调查,有35.1%的企业高级工人收入比助理工程师高,只有7%的企业出现相反现象。在技师、高级技师与工程师、高级工程师的比较中,前者的收入多数与后者基本相同或略高于同级的工程技术人员。

这段话中有三个关联词,考生如果不仔细分析就容易错误理解材料,形成错误的观点。前面"但是"和"因此"两个词表明学生和家长不愿就读技术学校的原因是"当工人收入低,社会地位低"。考生往往就此得出了问题的原因之一是"工人收入低"。但要注意后面的"其实"一词说明了学生和家长的这种看法是一种错误认识,与客观现实不符。所以,真正的原因是学生和家长对工人的收入存在误解。

(二)先入为主,经验主义

考生容易用自身的经验性认识来分析材料,导致误解作者意图。例如:

中国传统节日,是我们民族文化的根。但是这些年来,传统节日却在被轻视甚至被冷落。与传统节日的寂寞形成强烈的反差,过"洋节"却成为一些年轻人的时尚。比如"情人节"的玫瑰卖疯了、"愚人节"作弄人的短信漫天飞舞、"圣诞节"各式各样洋七洋八的"party"……常常会引来一些人的追捧。有人指出,年轻人热衷于过洋节,更多还是为了追求一种独特的西方文化情调,而"土节"不可能带给他们这些。因此,我以为,为传统节日放上一天假,当然可以不时提醒人们还有这么个节日,但是,如果不注重挖掘传统节日的文化价值,不为传统节日赋予适合年轻人的文化内涵,想让传统节日不走向衰落是很难的。

许多考生读了这段材料后,往往认为传统节日被轻视、冷落的原因是年轻人追求时尚,其实材料的最后一句话才是核心观点,作者意在强调如果传统节日缺乏创新、缺少适合年轻人的文化内涵,就难免走向衰落。

（三）被干扰性信息误导

申论材料中有些信息是作者故意设置的干扰信息，目的就是考查考生的判断力。例如，2023年中央机关及其省级直属机构综合管理类职位申论考试给定材料1是关于Q省交通建设采风活动的材料，提到玉陵湖大桥重建的相关内容。材料详细描述了工程师介绍大桥重建的过程，包括拆除旧桥的方式、建桥中的环保技术等。这里可能存在大量关于建桥技术和细节描述的干扰信息。考生如果过于关注这些技术层面的内容，而忽略了材料背后想要体现的交通建设与生态保护的平衡这一核心要点，就会在概括内容或分析问题时，不能准确把握主旨，出现答非所问的情况。

（四）误以为所有信息都有用

为加大阅读难度，申论材料中可能会设置一些"垃圾信息"。所以，不是所有信息都对答题有帮助，有些信息仅与主题有关联，并非关键信息。考生需要认真分析材料结构，理清材料主题和主线，准确识别"垃圾信息"。

（五）按材料篇幅判断主题

近年来，申论考试加大了阅读难度，命题者故意隐藏材料主题，相关文字叙述材料不多，而其他边缘性质的材料占较大篇幅。因此，考生需保持冷静，准确判断材料主题，避免被干扰。

练习题

勾画、批注下面的材料。

"每天不是在开会，就是在开会的路上。"频繁又非必要的会议，让C市柳云村党支部书记老文很是头疼。老文工作的村子地处沿海，夏秋之际，台风频繁。"大家白天入户排查情况，宣传防台风要求，还得抽时间应付各种会议。"老文告诉记者，"有的会议只是花几分钟传达一下文件精神，其实用电话或者材料就能通知到位。"

"刚刚签订战略合作协议,实质项目还没落地,就要准备一堆汇报材料。"C市大华街道干部小李对报送"材料"的苦恼,也引起了扶贫干部小吴的共鸣。小吴2018年起驻村负责57户建档立卡贫困户的工作。回想近两年的工作,小吴说,驻村扶贫工作不易,但最让人头疼的,却是应付各项检查以及反复整理、填写、修改各种资料和表格。"最多的时候,我手里同时有20多个表格要填。有一个表,因为不同要求反复修改,弄了大半年。"如果遇到过于重视迎检资料的领导,可能出现以资料多寡、"痕迹"是否明显来定绩效的情况,基层干部就不得不加班加点找资料,熬更守夜补台账。

2020年,C市纪检监察机关紧扣"四风"问题,设立了转变作风"曝光台"。采取有奖举报、外聘专家、记者采访等形式,对工作不实、作风漂浮的给予定期曝光。被曝光的单位或个人,市纪委监委将回访跟踪、督促整改。市新区小学师生则是这一举措的直接受益者。该小学位于上塘路交叉口,2018年新建了一座高架桥,由于未设置隔音屏,800多名师生不得不在滚滚车流带来的噪声中上课。工程完成伊始,学校和学生家长就多次反映问题,希望加装隔音屏。该街道住建科负责人表示,隔音屏属于高架桥附属工程,高架桥是谁建的,隔音屏就该谁来建,而建设主体市建委则表示,该段高架已移交市城管委养护,应由该委负责加装隔音屏。市城管委称,隔音屏在工程建设过程中,是由原建设单位负责实施的,需要增补应由属地政府负责落实。这次一上"曝光台",市建委马上邀请市信访、城管、环保等部门和街道进行协调。一个多月后,长达近两年的问题得以解决。

市纪委张副书记说,在作风建设方面,近期,C市一举推出了"六项机制",重点整饬"闭门施策""推诿扯皮""政令空转""留痕管理""督考过多""文山会海"等六大顽疾。"我对这样的措施表示肯定。"C市党校刘教授说,不少面向群众的基层政府人员,依然存在不作为、慢作为等现象,而这绝不是小事,甚至会在一定程度上影响政府威信。

第二节　概括题答题的技巧与方法

概括题看似简单,实际上是申论中难度最大的题型之一。概括思维是典型的归纳、总结性思维。一般而言,概括就是把挖本质、抓主干两个步骤用简明的语言表述出来,因此阅读理解能力过关,概括成功的可能性就很大。

做好概括题需具备两种关键能力：
（1）抽丝剥茧,挖本质；
（2）删繁就简,抓主干。

一、概括题的题型和逻辑

（一）题型

申论的概括题题型多变,答题要求各有不同,这些要求对答题内容影响很大。从中央和地方公务员考试的情况看,概括题字数要求多的达到 500 字左右,而少的要求在 100 字以内。因此,考生需要具备良好的归纳总结能力和语言表述能力以应对各种概括题。下面先简单归纳概括题的题型和相应的答题内容。

1. 概括材料反映的主要问题

这种题型最为常见,其一般答题内容包括出现的问题及其原因、表现、结果,以及对问题本质的总结。

2. 概括材料的主要内容

这种题型与概括材料反映的主要问题很接近,但在答题内容和思维逻辑上还是有一些差别,多了解决措施与思路这项答题内容。所以,这类题的答题内容一般包括出现的问题及其原因、表现、结果,对问题本质的总结,以及解决措施（各地做法）。

概括主要信息以及撰写情况综述、情况汇报、领导参阅材料等题型都属于概括主要内容的题型范畴。

3. 概括不同观点

这种题型的答题内容一般较明确,主要包括争议内容(表现)和争议实质(本质)两部分,但这种题型对考生归纳、总结思维能力的要求更高,不容易答好。

(二)概括题的逻辑

概括题对语言的逻辑性、连贯性要求较高,概括的核心逻辑就是抓主干,答题的语言通常可以按"主干"逻辑来组织。概括题的语言一般可按以下两种逻辑来组织。

1. 问题式逻辑

问题式逻辑是指围绕出现的问题,分析其原因、表现、结果,进而挖掘出问题本质,提出解决问题的措施,并以此组织表述内容和语言。在实际作答中,绝大多数题都可以按这种思维逻辑来答。

2. 两分式逻辑

两分式逻辑反映了对立又统一的辩证关系,如成绩与问题、快与慢等。以 2024 年重庆市公务员考试申论(卷一)试题为例,其作文要求为:"给定资料 4 中提到'青山绿水是无价之宝',又提到'生态有价'。生活中有许多既有价又无价的事物,请对此进行深入思考。"生态既有价又无价就是一个辩证问题,考生在写作文时需要将这种辩证关系阐述清楚。

二、概括题的评分要点和答题要求

(一)评分要点

概括题的评分要点一般包括几项:一是内容分值,二是语言的条理性、通顺性分值,三是文字表达规范性分值。

1. 内容分值

这一分值即是否答出了答题点,一般是按点给分,答到给分,没有答到就没有这一点的分。内容分值占比最高,一般是该题分数的 70%—80%。以 20 分的题为例,内容分值一般占 14—16 分。内容分值具体的给分标准主要根据概括的准确程度:如果考生准确答出了评分点可得满分;如果答题要点准确度不高,可视具体情况给本点分值 1/2 或 1/3 的分。

2. 语言的条理性、通顺性分值

这一分值是对语言表达能力的评分,一般占该题分数的 10%—20%。以 20 分的题为例,语言的条理性、通顺性分值一般占 2—4 分。

3. 文字表达规范性分值

这一分值主要是对字数、错别字和其他文字规范的评分,一般占该题分数的 5%—10%。以 20 分的题为例,文字表达规范性分值一般占 1—2 分。

(二) 答题要求

概括题的基本答题要求是全面、准确、客观、简明。

1. 全面

概括题通常可分解成问题(本质)、表现、原因、结果几个评分要点,按点给分。因此,答中要点很重要,无须在细枝末节上耗费精力,也不必过多地在组织文字上浪费时间,即使逻辑性稍弱也影响不大。能正确判断答题内容,并涵盖所有答题要点,是得分的关键。

特别要说明的是,概括全面是指能把材料的核心内容或者主干内容全部答出,并非要囊括所有材料段落的信息,许多考生把全面概括理解为毫无遗漏,这是错误的。

2. 准确

概括题对答案的准确度要求比较高。所谓准确,是指用最恰当的词语精准表达内容含义。它要求考生用准确的词语呈现材料内容,尤其要注意抓事物的特征、本质。

准确性一般体现在表明材料内容的关键词语上。因此,评分点一般会提炼为关键词,能否精准提炼这些关键词至关重要。若准确度不高,一般只能得到相应要点 30%—50% 的分数。

3. 客观

客观要求在做概述题时,应尽量考虑用简练语言表达材料原意,避免随意引申和发挥,也不应有过多的主观评论。如果材料的关键句概括性较强,也可以直接使用材料的原话。此外,客观还要求表述语言应该是中性的、白描的。

4. 简明

概括需运用归纳、总结思维,而这种思维的外在体现便是"简明"。简明有两个意思:一是内容应聚焦"主干",不能事无巨细;二是语言要简练,需用总结性的语言,而不是描述性的语言,即要做到"一言以蔽之"。

三、提炼概括的方法

(一)抓住关键词

概括题要求能简明准确地概括材料内容,因此考生应学会用一些关键性的词语进行概括。使用精练、恰当的关键语,是答好概括题的要领。

申论的关键词,是能够反映材料中问题(特征、表现)、原因、结果、解决途径及观点主题的词。关键词通常具有总结性、抽象性,内涵丰富。像"一些""许多""各种"等模糊性词语,一般不会成为关键词。

关键词需清晰表明问题(特征、表现)、原因、结果等内容,要能准确反映材料的具体信息。关键词既可能是材料中的原词,也可能是从内容中提炼出来的词。

部分关键词会在材料中直接出现,考生要培养敏锐的阅读语感,对材料中的关键词语保持高度敏感。

例如:

> 歌德学院之所以成功是因为一开始就重视建立职业化队伍,现有专职人员 3000 人。据了解,英国文化委员会有专职人员 7000 多人;法语联盟有专职人员 2 万人。孔子学院呢?每一年,孔子学院总部要外派中方院长、汉语教师、志愿者等非专职人员近万人,至今仍在"抓壮丁"。25 岁的北京志愿者小王,在匈牙利布达佩斯"匈中双语学校"孔子课堂教汉语,她说:"孩子们很喜

欢中国老师！近来因为报名入学的匈籍学生越来越多,教课课堂压力越来越大。公派教师职人员,缺乏稳定性、连续性,不利于孩子们学汉语。"

这段话中的关键词是:<u>职业化队伍;缺乏稳定性、连续性。</u>

请概括材料反映的问题:<u>孔子学院的教师缺乏稳定性、连续性(或孔子学院缺乏职业化教师队伍)。</u>

（二）拼接组合

找到几个关键词,按照语意将这些关键词拼接组合。

例如:

一个世纪以来的中国学者并不缺乏勤勉,然而在文化拿来与文化输出的天平上,出现了失衡,由此导致的文化逆差令人扼腕。时任英国财政大臣布朗来中国时说,英国从中国进口越来越多的家电、服装和其他东西可以用英国出口的一样东西来平衡,就是英语。英语教学作为一项出口项目,它的价值在5年内已经从65亿英镑增加到了103亿英镑,大约占英国GDP的1%。

请概括材料反映的问题:<u>中国在文化交流中存在文化拿来与文化输出失衡现象,由此导致文化逆差问题。</u>

（三）总结提升

材料中的某些表述用的是罗列、陈述性语言,缺乏概括性,因此需用总结性词语进行替换。

例如:

记者在T市G县调查时发现,该县一些塑料袋加工点大量回收农药桶、医疗废物、废旧编织袋等作为原料,经过简单加工后制作成塑料颗粒,再倒卖给小厂制作成各种规格的塑料袋,其中就包括主要用于装食品的超薄塑料袋。

请概括材料反映的问题:<u>用有害原料制成塑料颗粒生产食品袋,存在食品安全隐患。</u>

四、概括题材料的类型

(一) 叙述性材料

一般在叙述性材料中,作者不会直接写明观点,但对事件、现象的叙述中隐含着作者的观点。因此,叙述性材料一般需要考生自己总结,不能简单地抄原文。

例如:

在××工业区一家外资企业工厂打工的湖北籍男员工小李说:"我们四周是高高的围墙,还有铁丝网,戒备森严,好像监狱一样,连上厕所都限定时间,平均一天要工作12个小时以上。"同样在这家工厂工作的小王,今年25岁,已经在广州打工7年,话语中满是无奈:"你看我们的厂房,条件好着呢。可是,一进车间,所有人就失去了名字。工人密密麻麻地坐着,工作的时候根本没空说上一句话,得玩命盯着手里的活,稍微一放松,零件从你眼前滑过,钱也就跟着溜走了,因为我们拿的都是计件工资。最近我总是想起卓别林的经典电影《摩登时代》,有时会想,我们是不是和电影中的夏尔洛很像?没有多少人真正关心我们!"

请概括材料反映的问题有哪些:(1)工人的工作时间长、工作强度大;(2)工人缺乏自由和尊严;(3)社会对工人的关心不足。

(二) 说明性材料

说明性材料一般有较强的逻辑性,概括的要点是分析文段要说明的观点。

例如:

有关调查表明,目前全国约有3000万青少年存在不同的心理问题,其中,中小学生中的心理障碍者占21%—32%,大学生中的心理障碍者占16%—25%,而且还呈现上升趋势。心理问题不仅会影响人格发展,严重时还会导致自杀等极端行为的出现。因此,增强青少年的心理承受力,减少心理问题的发生,无疑成为需要各个方面给予关注的重要课题。

请概括材料反映的问题：<u>全国青少年中存在不同程度的心理问题，且有心理问题的青少年比例较高并有上升趋势，这些问题不仅影响人格发展，甚至可能导致极端行为。</u>

（三）议论性材料

议论性材料一般直接表达作者观点，概括的方法是对原文观点进行提炼加工。

例如：

"中国加工的玩具虽已遍布发达国家市场，但真正具有影响力的文化形象仍是国外的奥特曼、变形金刚、芭比娃娃、史努比等，且这种现状短期内难以改变。"学者们对此深表忧虑。"作为拥有5000多年文明史的文化发源地，如果只出口电视机，不出口电视机播放的内容，也就是不出口中国的思想观念，就会沦为一个'硬件加工厂'。"

请概括材料反映的问题有哪些：<u>（1）中国缺乏有国际影响力的文化形象；（2）文化输出与硬件制造能力不匹配。</u>

五、概括题答题常见的问题

（一）只会描述不会总结

概括的实质是用简练的语言进行总结、得出结论。例如，描述一个人的外貌时，使用"柳叶眉""水灵的眼""瓜子脸"属于具体描述，而"漂亮"则是对其外貌的总结性结论。由此可见，概括一个人的相貌时，需要以简洁的语言进行总结，如用"漂亮"一词。同理，概括材料就是对其内容进行总结并得出结论。

下面是某次考试中一个考生的答题情况：

我国学术界存在浮躁不实之风，出现学术不端、论文质量欠佳、奖项虚假等较大问题，部分科技工作者不能够脚踏实地地开展工作。

点评：考生采用描述性语言表述我国学术界相关现象，若使用总结性语言，可表述为：我国学术界存在的相关问题呈现出一定普遍性和突出性。

（二）认为概述就是浓缩、精简材料

概括不是面面俱到，更重要的是提炼、总结出材料的主题和逻辑主线，系统梳理问题的各个要素。概括题答题的关键是要有抽象总结能力和宏观把握能力，要把材料"吃透"。

（三）缺乏归纳

归纳就是要把属于同一方面问题的内容进行整合。不少同学看似回答了多个要点，实则只是同一个要点。

例如，有位考生在归纳做好老年工作的举措时，给出了以下三点回答：

（1）开办了老年人书画、音乐学习班；

（2）开设了老年人文化、科学学习课程；

（3）组织了老年人门球、羽毛球活动。

从本质上看，这些内容是同一要点，体现出该考生归纳能力明显不足。

六、概括题答题的基本结构

由于概括题的考查内容不同、答题要求不同，因此相应的作答内容也存在较大差别。以下提供一个基本答题思路，以供参考。

（一）总括句

总括句是一句高度概括材料的话，一般直接指出问题或问题的本质。一般写作"材料反映了……问题""……的事反映出……的问题"。

（二）分述句

问题表现的常用表述为"这个问题主要表现在……""这些问题主要体现为……""这个问题具体表现在以下几个方面……"。

原因分析的常用表述为"这些问题的主要原因是……""引发该问题的因素是多方面的……"。

结果影响的常用表述为"其结果是……""这些问题导致……"。

应对措施的常用表述为"各级政府相关部门应该采取……措施""因此,有必要采取……""所以,应当加强……""必须采取有效措施防止类似问题再次出现"。对于严格限制字数的概括题,简要点出解决问题的意义或重要性即可。

需要注意的是,不同性质的材料中,原因、表现、结果等要素的占比不同,作答时应准确甄别重点内容。若材料中未涉及原因或结果相关内容,切忌主观臆断、随意发挥。

练习题①

1. 概括材料的内容。

有关部门的调查显示:目前,我国城镇企业共有1.4亿名职工,其中技术工人大约7000万。在技术工人中,初级工占60%,中级工占35%,高级工仅占5%。而发达国家技术工人中高级技工占35%以上,中级工占50%左右,初级工约占15%。我国产业大军中的主流——技工,绝大多数技术水平还达不到现有技术等级所规定的标准。

2. 概括材料反映的问题。

张悟本的神医骗局被拆穿,其"行医"场所悟本堂也很快被拆除,一个靠着绿豆汤、白萝卜、长茄子"理论"忽悠民众的假专家,终于无法再混迹江湖了。包括张悟本在内,一些所谓"神医""养生明星"的发迹,固然与其本人骗术高超、媒体包装炒作推波助澜,以及政府部门监管不力有关。但是,他们之所以能受到群众如此追捧,从另一侧面反映出群众对普及养生保健知识的需求。随着生活水平的提高,人们对

---

① 除了参考答案,本节练习题还附有AI答题的答案和对该答案的点评。

健康养生方面的信息越来越关注。我们周围有许多货真价实的医学专家,他们在理论素养、临床经验方面都有上乘水准,也出了不少论著。但是,他们往往忙于教学、诊疗、写论文、做研究,活动范围仅限于专业领域,没有将学术知识转化为群众需要的、通俗易懂的养生常识,或者说这种转化的力度还不够。所以,假神医才占有了市场。

第三节　原因分析题答题的技巧与方法

一、原因的分类

做原因分析题的基本思路是按不同类别去寻找问题的原因。事物(问题)产生的原因一般可分为内因和外因。

（一）内因

内因是导致事物产生某种结果的内在根源,通常作为根本原因、主要原因对结果产生决定性作用。因此,在分析原因时首先要找到内因,在阐述分析时可以详细一些。

（二）外因

外因是导致事物产生某种结果的外部条件或环境因素,可分为客观原因和主观原因。

1. 客观原因

客观原因通常涵盖客观环境、社会背景等宏观层面的因素,即所谓大环境。这类原因具有长期性、复杂性的特点,一般不受人们的主观意识和行为左右。

2. 主观原因

主观原因从主体角度,可分为政府、企事业单位、社会组织、个体等方面的原因;从内容角度,主要包括思想观念、法律法规政策的制定与执行、组织管理(涉及财力、人力调配及领导决策等)、体制机制、利益驱动、监督管理等方面的原因。

二、原因的分析方法

（一）主体分析法

主体分析法是指根据材料出现的不同主体展开分析。例如，分析我国农副产品价格上涨的原因时，可以从政府（政策支持力度）、生产者（生产方式落后、效率低下）、销售者（销售环节多、层层加价）等主体的角度去分析。值得注意的是，主体分析法一般侧重于分析主观原因，较难直接揭示客观原因和内因。

（二）利益分析法

利益分析法是探究人类社会现象的重要方法。人的需求催生利益，利益引发行为动机，动机支配行为，行为指向利益目标，这一规律揭示了人的思想行为与利益之间的内在联系。使用利益分析法的前提是进行主体分析。以房价居高不下为例，可以从地方政府、开发商、炒房者等不同主体的利益诉求角度去分析原因。

（三）因果分析法

因果分析法秉持由果及因、追根溯源的思维逻辑，是查找问题原因的根本方法。具体操作时，通常从材料中呈现的结果出发，反向推导引发该结果的原因。

（四）内外因分析法

内外因分析法是把原因分为内因与外因两类，并逐一分析内因有哪些、外因有哪些。

（五）综合分析法

综合分析法是指综合运用上述多种分析方法，全面、系统地剖析问题原因。

三、原因分析题的答题要求

原因分析题的答题要求是：全面、具体、准确、简明。

（一）全面

原因分析题一般按不同原因设置几个评分要点，按点给分。因此，分析全面、答中要点很重要。

（二）具体

相较于概括题，原因分析题对内容的概括性要求较低，答题时需提供更翔实具体的内容。例如，某省公务员试题中要求分析我国大豆价格上涨的原因，若仅答"生产成本上涨"则过于笼统，考生还需具体阐述"柴油、化肥等农资价格上涨，农村劳动力成本增加"等内容。

（三）准确

准确是用最恰当的词（句）把某项内容的意思表达出来。考生务必提炼并精准体现关键词（句）。

（四）简明

需以简洁精练的语言进行作答，清晰传达材料的核心观点。

练习题

概括当前社会求快风气产生的原因。要求：全面、准确、简明、有条理，不超过200字。

当下社会，一切都和速度直接挂钩：飞机当天往返，火车朝发午至，教育讲求趁早，就业追求抢占先机，毕业就要买房，爱情沦为速配。自21世纪以来，社会变革加快，利益结构持续调整，人们的经济地位被重新洗牌。对未来前景的不确定性，使很多人心浮气躁，这种现象与社会转型期带来的阵痛密切相关。

以往，只要是名牌大学毕业，就不愁找不到称心的工作；现在，城市化进程的不平衡性导致大城市人口拥挤，选择"好"职业的难度加大。即便是名校硕士、博士，找到的工作也不一定合意。为了在竞争激烈的就业市场占得先机，大学生纷纷加入"考证族"的行列。以王某为例,他是一名法律系在读研究生,刚刚通过国家司法考试,拿到了法律职业资格证。为什么研究生还没毕业就急着参加司法考试?王某坦言,有了证,马上就能在律师事务所实习,就业时就能抢先别人一步。

身处互联网时代,人们每天都会接触海量信息,面临诸多诱惑,且时刻处于相互比较中。很多人担心被时代落下,害怕被别人超越。赵某是某IT公司软件工程师,最近刚跳槽到另一家规模更大的公司。大学毕业不到5年,他已经换了3份工作。"房价涨,收入低,晋升慢。在网上看到别的公司待遇更好,就想通过不断跳槽寻找新机会。"赵某说。

在大城市生活绝非易事,单是房价一项就已经透支了很多人大半辈子的积蓄,再加上高昂的教育费用、医疗支出等,人们不得不拼命工作。某微博用户晒出一张图片:"山东某知名IT公司要求员工申请自愿放弃年休假,实行6×12小时工作制:每天工作12个小时,每周工作6天。春节、国庆等长假期间也要随叫随到。"面对如此苛刻的要求,却有不少人积极响应。一位响应者说:"对我们年轻人而言,大学毕业后能前行多远,不单单取决于个人能力。如果没有父辈的支持,自己再不努力拼搏,很难在大城市站稳脚跟。"

美国发明家富兰克林说过:"时间就是生命,时间就是金钱。"这句话是大工业时代的座右铭,深刻影响了整个世界。快速、高效的观念深入人心,成为人们自觉不自觉的选择。现代社会物质条件的进步,更是加剧了人们的这种心理。在电话尚未普及的年代,人们习惯了很多天才能收到一封信;但在手机随处可见的今天,若几分钟内没有收到对方回复的信息,人们就会嫌慢。在自行车与有轨电车还是主要出行工具的年代,等半个小时的公交车不足为奇;但如今出行越来越便捷,人们就连乘坐出租车时,都忍不住叮嘱司机开快点。互联网的出现,更是极大地改变了人们的生活方式,节奏更快,变化更多,时间的价值也更显宝贵。很多人习惯了24小时开机,习惯了半夜被工作电话叫醒,习惯了长期频繁加班。这种生活给现代人带来物质回报的同时,也造成了精神的疲惫和身体的损耗。某网站调查显示,我国已成为全球工作时长最长的国家之一,人均劳动时间超过日本和韩国。一些白领虽然收入可观,但日夜紧张工作,生活很不规律。

某互联网公司的一位员工说:"连夜加班,刚开始你也许无法适应,但时间久了就会发现,如果周围的人都在加班,自己早下班就显会得格格不入。虽然公司没有强制加班的规定,但许多同事都在'抛妻弃子'、挑灯夜战。因为一旦不加班,工作进度就可能落后于加班的同事。"有人估算,我国每年因过劳去世的人多达60万,其中,媒体人、科技工作者、互联网企业员工的比例最高。

持续加班引发了一系列健康问题,频繁跳槽、工作不稳定对个人心理造成的影响同样不容忽视。例如,盲目跳槽的人在辞职过程中产生的无奈情绪,重新选择工作时感受到的焦虑,以及应聘新企业来回的奔波,都会极大地影响个人情绪。特别是跨地区跳槽,从一个熟悉的环境到一个陌生的环境,前景的不确定性会给人带来更大的心理压力。此外,过度加班还容易引发安全问题。许多货车司机为了赶着交货、疲劳驾驶、连夜赶路,由此引发的交通安全事故数量惊人。这恰恰应了中国"欲速则不达"的古训。

我国目前仍是发展中国家,在很多方面与发达国家还存在差距,确实需要加快发展步伐,实现富强目标。而且,在推进市场化进程中,人民群众有改善生活的强烈需求,这是推动中国社会快速发展的内在动力。处于这样的历史阶段,想要控制发展速度并不容易。因此,根本的解决之道不在于刻意放缓发展节奏,而在于防范快速发展过程中可能出现的失衡现象。政府应建立健全社会保障体系,创造更畅通更多元的发展通道,切实减轻人们的工作和生活压力。同时,个人也要积极调整心态,尤其是初入职场的年轻人,更要学会找到适合自己的工作节奏和生活平衡点,留出时间去调整身心状态,重新审视职业规划和目标,感悟人生的真正意义。

第四节 对策题答题的技巧与方法

对策题是申论的基本题型,也是综合考查考生运用知识能力的一种经典题型。对策题一般要求针对给定材料中出现的问题提出解决方案。有时也能见到变化题型,如要求考生提炼归纳"城市规划应遵循的原则",还有的题目会要求对材料中已有的对策进行修正或补充。

一、对策题答题的基本思维——探究病因、对症下药

许多考生缺乏独立思考能力,加上对政府解决问题的基本措施与方法缺乏了解,所以做对策题时往往习惯照搬照抄。其实,对策题并不难,考生可以从以下三方面入手,有效提高自己对策题答题能力:一是多关注政府解决实际问题的基本方法;二是加强对策类题型的专项练习;三是形成正确的答题思路。

解答对策题可遵循以下基本思维步骤:

(1)归纳材料中问题的具体表现;

(2)剖析问题产生的原因,即深入探寻问题产生的各类因素,全面挖掘其根源,这是对症下药提出解决问题的对策的关键;

(3)明确解决问题的目标;

(4)针对具体问题及其成因提出可行方案;

(5)筛选整理方案。

二、对策题答题的基本方法

(一)借鉴提炼法

借鉴提炼法,即把材料中已有的经验、方法整合提炼。材料一般会给出一些其他国家或地区的做法,这些做法往往都是可以借鉴的。但考生还应注意到要对这些方法加以整理归纳,不能完全照搬。

例如:

由于建议把弘扬敬老传统、是否孝敬父母纳入干部考核体

系,李宝库被人们称为"孝官"。李宝库把关注的目光投向了孩子。这一次,李宝库委员的提案之一是把敬老故事列入中小学和幼儿教材。

在一些城市,政府部门已经将敬老的子女作为模范进行表彰。江苏、山西等省份的一些城市在考察任用领导干部时会走访他们的家庭、亲友和邻居,了解后备干部对待父母的情况,并将考察结果作为选拔的参考因素。一些学校也开始注重传统价值观中的"孝道"。一些学前班会向孩子们教授尊敬师长、善待父母等内容;一些高校也将中国传统文化列为必修课,使以"孝"为荣的民族传统复归。

这段材料对如何弘扬敬老传统给出了两点对策:加强"孝文化"的宣传、表彰;把"孝"作为干部考核任用的标准之一。我们可以把加强"孝文化"的宣传整理为:加强传统"孝文化"的宣传教育,让"孝文化"进课堂、进书本;大力表彰敬老典型,形成以孝为荣的社会风尚。

(二) 寻因法

寻因法,即在材料中寻找问题产生的各种原因,根据事物的因果关系分析问题成因,并提出相应对策。

例如:

近年来,在发展边境民族地区教育的过程中,地处西南边境的L县坚持"调整一些不合理校点布局,逐步推进寄宿制办学"的工作思路。撤并教学点,意味着自己的子女要去更远的地方读书,来回的交通又不方便,难免会让家长心存疑虑。L县充分利用互联网、报纸、广播、电视等宣传媒体,开辟"创建"专栏,还利用挂横幅、张贴标语、出板报等形式大力宣传创建寄宿制学校的重要意义,动员社会各方面的力量都来关心、支持创建工作。

通过分析材料,我们不难发现推进寄宿制办学有困难的原因是"子女要去更远的地方读书,来回的交通又不方便,难免会让家长心存疑虑"。"家长心存疑虑"是表面现象,家长的疑虑是孩子离家远了和

"来回的交通又不方便",其中,"来回的交通又不方便"是根本原因。因此从这段材料看,要推进寄宿制办学的措施应该有两个:一是根据材料归纳出"通过各种形式大力宣传创建寄宿制学校的重要意义";二就是针对"来回的交通又不方便",考生应拟写出"开设校车接送学生上下学"。

(三)对症法

对症法,即在材料中找出具体问题,思考这些问题并拟写对策方案。例如:

> 某报刊载一名司机的意见:"市政建设就像等待大手术的病人,谁知道明天哪条路又要开膛破肚!听说全市目前有14项在建重大工程,道路施工工地遍布中心城区和周围主要地区,对车辆通行影响很大。有时车开到交叉路口,主干道的交通全被施工工地阻断,一堵就能堵上好几个钟头。"

这段材料反映出两个问题:一是市政施工安排不合理,影响交通通行;二是信息公布不及时,导致交通拥堵加剧。针对这些问题,可从两方面提出解决对策:第一,规范、合理安排市政施工时间和区域;第二,及时公布施工信息,引导车辆合理规划行车路线。

三、对策题的答题规范

对策题一般要求学生概括出材料反映的问题,然后再针对问题提出解决对策。一般有以下两种答题写法。

(一)分别列举出主要问题,然后分别提出对策

这种答题写法可以采取如下表述:

1. 材料反映出的问题有:

(1)……

(2)……

2. 针对材料反映出的这些问题,解决的对策有:

(1)……

(2)……

（二）先简单概述问题，再一并提出解决方案

这种答题写法可以采取如下表述：

材料反映出了……问题，针对这些问题，解决的对策有：

(1)……

(2)……

四、评分要点和答题要求

（一）评分要点

1. 按点给分

依据参考答案的要点进行评分，答出相应要点即可得分，单题评分要点通常不超过 8 个。原则上答错不扣分。

2. 表述要求

答案阐述准确、具体且有可操作性，得满分；缺乏具体操作细节，一般只给 1/3 分。

3. 问题关联

答案须明确指出每条对策所针对的问题，不表述问题会酌情扣分。

4. 可行性

答案中的对策须具备现实可行性，具体包含两个限定条件：一是要符合题目设定的人物身份；二是在政府职能范围内，对策具有可操作性。

（二）答题要求

1. 合法合规

文章提出的对策必须符合党和国家的路线、方针和政策、法律法规，以及社会的伦理道德规范。

2. 内容完整

每项对策一般应包含措施(做什么)和方法(怎么做),同时要处理好"虚"(宏观)与"实"(具体)的关系,确保措施既具体、有针对性,又不琐碎。

完整的对策通常涵盖四个方面的内容:原因(为什么做)、措施(做什么)、方法(怎么做)、目标。一般情况下,原因和目标可以省略,但当有些措施和方法比较模糊时,需通过原因和目标明确行动内容。例如:

> 要切实保障低收入群体的生活,需通过开拓就业途径、提高最低工资标准、发放现金补助、减免社会保障金个人缴纳部分等多种政策,使他们真正受益,生活有保障。

这一对策中"要切实保障低收入群体的生活"是做什么;"开拓就业途径、提高最低工资标准、发放现金补助、减免社会保障金个人缴纳部分"是具体怎么做;"使他们真正受益,生活有保障"是目标。

3. 逻辑清晰、有条理

对策阐述需条理清晰,一般遵循先主后次、先原则后具体、先目前后长远的顺序,让答案层次分明,便于阅读与理解。

五、对策题答题的参考模式

(一) 模式一

1. 思想层面

通过宣传教育、专题培训、理念倡导等手段,强化××意识,树立××观念。

2. 法律制度层面

完善法律法规体系,建立健全××制度(如问责制)。

3. 组织保障

优化机构设置与人员配置,加强干部队伍建设,保障财政资金与领导统筹,为工作开展提供坚实支撑。

4. 具体措施

制定针对性措施,兼顾治标和治本,从多维度解决实际问题。

5. 监督管理

建立健全××监督管理机制,或如何加强监管。

6. 经验借鉴

参考国内外先进地区实践经验,结合本地实际,探索创新解决方案。

7. 科技赋能

运用××先进技术,提高××技术水平。

(二) 模式二

1. 强化思想引领

增强××意识,聚焦关键问题;

倡导××理念,增强社会公众责任意识。

例如:

> 各级领导干部要高度重视,树立正确的政绩观,密切关注××问题。

2. 营造舆论氛围

借助电视、报纸、网络等媒体,开展多样化宣传活动,提高广大人民群众对××的认识;

树立典型示范案例,在全社会营造关于××工作的良好氛围。

3. 提升人员素质

开展专项教育培训,增强领导干部决策能力与执政水平;

普及知识技能培训,提升群众参与度和实践能力。

4. 健全制度体系

完善政策法规,构建信息反馈、专家咨询、责任追究等配套制度;

推动制度落地,确保各项工作规范化、制度化运行。

5. 加大资源投入

增加对××的财政资金支持,拓宽融资渠道;

优化人才引进机制,充实专业人才队伍。

6. 推动科技应用

加强技术研发与成果转化,推广××先进技术手段;

提升信息化、智能化水平,大力发展科学技术。

7. 严格监督落实

畅通社会监督渠道,设立举报平台;

完善考核评价体系,加大违规惩处力度,确保责任落实。

8. 借鉴先进经验

学习国内外成功做法,结合本地实际,优化工作方案。

练习题

1. 阅读下列材料,拟写一条治堵措施。

当发达国家的人们开始过上"轮子上的生活"时,也曾面临或正在面临堵车的烦恼。对此,国外不同城市采取了多样化的应对措施:

纽约——私家车一律停郊外。到纽约曼哈顿的上班族,从家里开车到市郊地铁站或火车站,换乘地铁或火车进入市区,然后在市内乘公共汽车、地铁或出租车去上班、办事。曼哈顿的许多街道,只有持特殊牌照的车辆才能临时停车装卸货物和上下客,其他车辆禁止停放。

巴黎——20世纪70年代初,由于私家车数量急剧增长,巴黎的城市交通几近瘫痪。为此,法国政府大力优先发展公共交通。如今,巴黎设置了480多条全天或部分时间禁止其他车辆通行的公共汽车专用道。对于小汽车,巴黎市政府规定,在无风日,采用分单双号车牌形式限制轿车进城。

东京——东京市民的家用汽车平日多放在车库,上下班人们还是选择乘坐地铁。一是因为乘坐地铁才能确保准时到岗;二则是因为公司车位稀缺,只有总经理和董事长才有车位。

伦敦——为了限制轿车数量，减少堵车和空气污染，伦敦市政府发出交通白皮书向市民公告，从2000年起提高停车费用，同时城市内原有的各大公司、公共场所的免费停车场一律改为收费停车场。

2. 针对材料反映的问题，提出解决问题的措施。

某报记者在调查食品安全领域问题时，发现了一个地下黑加工点，并暗访了该加工点利用过氧化氢、工业碱等有害添加剂，发制、漂白百叶、毛肚等食品的全过程。记者发现，雇用工小张的工作就是用煮、晾、泡等工艺制作百叶、茄参、毛肚等水发食品。据小张讲，利用工业碱、过氧化氢等食品添加剂制作水发产品，并非该行业特有，其他行业也有类似情况。

这个地下黑加工点有自己的运货车、批发点、销售点，有毒、有害的水发制品从生产到销售只需要两天时间。该加工点每天生产1000斤左右的水发制品，在凌晨三四点钟用专门的运货车将成品运到老板指定的海鲜市场出售。"我知道做这项工作是昧良心和不道德的，实际上也是违法的，整日生活在恐惧中。但随着老板不断加薪，我内心又开始动摇了，甚至自我安慰：不就是加点添加剂，吃的时候用高温水烫一下就没事了。况且干了这么长时间，都没有任何政府机关来监管。"小张向记者坦言。

该地下黑加工点每月销售非法加工的茄参达1.3万千克，销售额超30万元，毛利润约10万元。记者向有关单位反映地下黑加工点的情况时，发现处理此事牵涉工商、质监、农委、公安等多个部门。在实际监管过程中，由于职责划分不明确，出现了"好事人人都管，坏事人人管不了"的现象。

第五节 理解分析题、阐述题答题的技巧与方法

理解分析题和阐述题是两类相近但又有区别的题型。

理解分析题通常要求考生对某个词语或某段话进行解释和说明。

作答时需准确说明材料的内容、意思,客观性较强。考查的是考生的理解能力和分析、说明能力。理解分析题要求的字数一般较少,通常在 200 字以内。

阐述题则要求考生对某个问题进行分析阐述,有一定的主观性。考查的是考生的认知水平和逻辑阐释能力。阐述题要求的字数一般较多,通常在 200 字以上。

一、理解分析题

(一)评分标准

理解分析题采用按点给分制,比较接近于概括题。但理解分析题与概括题的思维方式存在本质差异:概括题侧重归纳概括,而理解分析题更强调深度剖析。理解分析题主要从理解的全面、准确程度和语言表述的逻辑性、条理性去评分。

(二)答题要点

理解分析题旨在考查考生对材料中隐晦、抽象表述的解读能力,实际上是考查阐释能力。材料给出的往往是隐晦的、含混的、表面的、比喻的表达,考生则需做出明白的、准确的阐释。

1. 透彻:要运用抽象思维

理解分析题给出的多为具体的现象、表象,而作答要求是对这些现象、表象进行理性总结。因此,考生必须完成对现象、表象的抽象和逻辑认识,答出其背后的事理,并且要使用理论化、总结性语言,而不是描述性语言。

2. 客观:要结合材料分析

理解分析题的客观性很强,不是让考生主观发挥和阐释,而是考查考生对"原文"的解读能力。考生分析的词语或某段话都处于具体语言环境中,不能将其与材料割裂开孤立理解,一定要放在材料中理解。

3. 全面：要完整表达意思

通常申论理解分析题材料给出的语句不一定完整，由于种种原因会省略某些内容，但作答要完整表意。考生在做理解分析题时：一要注意对原话进行逐一解释说明，拆解语句各部分的含义；二要深入挖掘原文隐含信息，将未明说但与语义相关的内容补充完整。

4. 准确：要准确说明原文的意思

准确的要义在于精准把握原文语意，并用最贴切的语言表达出来。例如，某省一次考试在材料中叙述了流水线上的装配工人高度紧张，得非常留心盯住手里的活儿，稍不注意待装品就从眼前溜走了。有的考生把相关材料的意思总结为：装配工人承受的心理压力大。但准确的表述应该是：装配工人承受的劳动强度太大。"心理压力大"通常指因责任大、后果严重造成的心理负担。而实际上，该材料反映的是工人的紧张状态源于流水线作业速度快、节奏强，因此更准确的表述应为"装配工人承受的劳动强度太大"。

二、阐述题

与理解分析题不同，阐述题更强调运用抽象思维，侧重对问题的主观阐释，要求考生围绕道理或观点展开系统性分析与论述。

阐述题主要分为以下两类。

（一）观点阐述类

观点阐述类的题要求考生对某种观点的正确性做出判断，并能深入分析其原因并阐述其意义。

（二）启示类

启示类的题实际上是让考生总结提炼经验教训，是对策题的变形。其作答思路包含两方面。

（1）肯定成功经验：梳理有效措施和方法（做了什么），分析其产生的积极效果，并结合实际谈谈如何借鉴。

(2)反思失败教训:剖析问题根源,找出不足之处,并针对性提出改进策略与预防措施。

练习题

1. "给定资料"中环保专家认为"兵库县堪称'环保错位'的典型"。请结合资料内容,对"环保错位"的实质进行阐释。要求:准确、简明。不超过**150字**。

兵库县是日本重要的工业区和港口区,沿海岸线的许多地区,工厂林立,许多海岸都被砌成了高大笔直的混凝土大坝,而这些工厂所在的陆地,很多都是填海形成的。20世纪中期,日本经济高速发展,人口迅速增加,国土面积狭小的日本开始规划填海造地,从1945年到1975年,日本政府总计填海造地11.8万公顷,并统一进行工业布局,将炼油、石化化工、钢铁和造船等资源消耗型企业配置于东京湾以南的沿太平洋带状工业地带上,使原料码头与产品码头成为工厂的一部分,减少中转运输费用。日本有关专家指出,港口与工业区紧密结合在一起的布局不仅使能源消耗量大的钢铁、水泥、制铝、发电和汽车业等成本下降,促进了这些行业以及造船、机械和建筑等工业部门的发展,而且使以石油为原料的石油冶炼、石油化学产业实现整合。但最明显的问题是海洋污染,很多靠近陆地的水域里已经没有生物活动。整个日本的近海海域经历了20世纪六七十年代的严重工业污染,尽管后来政府立法要求工厂和城市限制排污,情况得到了一些缓解,但要恢复到以前的状态非常困难。工厂和城市长期排放污染物,海底大量滋生细菌,导致赤潮频发。同时,滩涂减少了约3.9万公顷,此后每年仍然以约2000公顷的速度消失。过度填海还导致日本一些港外航道的水流明显减慢,天然湿地减少,海岸线上的生物多样性迅速下降,由于海水自净能力减弱,水质日益恶化。因此,日本政府现在又不得不投入巨资,希望能够恢复生态环境,国家为此设立了专门的"再生补助项目"基金,并且引导地方政府、居民、企业、民间组织等社会各界积极参与改变和修复被破坏的海洋环境。例如,20世纪80年代,地处神户地区的日本钢铁公司搬走后,兵库县大型钢铁厂变成了一块综合性绿地。在治理工作中,兵库县政府还鼓励大家在自己家周围和工厂区种植植物,所有费用由政府承担,并且在树木种植之后政府还提供三分之一的管理经费给一些民间公益组织进行维护和管理。当地官员表示:"我们计划用100年来彻底改变和恢复这一地区的生态环境。"难怪环保专家这样说:"兵库县堪称'环保错位'的典型。"现在,日本的各种海洋环保研究机构正在不断进行各种试验,希望能够找到恢复海洋生态环境的更好的方法,这些实验包括人造海滩及人造海岸、人造海洋植物生存带等。经过把各种技术组合起来进行实验,各种小鱼小虾、贝壳和海洋微生物已经出现在人造海滩、海岸周围,体现出环境的改善。日本专家介绍说:"我们已经感受到这项工作的难度,这是一项非常漫长的工作,而且需要投入巨大的资金和技术。"关于恢复海洋环境的工作思路,日本专家表示:"必须充分考虑自然、海洋和人类三者的和谐,恢复生物多样性的生态环境。"

2. 以下材料对搞好水电开发有哪些启示?

(1) 漫湾水电站是澜沧江干流首期开发的工程。国家财政每年可从漫湾电厂获得1亿多元,其中,云南省财政获得5000多万元,所涉及的4县获得5000多万元。漫湾电厂和云南省电力公司共获得1.2亿多元。漫湾电站对国家的贡献是巨大的,但对移民的扶持显得十分微薄。漫湾电站实际移民7260人,移民经费实际支出5500万元,其前期补偿严重不足,人均不到8000元,远远不能满足实际需要。据调查,在库区淹没前,漫湾地区移民人均纯收入曾高出全省平均值11.2%,1997年库区淹没后,这些移民人均纯收入仅为全省平均值的46.7%,收入大幅下降。

田坝村距离漫湾电站大坝800米,漫湾大坝截流,村庄被淹,村民们不得不东一家西一家地搬至群山万壑之间。有的村民说:"以前在河边的土地灌溉很方便,而现在山上的土地没有水,种不了粮食,要抽水上山就必须买设备、付电费,可是我们哪里有钱呢?"由于无工可做,无地可耕,一些人只能翻山越岭背井离乡去打工,有的人只能依靠捡电厂的垃圾为生。

漫湾水电站规划在计划经济时期,修建在计划经济向市场经济转轨时期,运行在市场经济时期。漫湾电站的周边地区,类似田坝村的例子还有很多,他们的困难悬而未决,反映、上访多次都得不到解决。

漫湾水电站建成后出现的许多问题,超出了工程建设者的预料。移民普遍搬到了山上,开垦土地,砍伐树木,导致环境退化,水土流失加剧,滑坡与泥石流等灾害频发。在1993年蓄水后的很短时间内,就发生了100多处崩滑坡,财政拮据的当地政府找电厂交涉,电厂认为这是后期滑坡,自己没有责任。

(2) 田纳西河位于美国东南部,是密西西比河的二级支流,流域面积10.5万平方公里,干流全长约1050公里,地跨弗吉尼亚、密西西比、田纳西和肯塔基等7个州。在20世纪二三十年代,该地区经济落后,工业基础薄弱,由于森林被破坏,水土流失严重,洪水泛滥成灾,加之交通闭塞、水运不通,环境恶化,疾病流行,文化落后,成了美国最贫困的地区之一。1933年,该流域的人均收入不足全国平均水平的一半。

在第二次世界大战期间,美国国会立法,成立田纳西河流域管理局(Tennessee Valley Authority, TVA),开始了规模宏大的田纳西河流域治理工程,从在田纳西河流域建设水电设施开始,到40年代末,TVA成为全国最大的电力供应者。TVA电力经营年收入达57亿美元。TVA通过植树造林等措施,保持水土,改善生态环境,控制洪水泛滥,扩大灌溉面积,通过航道建设,形成了1000多公里的水运通航能力。1945年以来,水道吸引了30多亿美元的私人投资,加速了地区工业的发展。河流两岸的工厂为当地居民直接提供了44 000多个就业机会以及更多的服务机会。

经过40多年的规划和建设,田纳西河流域的自然资源得到了综合和合理的开发,区域经济得以振兴。到1977年,全流域平均国民收入比1933年增加了34倍。可以说,正是从水电工程建设开始,TVA改变了田纳西人的生活,把一个贫穷的田纳西,建设成了以工业为主,全面发展的现代化的田纳西。水电工程带动了田纳西河流域农、林、渔、煤矿、旅游等行业全面发展,彻底改变了这里的贫困落后面貌,使其成为经济充满活力的地区之一。

第六节　公文写作的技巧与方法

近年来,申论考公文已经成为一种趋势。申论对公文写作的要求和传统的公文写作的要求有一些不同:第一,申论考试涉及的文体往往更为广泛和灵活,除典型的公文文种外,这几年申论考试中还出现了写编者按、提纲、目录等非常规文体,甚至还有写微博、网络回帖等新兴文体;第二,申论考试通常弱化文体格式要求,有时会在答题要求中明确标注"不要求格式",可见,申论测评的重点是公文的内容,而非格式规范。

前文已对公文写作的相关知识进行了详细介绍,本节仅就申论考试中公文写作的要点略作介绍。

一、公文写作的评分要点

公文写作的评分要点分格式评分和内容评分。一般格式分和内容分的比例为1∶3或1∶4。

(一)格式评分

申论对公文格式的要求通常不高。一般评分点在标题、框架和语言上。

除答题要求给了主送机关外,主送机关一般不作要求。但讲话稿、函要求写称谓。

落款一般不作要求,若需标注可写明"××年×月×日"。

(1)标题:应用文标题需写明事由,比如"关于做好农民增收工作的报告"。

(2)语言:公文语言需简明、得体,不同的语体环境对语言的要求不同。面向百姓的文书需通俗,给下级布置工作的文书需态度鲜明、措辞坚决。

（3）层次：这是重要评分点，不仅反映在格式上，还反映在内容上。格式上对层次的要求是结构完整，通常需使用项目符号。项目符号的规范层次为"一、""（一）""1.""（1）"。

（二）内容评分

内容评分按公文结构的不同部分分别给分。

一般申论公文的基本结构是：

（1）开头（导语、引言）：包括发文原因（现状）、依据（政策、法律）、目的三项内容。

（2）主体部分：一般包含措施方法和具体工作安排（步骤）。这部分写作一定要注意结构层次。

（3）结语：一般包含倡议、号召（对百姓）、执行要求（对下级）、礼仪性结语。

二、公文写作的答题要求

（一）注意分析写作目的和写作对象

公文的写作内容是根据具体写作目的和写作对象而定的。因此，考生必须结合材料分析出具体写作目的和写作对象，并准确判断写作内容。例如，有一年国考申论考试中要求考生以市政府名义写一篇治理海洋污染的宣传纲要。考生应从材料分析出这篇宣传纲要的写作对象是企业和市民，写作目的是向他们倡导如何行动起来保护海洋环境。因此，这篇纲要应分两个部分，分别写出对企业倡导什么、对市民倡导什么。

（二）准确辨明文种要求

不同的公文文种有不同的内容要求。面向群众的公文，核心在于宣传、解释政策；针对下级的公文，重点是明确提出切实可行的工作措施，指导下级有序开展工作；呈递给上级的公文，则主要用于汇报工作进展、成果及存在问题等情况,并在此基础上提出合理的工作建议,为上级决策提供参考。考生要认真分析文种要求,从而准确确定写作内容。

(三) 合理借用材料信息

考生在写作公文时,需充分运用材料中的已有信息,将其合理融入自己的文章中,避免完全脱离材料。

练习题

阅读材料,为了维护 M 县的声誉,挽回虐猫事件造成的负面影响,请以 M 县政府的名义就虐猫事件的处理情况写一份宣传稿,在县人民政府官方网站上公布。

要求:(1) 态度诚恳,对象明确;

(2) 内容全面,合理清楚;

(3) 不超过 500 字。

有网民公布了一组虐猫视频截图:一女子用尖尖的高跟鞋鞋跟对一只小猫肆意践踏,手段极其残忍,这就是轰动一时的 M 县女子虐猫事件。"虐猫事件"一夜之间成为各大网站的热帖,评论成千上万,数天内便席卷了国内几乎所有的主流媒体。网友们愤慨万分,对虐猫女子声讨谴责,誓言要揪出凶手。网上掀起"缉凶"狂潮,经过网友收集信息、搜索、排查,"疑犯"身份陆续曝光——除了虐猫女,M 县有关单位工作人员也参与了虐猫拍摄过程。

虐猫视频中关键人物被披露后,引起了 M 县的高度重视。县政府当即派出工作人员对虐猫事件当事人展开调查,并召开了紧急专题会议,纪检、宣传、检察、法制、监察、公安、文化等部门参加了会议,对虐猫事件调查处理情况作了汇报。从调查情况看,虐猫事件拍摄现场为 M 县一沿江风景区,参与者中有一人已经主动承认了事实。虽然参与者参与的原因、动机以及是否被其他组织引诱、利用还有待进一步查证,但此事在 M 县发生并有 M 县人参与,县政府对此表示愤慨、谴责和遗憾。"考虑到参与者的行为已经严重违背了社会公德,其行为与其从事的职业极不相称,所以,即日起当事人所在单位应立即停止其工作,并对其展开调查。鉴于其中一个可能参与事件的嫌疑人不知去向,责成其所在单位和有关部门采取多方面、有力度的措施,尽快取得联系,使其主动返回本单位,就本事件做出明确的解释。"有关部门汇报道。据称,在这次会议上,M县人民政府还对可能涉及的法律问题进行细致研究,并向上级主管机关和法律权威部门请求协助,以便为今后参与者进行处理提供事实依据和给网民一个满意的交代。

第七节　申论作文写作的技巧与方法

申论作文一般是议论性质的文章,通常字数要求是800—1200字之间。申论作文要求结合材料进行写作,属于材料作文,考生不能脱离材料自行发挥。

一、申论作文的文体

申论作文以议论性质的策论文和政论文最为常见。需要说明的是,申论答题要求中通常仅笼统表述为撰写"议论文",但实际上,根据材料性质和具体答题要求不同,会形成策论文和政论文这两种各具特点的文体。

策论文的重点是提出对策,主要采用说明的表达方式,聚焦"怎么办",文章内容强调实用性。政论文的重点是阐述行动的原因和意义,通过议论展开论证、阐释道理,文章内容更注重理论性。

两种文体的评阅重点也不同:策论文的评分重点是对策是否科学合理、切实可行,以及文章结构体系是否完整、逻辑是否清晰;而政论文的评分重点是观点和论证的深度、严谨程度。

一般而言,从题目设置和材料类型可初步判断文章的写作方向。例如,"人与自然"这类题目是典型的政论文命题,而"洋垃圾控制与治理中的政府作用""政府在城市房屋拆迁中的地位和作用"等题目是典型的策论文命题。在国家公务员考试中,中央机关及其省级直属机构综合管理类职位的试卷倾向于考查政论文,而市(地)级及以下直属机构综合管理类职位和行政执法类职位的试卷倾向于考查策论文。

二、申论作文的评阅标准

申论作文的评分通常依据写作要求划分等次,同时,题目拟定、格式规范、错别字、字数要求、书写工整度等方面,均在评分考量中占一定比例。

下面是某省作文评阅的参考标准:

一类(33分及以上):审题准确,观点明确,结构完整,层次清晰,论证充分,语言畅达,条理清楚。

二类(29—32分):审题准确,观点明确,结构较完整,层次较清晰,论证较充分。

三类(24—28分):审题准确,观点明确,结构较完整,层次较清晰,论证不够充分,语言不简洁,条理较清楚。

四类(19—23分):审题不准确,观点不明确,结构不完整,层次不清晰,论证不充分,语言不简洁,条理不清楚。

五类(10—18分):审题错误,观点错误;照抄材料。

三、议论文写作的基本知识

议论文是作者对某个问题或某件事进行分析、评论,表明自己的观点、立场、态度、看法和主张的一种文体。议论文也称说理文,是一种剖析事物本质、论述事理、发表意见、提出主张的文体。作者通过摆事实、讲道理、辨是非,论证观点的正确或错误,从而确立或否定某种主张。一篇优秀的议论文应该观点明确、论据充分、语言精练、论证合理、逻辑严密。

(一)论点

论点就是作者在文章中所要发表的议论、阐述的观点和申明的主张。审题不清、扣题不紧是申论作文大忌之一。题目是靶心,内容是箭,写作时一定要"万箭中的"。申论文章的结构是围绕主题展开的:点题(提出问题)—破题(分析问题)—解题(措施)。

1. 提炼论点的要求

(1)深刻:立意、观点要深刻。要从全局的角度和理论的角度去认识材料反映的问题。

(2)正确:考生对申论中论点的把握应做到成熟、中肯,不偏激、不浅薄。当然这和考生的认识能力有关。古人说"工夫在诗外",考生只有从根本上提高自己的认识与理解能力,才能写出好文章。考生还要注意申论作文不能追求标新立异,有新意固然好,但不能刻意求新。

(3)概括:申论作文观点要精练。考生应强化提炼观点的能力,将核心见解以简明扼要的语言精准表达,不能说了很多话还说不到最关键的点上。这一要求依赖考生的概括总结能力。考生还应注意观点的概括性,选取具有广泛包容性的表述,防止出现跑题、偏题。

(4)鲜明:观点的表达应该肯定,不能模棱两可、含混不清。许多考生害怕说错话,故意模糊表达观点,这样会严重影响得分。

2. 突出论点的方法

在申论作文中,论点的清晰表达至关重要。论点表达不清楚或者不明显往往容易导致阅卷过程中被忽视,进而影响得分。突出论点的基本原则是前后照应。具体可以采用以下方法突出论点:

(1)以论点作为文章的题目。

(2)第一段概述材料的主要内容,第二段单独成段点明论点。

(3)每个分论点紧扣总论点,在每段开头或结尾强调总论点。

(4)最后一段总结总论点。

需要注意的是,这几处照应不宜简单重复论点,应注意灵活运用语言进行表述。

(二)论据

论据是论点得以存在的基础,是用来证明论点的材料、依据,它是文章的支撑。好的论据不仅能够很好地支持论点,而且能使整个论述

过程更加流畅自然,同时能够增强文章的说服力和可信度。论据可以分为以下两类:

1. 事实材料

事实材料包括具体的事例、数据、调查结果、概括性事实、个人亲身经历和感受等。

2. 理论材料

理论材料包括经典著作中的论述、名人名言、民间谚语和俗语、科学公理和规律等。

(三)论证

论证是用论据来证明论点的过程。论证的方法有以下几种:

1. 举例论证

举例论证是通过列举确凿、充分、有代表性的事例来阐明观点。这也是申论写作最常用的方法。要注意所选取的材料和中心论点的一致性,确保材料具有代表性、可引申性,并深入发掘其深意。

2. 理论论证

理论论证也称引用论证,是引用古今中外名人的名言警句、人们公认的定理公式、权威理论著作中的观点等来证明论点。在引用经典论述、权威观点和名人言论时,一定要秉持严谨的科学态度,不可有错漏,更不能断章取义。

3. 对比论证

对比论证就是拿正反两方面的论点或论据作对比,在对比中证明论点。对比论证可以增强论证的鲜明性,使读者清楚作者赞成什么、反对什么。对比论证一般有三种方法:

(1)横向:此事和彼事、个别事物和一般事物之间的比较。

(2)纵向:按时间顺序,对事物发展的不同历史阶段进行比较好分析。

(3)对照:将相反或相对的两种事物、人物、观点、做法或同一客观事物相对的两个方面放在一起论述。

4. 比喻论证

比喻论证是用人们熟知的事物做比喻来证明论点。

5. 类比论证

类比论证是根据两类对象在某些属性上相同,推出它们在其他属性上也相同的论证方法,属于从特殊到特殊的推理。

6. 因果论证

因果论证通过分析事理,揭示论点和论据之间的因果关系来证明论点。因果论证可以用因证果,或以果证因,还可以因果互证。

7. 归谬论证

归谬论证是先假定某个观点是正确的,然后根据逻辑推理,指出其违背事实、与公理相悖的荒谬结论。

四、申论作文的写作要点

(一)认真审题

第一,审明文体:政论文、策论文、应用文。

第二,注意写作要求:写作角度、标题要求、身份、字数等。

(二)拟写大纲

大纲是文章的主要内容和逻辑框架。拟写大纲是必要步骤,在这一步必须明确写作的观点和论证的结构。大纲应该包括以下内容:

(1)标题。

(2)观点。

(3)逻辑层次(分论点)。

(4)字数大致分配。

(三)拟写标题

申论作文的标题很重要,其拟写的基本要求是能反映文章主题、观点。标题力求清晰、醒目、简练,不必过度追求巧妙与创新。

1. 常见的标题拟写方式

(1)介词短语式:以介词引导,点明文章核心思路与方向,如"以

××思想统领……"。

（2）动宾式：采用"动词+宾语"结构，直接表明行为与目标，简洁有力，如《树立以人为本的安全观》《转变政府职能，切实依法行政》《多管齐下，切实维护社会公正》。

（3）主谓式：通过"主语+谓语"呈现观点，常用"……的核心是……""……的关键在于……"等句式，如《利用外资的关键在于提高质量》《追求有质量效益的速度是经济工作的重点》。

2. 万能标题参考句式

措施导向型："多管齐下，抓好……"。

问题解决型："为……开方抓药"。

职能强调型："论政府在……的作用"。

理念结合型："以人为本，做好……"。

（四）安排好文章结构

申论文章写作虽有相对较固定的结构安排方式，但并非所有议论文都能机械套用。考生在考试中应根据文章题目性质与具体写作要求，灵活调整结构布局。以下介绍申论文章的常见结构框架：

1. 开头（引）：占全文字数的20%—30%

第一段：引材料，点明问题。这部分最好开门见山，直接揭示文章主题。

常用开头方法有两种。

（1）概述式：通过概述申论材料的主要内容或反映的主要问题引出文章论述方向。

（2）引言式：引用名人名言，顺势带出论点。

第二段：略作分析总结，表明观点。

（1）分析总结。这部分非常重要，一定要深入剖析材料，指出问题实质、危害、重要意义等。多数考生容易忽略这部分，这说明对材料缺乏总结性认识。如果没有这部分，就容易产生扣题不紧、分析不够深入的问题。可使用"这些问题充分说明了/反映出……"等表述。

（2）摆观点。通过"因此，我认为……至关重要"等语句，清晰说明文章核心观点。

开头的万能句式:

近年来,××现象频繁出现,导致/造成……。这些问题充分说明了/反映出/暴露出……。由此可见,解决××问题已迫在眉睫/必须提上议事日程/刻不容缓/势在必行。

2. 主体(论):占全文字数的60%—70%

主体一般包括两部分内容。

第一部分:分析问题成因,阐述解决问题的必要性。可从正反两方面展开论证,说明妥善解决问题的积极意义,以及放任问题发展的严重后果。这部分是政论文的重点,占全文字数的40%—50%;而在策论文中,这部分一般只占全文字数的20%。

第二部分:提出解决问题的具体措施。这部分在政论文中不是重点,占全文字数的20%,只需要阐述处理问题的基本方针和主要措施;而在策论文中是重点,占全文字数的40%—50%。

3. 结尾(结):占全文字数的10%

总结升华主题,照应开头,可适当发出呼吁或倡议。

结尾的万能句式:

综上所述/总而言之/从以上的分析我们知道,有效解决……的问题/建设……的社会,对推动我国经济社会高质量发展、构建和谐社会、实现中华民族伟大复兴具有重大而深远的意义。

(五) 正确使用过渡语

在申论作文中,处理好过渡语很重要。过渡语是用于文章内容衔接或结构转换的词语和句子,能够有效增强文章逻辑连贯性;若缺乏必要的过渡,会给人以表达混乱的感觉。

申论常用的过渡句式有:

(1)"材料反映了……问题""反映的主要问题是……""揭示了一个重要现象:……"。

（2）"这个问题主要表现在……""这些问题具体体现为……""该问题呈现出以下几个方面……"。

（3）"这些问题的主要原因是……""主要是以下问题导致这些现象的出现……""问题产生的原因是多维度的……"。

（4）"党和政府/各级政府及相关部门应该采取针对性措施及时解决这些问题……"。

五、申论作文得高分的技巧

（一）结构严谨

第一，文章整体要结构完整。

结构是骨骼、是框架，体现了作者的行文思路。写作前一定要写提纲，把文章架子立起来。

第二，论证一定要清晰。

层次分明是关键，需要善于运用"第一，第二，……""首先，其次，……"等表明层次的词语。段首句一定要紧扣观点。文章结构转换处要合理运用过渡语。

（二）紧扣主题

第一，审好题，定好题。

自拟题目的标题应直接体现中心论点，力求醒目、简练。命题作文则要依据题目确定文章结构与内容，避免偏题。

第二，论证集中且统一。

论证过程要始终围绕文章核心观点展开，紧扣主题进行论证，不偏离主题，以严谨的逻辑贯穿全文。

（三）要做到"深""博""实"

1. "深"

一是立意、观点要深刻。要达到让人醍醐灌顶、茅塞顿开的效果。议论文是通俗的学理，要同时兼顾论证的学理性和通俗性。

二是论证深入、透彻。议论文是以理服人，论证要深入，切忌蜻蜓点水。要综合运用正反论证、举例论证、理论分析等多种论证方式。如果文章要论述的问题较多,可以选择一两个重要的方面重点论述,切忌平均用力。

2."博"

"博"是指论证思维要开阔,会旁征博引,论证方法多样(举例、数字、对比、比喻等),语言大气磅礴(不是浮华艳丽)。

3."实"

"实"是指文章需包含具体可感的内容。在申论写作中,要注意虚实结合。其中,"虚"是理论论证,但不宜太多,几句精辟的论述即可。反复进行理论论证,易使文章枯燥乏味,削弱可读性。因此,考生要善于运用形象思维阐释抽象理论,灵活运用比喻论证、对比论证、举例论证等方法。正如庄子、孟子的文章,越是抽象的论题越要写得"实"。

(四)点面结合,重点突出

在申论写作中,点面结合、重点突出是关键要点。"点"是重点,重点突出才能给人论证深入的印象。例如,当提出四点解决措施时,可选择一个进行重点阐述,而其他三个可适当略一些,以此凸显重点,强化论证力度,这也是获取高分的重要因素。"面"是论述全面,写作时不能只抓重点而忽视整体论述。

申论作文需兼顾各关键要素,确保论述覆盖主题的各个方面,避免因内容片面而被判定为偏题,从而实现重点突出与全面论述的有机统一。

申论优秀作文

提高心理健康水平,筑牢国之精神根基

人心安、天下安;人心平,家国平。社会个体心理不健康,轻则自伤自残,重则殃及亲友、伤害社会。个体心理状况是社会稳定的基石,倘若人人幸福快乐,社会必然安定有序;倘若心理不健康的情况普遍存在,社会必定祸乱百出。所以,我以为:要筑牢中华民族之精神根

基，必须提高国民心理健康水平。

中国正处在复杂多变的社会转型时期，心理健康状况尤其令人担忧：升学压力、就业压力、竞争压力导致抑郁症发病率居高不下；资源拥有的倒错规律，让金钱焦虑成为普遍状态；青年一代现实感强、心理承受能力弱，面对挫折难以完成心理调整；价值观多元导致青年困惑感加深……

治国如良医治病，下药需把准脉。细捋起来，导致我国社会心理不健康的问题，既有现代社会异质性、变迁性、复杂性的深层次背景因素，也有我国精神卫生法律体系仍不完善，心理疏导机制不健全，心理健康教育水平不高，民众没能树立起正确的价值观和人生观等问题。

"欲流之远者，必浚其泉源。"提升民族心理健康水平，营造充满幸福感的社会需举措得力、标本兼治。

一要大力推进精神卫生立法。法律是治国治世之重器，心理健康工作必须依靠法律保障才能推进有序、实施有据。2013年《中华人民共和国精神卫生法》开始施行，填补了我国在这一领域的法律空白。但我们也要认识到，精神卫生法律体系还不完善、法律规范还不细密，我们要大力推进心理健康立法建设，充分调动法律界、医学界各方参与，科学论证、系统设计，规范精神障碍的预防、诊断、治疗工作，保障患者权益，让精神健康卫生工作运行在法治的轨道上。

二要完善社会心理疏导机制。由于文化传统等因素的影响，我国精神健康治疗起步很晚。心理诊所、社区心理咨询站较少，精神科医生数量不足，开设精神卫生课的大、中学校不多见，导致我国还处于有心理疾病无法及时获得公助、互助，只能自救的状态。所以当务之急是要抓紧建设心理治疗机构，完善心理疏导机制，让精神健康卫生工作运行在专业的轨道上。

三要提高心理健康教育水平。生活原本就是美好和残缺的统一，困惑、迷茫、颓废心理源于对世界和现实的悲观性认知，所以树立正确的价值观、幸福观是心理健康建设的"金钥匙"。学校、家庭、社会要共同建立全方位、立体型的价值观教育体系，引导青少年以平和、健康的心态对待挫折,增强心理调适能力,减少心理问题的发生。

诺贝尔文学奖获得者、加拿大作家门罗有句名言"幸福始终充满着缺陷"。挫折和磨难贯穿人类的发展史,只有勇于面对困难、勇于接受挑战才能抵达幸福的彼岸。只有我们不断加强幸福观教育,完善心理疏导机制,提升心理健康水平,才能筑牢中华民族的精神根基,汇聚起实现中国梦的磅礴正能量!

点评:

这篇申论作文总的说来是不错的。

首先,论点鲜明。作者针对心理健康问题,提出要筑牢中华民族之精神根基,必须提高国民心理健康水平的论点。文章标题清晰地揭示了论点,让人一目了然。

其次,结构清晰,论证有条理。作者以阐释主题—问题分析—原因分析—提出措施为主线安排文章结构。第2自然段概述了面临的问题,第3自然段分析了心理健康状况不良的原因。第5—7自然段分别从推进精神卫生立法、完善社会心理疏导机制、提高心理健康教育水平等三方面论述了如何提高国民心理健康水平。

最后,文章语言简练。文章分析论证具体,措施切实可行,没有空话、套话,给人以具体、实在之感。恰当的古语引用和简练的语言表现出作者较好的文字功底。

附录 党政机关公文处理工作条例

第一章 总 则

第一条 为了适应中国共产党机关和国家行政机关(以下简称党政机关)工作需要,推进党政机关公文处理工作科学化、制度化、规范化,制定本条例。

第二条 本条例适用于各级党政机关公文处理工作。

第三条 党政机关公文是党政机关实施领导、履行职能、处理公务的具有特定效力和规范体式的文书,是传达贯彻党和国家的方针政策,公布法规和规章,指导、布置和商洽工作,请示和答复问题,报告、通报和交流情况等的重要工具。

第四条 公文处理工作是指公文拟制、办理、管理等一系列相互关联、衔接有序的工作。

第五条 公文处理工作应当坚持实事求是、准确规范、精简高效、安全保密的原则。

第六条 各级党政机关应当高度重视公文处理工作,加强组织领导,强化队伍建设,设立文秘部门或者由专人负责公文处理工作。

第七条 各级党政机关办公厅(室)主管本机关的公文处理工作,并对下级机关的公文处理工作进行业务指导和督促检查。

第二章 公文种类

第八条 公文种类主要有:

(一)决议。适用于会议讨论通过的重大决策事项。

(二)决定。适用于对重要事项作出决策和部署、奖惩有关单位和人员、变更或者撤销下级机关不适当的决定事项。

(三)命令(令)。适用于公布行政法规和规章、宣布施行重大强制性措施、批准授予和晋升衔级、嘉奖有关单位和人员。

（四）公报。适用于公布重要决定或者重大事项。

（五）公告。适用于向国内外宣布重要事项或者法定事项。

（六）通告。适用于在一定范围内公布应当遵守或者周知的事项。

（七）意见。适用于对重要问题提出见解和处理办法。

（八）通知。适用于发布、传达要求下级机关执行和有关单位周知或者执行的事项，批转、转发公文。

（九）通报。适用于表彰先进、批评错误、传达重要精神和告知重要情况。

（十）报告。适用于向上级机关汇报工作、反映情况，回复上级机关的询问。

（十一）请示。适用于向上级机关请求指示、批准。

（十二）批复。适用于答复下级机关请示事项。

（十三）议案。适用于各级人民政府按照法律程序向同级人民代表大会或者人民代表大会常务委员会提请审议事项。

（十四）函。适用于不相隶属机关之间商洽工作、询问和答复问题、请求批准和答复审批事项。

（十五）纪要。适用于记载会议主要情况和议定事项。

第三章　公文格式

第九条　公文一般由份号、密级和保密期限、紧急程度、发文机关标志、发文字号、签发人、标题、主送机关、正文、附件说明、发文机关署名、成文日期、印章、附注、附件、抄送机关、印发机关和印发日期、页码等组成。

（一）份号。公文印制份数的顺序号。涉密公文应当标注份号。

（二）密级和保密期限。公文的秘密等级和保密的期限。涉密公文应当根据涉密程度分别标注"绝密""机密""秘密"和保密期限。

（三）紧急程度。公文送达和办理的时限要求。根据紧急程度，紧急公文应当分别标注"特急""加急"，电报应当分别标注"特提""特急""加急""平急"。

（四）发文机关标志。由发文机关全称或者规范化简称加"文件"二字组成，也可以使用发文机关全称或者规范化简称。联合行文时，发文机关标志可以并用联合发文机关名称，也可以单独用主办机关名称。

（五）发文字号。由发文机关代字、年份、发文顺序号组成。联合行文时，使用主办机关的发文字号。

（六）签发人。上行文应当标注签发人姓名。

（七）标题。由发文机关名称、事由和文种组成。

（八）主送机关。公文的主要受理机关，应当使用机关全称、规范化简称或者同类型机关统称。

（九）正文。公文的主体，用来表述公文的内容。

（十）附件说明。公文附件的顺序号和名称。

（十一）发文机关署名。署发文机关全称或者规范化简称。

（十二）成文日期。署会议通过或者发文机关负责人签发的日期。联合行文时，署最后签发机关负责人签发的日期。

（十三）印章。公文中有发文机关署名的，应当加盖发文机关印章，并与署名机关相符。有特定发文机关标志的普发性公文和电报可以不加盖印章。

（十四）附注。公文印发传达范围等需要说明的事项。

（十五）附件。公文正文的说明、补充或者参考资料。

（十六）抄送机关。除主送机关外需要执行或者知晓公文内容的其他机关，应当使用机关全称、规范化简称或者同类型机关统称。

（十七）印发机关和印发日期。公文的送印机关和送印日期。

（十八）页码。公文页数顺序号。

第十条 公文的版式按照《党政机关公文格式》国家标准执行。

第十一条 公文使用的汉字、数字、外文字符、计量单位和标点符号等，按照有关国家标准和规定执行。民族自治地方的公文，可以并用汉字和当地通用的少数民族文字。

第十二条 公文用纸幅面采用国际标准A4型。特殊形式的公文用纸幅面，根据实际需要确定。

第四章 行文规则

第十三条 行文应当确有必要，讲求实效，注重针对性和可操作性。

第十四条 行文关系根据隶属关系和职权范围确定。一般不得越级行文，特殊情况需要越级行文的，应当同时抄送被越过的机关。

第十五条 向上级机关行文，应当遵循以下规则：

（一）原则上主送一个上级机关，根据需要同时抄送相关上级机关和同级机关，不抄送下级机关。

（二）党委、政府的部门向上级主管部门请示、报告重大事项，应当经本级党委、政府同意或者授权；属于部门职权范围内的事项应当直接报送上级主管部门。

（三）下级机关的请示事项，如需以本机关名义向上级机关请示，应当提出倾向性意见后上报,不得原文转报上级机关。

（四）请示应当一文一事。不得在报告等非请示性公文中夹带请示事项。

（五）除上级机关负责人直接交办事项外,不得以本机关名义向上级机关负责人报送公文,不得以本机关负责人名义向上级机关报送公文。

（六）受双重领导的机关向一个上级机关行文,必要时抄送另一个上级机关。

第十六条　向下级机关行文,应当遵循以下规则：

（一）主送受理机关,根据需要抄送相关机关。重要行文应当同时抄送发文机关的直接上级机关。

（二）党委、政府的办公厅(室)根据本级党委、政府授权,可以向下级党委、政府行文,其他部门和单位不得向下级党委、政府发布指令性公文或者在公文中向下级党委、政府提出指令性要求。需经政府审批的具体事项,经政府同意后可以由政府职能部门行文,文中须注明已经政府同意。

（三）党委、政府的部门在各自职权范围内可以向下级党委、政府的相关部门行文。

（四）涉及多个部门职权范围内的事务,部门之间未协商一致的,不得向下行文;擅自行文的,上级机关应当责令其纠正或者撤销。

（五）上级机关向受双重领导的下级机关行文,必要时抄送该下级机关的另一个上级机关。

第十七条　同级党政机关、党政机关与其他同级机关必要时可以联合行文。属于党委、政府各自职权范围内的工作,不得联合行文。

党委、政府的部门依据职权可以相互行文。

部门内设机构除办公厅(室)外不得对外正式行文。

第五章　公文拟制

第十八条　公文拟制包括公文的起草、审核、签发等程序。

第十九条　公文起草应当做到：

（一）符合党的理论路线方针政策和国家法律法规,完整准确体现发文机关意图,并同现行有关公文相衔接。

（二）一切从实际出发,分析问题实事求是,所提政策措施和办法切实可行。

（三）内容简洁,主题突出,观点鲜明,结构严谨,表述准确,文字精练。

（四）文种正确,格式规范。

（五）深入调查研究,充分进行论证,广泛听取意见。

（六）公文涉及其他地区或者部门职权范围内的事项,起草单位必须征求相关地区或者部门意见,力求达成一致。

（七）机关负责人应当主持、指导重要公文起草工作。

第二十条 公文文稿签发前,应当由发文机关办公厅(室)进行审核。审核的重点是：

（一）行文理由是否充分,行文依据是否准确。

（二）内容是否符合党的理论路线方针政策和国家法律法规；是否完整准确体现发文机关意图；是否同现行有关公文相衔接；所提政策措施和办法是否切实可行。

（三）涉及有关地区或者部门职权范围内的事项是否经过充分协商并达成一致意见。

（四）文种是否正确,格式是否规范；人名、地名、时间、数字、段落顺序、引文等是否准确；文字、数字、计量单位和标点符号等用法是否规范。

（五）其他内容是否符合公文起草的有关要求。

需要发文机关审议的重要公文文稿,审议前由发文机关办公厅(室)进行初核。

第二十一条 经审核不宜发文的公文文稿,应当退回起草单位并说明理由；符合发文条件但内容需作进一步研究和修改的,由起草单位修改后重新报送。

第二十二条 公文应当经本机关负责人审批签发。重要公文和上行文由机关主要负责人签发。党委、政府的办公厅(室)根据党委、政府授权制发的公文,由受权机关主要负责人签发或者按照有关规定签发。签发人签发公文,应当签署意见、姓名和完整日期；圈阅或者签名的,视为同意。联合发文由所有联署机关的负责人会签。

第六章 公文办理

第二十三条 公文办理包括收文办理、发文办理和整理归档。

第二十四条 收文办理主要程序是：

（一）签收。对收到的公文应当逐件清点,核对无误后签字或者盖章,并注明签收时间。

（二）登记。对公文的主要信息和办理情况应当详细记载。

（三）初审。对收到的公文应当进行初审。初审的重点是：是否应当由本机关办理,是否符合行文规则,文种、格式是否符合要求,涉及其他地区或者部门职权范围内的事项是否已经协商、会签,是否符合公文起草的其他要求。经初审不符合规定的公文,应当及时退回来文单位并说明理由。

(四)承办。阅知性公文应当根据公文内容、要求和工作需要确定范围后分送。批办性公文应当提出拟办意见报本机关负责人批示或者转有关部门办理;需要两个以上部门办理的,应当明确主办部门。紧急公文应当明确办理时限。承办部门对交办的公文应当及时办理,有明确办理时限要求的应当在规定时限内办理完毕。

(五)传阅。根据领导批示和工作需要将公文及时送传阅对象阅知或者批示。办理公文传阅应当随时掌握公文去向,不得漏传、误传、延误。

(六)催办。及时了解掌握公文的办理进展情况,督促承办部门按期办结。紧急公文或者重要公文应当由专人负责催办。

(七)答复。公文的办理结果应当及时答复来文单位,并根据需要告知相关单位。

第二十五条 发文办理主要程序是:

(一)复核。已经发文机关负责人签批的公文,印发前应当对公文的审批手续、内容、文种、格式等进行复核;需作实质性修改的,应当报原签批人复审。

(二)登记。对复核后的公文,应当确定发文字号、分送范围和印制份数并详细记载。

(三)印制。公文印制必须确保质量和时效。涉密公文应当在符合保密要求的场所印制。

(四)核发。公文印制完毕,应当对公文的文字、格式和印刷质量进行检查后分发。

第二十六条 涉密公文应当通过机要交通、邮政机要通信、城市机要文件交换站或者收发件机关机要收发人员进行传递,通过密码电报或者符合国家保密规定的计算机信息系统进行传输。

第二十七条 需要归档的公文及有关材料,应当根据有关档案法律法规以及机关档案管理规定,及时收集齐全、整理归档。两个以上机关联合办理的公文,原件由主办机关归档,相关机关保存复制件。机关负责人兼任其他机关职务的,在履行所兼职务过程中形成的公文,由其兼职机关归档。

第七章 公文管理

第二十八条 各级党政机关应当建立健全本机关公文管理制度,确保管理严格规范,充分发挥公文效用。

第二十九条 党政机关公文由文秘部门或者专人统一管理。设立党委(党组)的县级以上单位应当建立机要保密室和机要阅文室,并按照有关保密规定配备工作人员和必要的安全保密设施设备。

第三十条 公文确定密级前,应当按照拟定的密级先行采取保密措施。确定密级后,应当按照所定密级严格管理。绝密级公文应当由专人管理。

公文的密级需要变更或者解除的,由原确定密级的机关或者其上级机关决定。

第三十一条 公文的印发传达范围应当按照发文机关的要求执行;需要变更的,应当经发文机关批准。

涉密公文公开发布前应当履行解密程序。公开发布的时间、形式和渠道,由发文机关确定。

经批准公开发布的公文,同发文机关正式印发的公文具有同等效力。

第三十二条 复制、汇编机密级、秘密级公文,应当符合有关规定并经本机关负责人批准。绝密级公文一般不得复制、汇编,确有工作需要的,应当经发文机关或者其上级机关批准。复制、汇编的公文视同原件管理。

复制件应当加盖复制机关戳记。翻印件应当注明翻印的机关名称、日期。汇编本的密级按照编入公文的最高密级标注。

第三十三条 公文的撤销和废止,由发文机关、上级机关或者权力机关根据职权范围和有关法律法规决定。公文被撤销的,视为自始无效;公文被废止的,视为自废止之日起失效。

第三十四条 涉密公文应当按照发文机关的要求和有关规定进行清退或者销毁。

第三十五条 不具备归档和保存价值的公文,经批准后可以销毁。销毁涉密公文必须严格按照有关规定履行审批登记手续,确保不丢失、不漏销。个人不得私自销毁、留存涉密公文。

第三十六条 机关合并时,全部公文应当随之合并管理;机关撤销时,需要归档的公文经整理后按照有关规定移交档案管理部门。

工作人员离岗离职时,所在机关应当督促其将暂存、借用的公文按照有关规定移交、清退。

第三十七条 新设立的机关应当向本级党委、政府的办公厅(室)提出发文立户申请。经审查符合条件的,列为发文单位,机关合并或者撤销时,相应进行调整。

第八章　附　则

第三十八条　党政机关公文含电子公文。电子公文处理工作的具体办法另行制定。

第三十九条　法规、规章方面的公文，依照有关规定处理。外事方面的公文，依照外事主管部门的有关规定处理。

第四十条　其他机关和单位的公文处理工作，可以参照本条例执行。

第四十一条　本条例由中共中央办公厅、国务院办公厅负责解释。

第四十二条　本条例自 2012 年 7 月 1 日起施行。1996 年 5 月 3 日中共中央办公厅发布的《中国共产党机关公文处理条例》和 2000 年 8 月 24 日国务院发布的《国家行政机关公文处理办法》停止执行。